ERIK HORNUNG

DER EINE UND DIE VIELEN

ERIK HORNUNG

DER EINE UND DIE VIELEN

ÄGYPTISCHE GOTTESVORSTELLUNGEN

1973

WISSENSCHAFTLICHE BUCHGESELLSCHAFT
DARMSTADT

Bestellnummer 5051-7

2., unveränderte Auflage

Druck und Einband: Wissenschaftliche Buchgesellschaft, Darmstadt
Printed in Germany 4 5
Schrift: Linotype Garamond, 9/11

ISBN 3-534-05051-7

INHALT

Vorwort VII

I. Geschichtliche Einführung 1

II. Die ägyptischen Gottesbezeichnungen und ihre Verwendung 20
nṯr und seine Grundbedeutung 20
Der Gebrauch des Wortes *nṯr* 30
Weitere elementare Begriffe für göttliche Mächte . . . 50
Das Adjektiv „göttlich" 53

III. Götternamen und Götterverbindungen 56
Allgemeines 56
Personifikationen 65
Weibliche Parallelbildungen 74
Vielnamigkeit und Hierarchie der Namen 77
Synkretismus 82

IV. Darstellung und Erscheinung der Götter 91
Die Anfänge 91
Die „Mischgestalt" und ihre Deutung 101
Vielgestaltigkeit und Pantheismus 114
Die Götter in ihrer „wahren" Erscheinung 117
Die Gottesbilder und der König 125

V. Eigenschaften der Götter 134
Herkunft und Entstehung 134
Altern und Sterben 143
Begrenztheit göttlichen Wirkens und göttlicher Macht . 160
Differenziertheit 164
Exkurs: Die ontologischen Grundlagen 166

Die Einzigartigkeit Gottes 180
Gottes Größe und Transzendenz 181

VI. Wirkung der Gottheit und Antwort des Menschen . . 192

VII. Ordnung und Gliederung der Götterwelt 213
Numerisch-genealogisches Ordnungssystem 213
Lokales Ordnungssystem 219
Exkurs: Der Ort der Götter 223
Soziales Ordnungssystem und Henotheismus 227
Exkurs: Die logische Frage 233
Exkurs: Der Ansatz Echnatons 240

VIII. Schlußbetrachtung 247

Abkürzungen 257

Zeittafel 263

Index 265

VORWORT

Äußere Umstände verlangten, dieses Buch zu einem bestimmten Termin fertigzustellen. Meine Mitarbeiter am Basler Ägyptologischen Seminar halfen mir, den Termin einzuhalten. Ihnen allen, vor allem Elisabeth Staehelin und Andreas Brodbeck, danke ich für Mithilfe und Entlastung, der Wissenschaftlichen Buchgesellschaft für das Interesse, das sie der Ägyptologie in wachsendem Maße entgegenbringt.

Daß eine Untersuchung dieser Art niemals „fertig" ist, wurde im Laufe der Arbeit immer klarer. Ein Gott ist, nach allgemeiner Ansicht, etwas in Raum und Zeit Unendliches. Auch wenn wir die Selbstverständlichkeit dieser Annahme in Frage stellen, können wir nicht leugnen, daß die Frage nach den Göttern ins Unendliche führt und an kein Ziel gelangt.

Der Titel, den ich gewählt habe, deutet die Hauptrichtung der Untersuchung an; sie führt zu dem Nahziel, das bisherige Vorverständnis der Forschung kritisch zu prüfen und neue Zugänge zu öffnen. Über die spezielle Frage aber soll der Blick auf die Ganzheit ägyptischen Denkens und Lebens gewiesen werden.

Dem Leser steht es frei, in der Fülle der Phänomene die Akzente anders zu setzen, sich einen anderen Standpunkt und andere Maßstäbe zu wählen. Wer die Geschichte ernst nimmt, wird keinen Standpunkt als den endgültigen anerkennen; auch wer den Glauben ernst nimmt, muß es nicht tun. Den uralten Menschheitsfragen ziemt Bescheidenheit. Jede vermeintlich „letzte" Erkenntnis ist nur Zeichen an einem Weg, der weiterführt und der sich auch mit Andersdenkenden gehen läßt.

Diese Untersuchung, die sich so oft mit Siegfried Morenz und seiner gedankenreichen Darstellung ägyptischen Götterglaubens auseinandersetzt, sollte ein weiterer Abschnitt im Gespräch mit dem Leipziger Kollegen und Freunde sein. Er hätte an manchen Stellen sicher kräftig widersprochen. Aber der Durchschlag des

Manuskripts, der ihm zugedacht war, hat ihn nicht mehr erreicht. Seine Antwort, seine Kritik werden mir fehlen.

Basel, im Oktober 1970 Erik Hornung

Erstes Kapitel

GESCHICHTLICHE EINFÜHRUNG

Früh, schon in der Antike, regten sich Befremdung, Abneigung und spöttische Ablehnung angesichts der scheinbar so abstrusen Göttergestalten Ägyptens. Die verwirrende Fülle seltsamer Gestalten, die ungewohnten Mischwesen aus Menschenleib und Tierkopf waren für die einen symbolische Einkleidung bedeutungsvoller Mysterien, für die anderen ein ärgerlicher Widerspruch zu ihrer Vorstellung, wie ein Gott oder ein Pantheon beschaffen sein müsse. Beide Haltungen stellt Lukian[1] im 2. Jahrhundert n. Chr. einander im Dialog gegenüber; Momos, der Tadel, macht sich zum Sprecher der Ablehnung:

MOMOS: Du aber, hundsgesichtiger und in Leinen gekleideter Ägypter, wer bist du eigentlich, mein Bester? Wie kommst du Wauwau dazu, ein Gott sein zu wollen? Und was denkt sich erst dieser gescheckte Stier aus Memphis, der sich göttlich verehren läßt, Orakel erteilt und Propheten hat? Ich schäme mich ja, von Ibissen, Affen, Ziegenböcken und anderem noch viel Lächerlicheren zu sprechen, das — ich weiß nicht wie — aus Ägypten in den Himmel hineingeschleust wurde. Wie könnt ihr Götter es geduldig mit ansehen, daß diese in gleichem Maß oder gar noch höher als ihr verehrt werden? Oder du, Zeus, wie erträgst du es, wenn sie dir Widderhörner wachsen lassen?

ZEUS: Fürwahr, was du da über die Ägypter bemerkst, klingt häßlich; aber dennoch, Momos, enthält das meiste davon eine geheimnisvolle Symbolik, und ein Uneingeweihter sollte sich keinesfalls darüber lustig machen.

MOMOS: Wir brauchen wahrhaftig Mysterien, um Götter als Götter und Hundsköpfe als Hundsköpfe zu erkennen!

Über die Kirchenväter[2] hat sich die Abneigung, die Momos vertritt, bis in die Neuzeit gehalten, doch immer wieder ergänzt und

[1] Deorum concilium 10—11. Für die Übersetzung danke ich Martin Kaiser.

[2] F. Zimmermann, Die ägypt. Religion nach der Darstellung der

ausgeglichen von dem Glauben an geheimnisvolle Mysterien im Hintergrund der ägyptischen Religion. In ihrer Erscheinung blieb die ägyptische Gottheit ein verwirrendes „Stückwerk aus Tierköpfen und Menschen-Torsos" (Jean Paul[3]), und wem klänge nicht Goethes heftige Abneigung noch im Ohr:

> Nun soll am Nil ich mir gefallen,
> Hundsköpfige Götter heißen groß:
> O wär ich doch aus meinen Hallen
> Auch Isis und Osiris los!

Wir wissen zwar, daß sich dieses Zahme Xenion von 1820 nicht geradezu gegen die ägyptischen Götter, sondern gegen eine zeitgenössische Zeitschrift namens ›Isis‹ gerichtet hat,[4] daß es mithin der modernen Ägyptomanie und ihren Auswüchsen gilt, die unter den Gestalten ägyptischer Götter ihre eigenen, oft allzu ungereimten Ideen verbirgt. Aber die Verse über die „hundsköpfigen Götter" und vorher über den indischen „Affen Hanuman" lassen doch, über den äußeren Anlaß hinaus, eine tiefere Ablehnung indischer wie ägyptischer Göttergestaltung erkennen. So haben es Goethes Zeitgenossen auch verstanden, und Schelling hat in seinen Vorlesungen über ›Philosophie der Mythologie‹, von denen wir noch oft Gebrauch machen werden, Goethes Urteil über die indischen Götter bereits entgegengehalten: „. . . mit einem bloßen Geschmacksurtheil sind sie nicht hinwegzuschaffen; abscheulich oder nicht, sie sind einmal da, und weil sie da sind, müssen sie erklärt werden."[5]

Das ist ein treffliches Wort, das seine Gültigkeit auch für die ägyptischen Götter erweist. Freilich maßen wir uns heute nicht mehr an, Götter „erklären" zu wollen — je tiefer wir in die Welt

Kirchenschriftsteller (1912), etwa S. 81 und S. 87 ff. Daneben findet sich sogar bei ihnen die symbolische Auffassung, die Lukians Zeus vertritt (ibid. S. 89). Zur antiken Polemik gegen die Tiergestalt der Götter siehe auch G. Michailides, BIFAO 49, 1950, 23 f.

[3] Vorredner zu seinem Frühwerk ›Die unsichtbare Loge‹ (1792).

[4] S. Morenz, Die Begegnung Europas mit Ägypten (SBSAW 113/5, 1968), S. 163 mit Anm. 6.

[5] Einleitung in die Philosophie der Mythologie I 24 (Ausgabe von 1856, Nachdruck Darmstadt 1957).

dieser Urbilder eindringen, desto unerklärlicher wird uns, was ein Gott ist. Die Gestaltung dieser Urbilder ist auch in Ägypten nicht frei von ästhetischen Kategorien gewesen, das wird uns Kapitel IV in aller Deutlichkeit zeigen. Aber entscheidend ist doch, das hat Schelling klar erkannt, nicht die wechselnde Gestalt, sondern das *Dasein* der Götter.

Die Ägyptologie hat mit dem Dasein der ägyptischen Götter, wie es ihr in den Texten und Darstellungen der alten Nilkultur entgegentrat, oft noch weniger anzufangen gewußt als ihre fachfremde Umwelt. Auf weiten Strecken ihrer Geschichte hat sie unter dem Zwiespalt gelitten, der zwischen dem kulturellen wie ethischen Hochstand Altägyptens und den vielfach als „unwürdig" empfundenen Gottesvorstellungen aufzubrechen scheint.

In einer Zeit beginnender innerer Begegnung mit Ägypten und seinen Göttern, wie sie zunächst Rilke und später Thomas Mann verkörpern, in einer Zeit, da der Dichter „das Gewaltige jener von Göttern einst durchwachsenen Länder" spürt und seiner Zeit zurufen will:

> Keiner der Götter vergeh. Wir brauchen sie alle und jeden,
> Jedes gelte uns noch, jedes gestaltete Bild,[6]

in einer solchen Zeit hat Adolf Erman in seinem Standardwerk ›Die ägyptische Religion‹, nachdem er die Hauptgottheiten der Ägypter aufgezählt hat, für seine Leser keinen anderen Kommentar bereit, als beschämt einzugestehen:

> An den angeführten Göttern mag mancher Leser reichlich genug haben und doch bilden sie erst einen kleinen Teil von allen denen, die man in Ägypten verehrte.[7]

Wir dürfen sicher sein, daß Erman mit dieser Meinung nicht allein stand und daß er mit solchen Formulierungen den Beifall der meisten Leser gefunden hat. Aber die Haltung von Erman ist bereits das Ergebnis einer längeren Entwicklung und Auseinander-

[6] Aus dem Umkreis der „Sonette an Orpheus", erst postum veröffentlicht. Jetzt Sämtliche Werke (Insel-Verlag 1955 ff.) II 468 bzw. II 79.

[7] 1. Auflage (1905), S. 24.

setzung innerhalb unserer Wissenschaft, ist Antwort auf erste Versuche, die verwirrende Vielzahl der Gottheiten als „vordergründig" und unwesentlich gegenüber dem „monotheistischen" Kern der ägyptischen Religion zu erweisen.

Damit sind wir dem zeitlichen Ablauf in der Geschichte unseres Problems vorausgeeilt und müssen zunächst die Bemühungen des 19. Jahrhunderts betrachten, die Ägypter vom Vorwurf eines primitiven Götzendienstes reinzuwaschen und sie als Träger einer frühen Stufe der Hochreligionen, ja sogar eines monotheistischen Glaubens zu erweisen.

Emmanuel de Rougé, der um die Mitte des vorigen Jahrhunderts, nach einer Periode der Stagnation seit dem allzufrühen Tod Champollions, eine neue und andauernde Blütezeit der Ägyptologie in Frankreich heraufgeführt hat, vertrat wohl als erster klar die Überzeugung, daß die ägyptische Religion ursprünglich und im Kern eine monotheistische sei.[8] Für ihn ist « le fond sublime et persistant » dieser Religion die Einheit eines Höchsten Wesens, seine Ewigkeit und Allmacht,[9] die niemals durch den Polytheismus „erstickt" worden seien.[10] In einem Vortrag erklärte de Rougé 1869:

> Ich sage „Gott", nicht „die Götter", denn der Haupt- und Grundzug der ägyptischen Religion ist die Einheit Gottes, welche in höchst entschiedener Weise also ausgesprochen wird: „Gott der Eine, der Einzige, der Alleinige, der keine andern neben sich hat. — Du bist Einer und aus Dir gehen Millionen hervor. — Er hat alles erschaffen und ist der einzig Unerschaffene ...". Eine Idee beherrscht die ganze Religion: Es gibt einen einzigen uranfänglichen Gott. Immer und überall ist er der Eine, der durch sich selbst besteht und ein unnahbarer Gott ist.[11]

De Rougé stützt sich hier auf wörtliche Formulierungen ägyptischer Texte, die unleugbar „monotheistisch" klingen und die

[8] Nach Budge, Egyptian Gods I 142 hat bereits Champollion-Figeac, der Bruder des Entzifferers, die „monotheistische" Erklärung der ägyptischen Religion vertreten.

[9] Revue archéologique N. S. I 1 (1860), S. 72 f.

[10] Ibid. S. 357.

[11] Zitiert bei Le Page Renouf (Anm. 13), S. 84.

Lehren späterer Religionsstifter vorwegzunehmen scheinen. Seine Argumente und die Autorität seiner Meinung bedeuteten willkommene Bestätigung jener unter den Gebildeten des 19. Jahrhunderts weitverbreiteten Meinung, wonach der Monotheismus dem Polytheismus vorausgehe (sofern diese Meinung, die sich noch für Schelling „im ungestörten Besitz einer vollkommenen und allgemeinen Zustimmung“ [12] befindet, weiterer Bestätigung bedurfte!). Die Ägyptologie erwies sich hier, wie so oft, abhängig von den Fragen und Antworten ihrer Zeit, ihre Geschichte spiegelt die allgemeine Geistesgeschichte des Abendlandes.

Der englische Ägyptologe und Religionshistoriker Sir Peter Le Page Renouf hat in seinen ›Vorlesungen über Ursprung und Entwickelung der Religion der alten Aegypter‹ [13] ein Jahrzehnt später diese Auffassung seines französischen Kollegen mit wenigen Einschränkungen übernommen. Nach seiner Meinung könnten einige der von de Rougé angeführten Textstellen zwar anders gedeutet werden, „aber die Thatsachen, auf die er (de R.) seine Ansicht stützt, sind unwiderlegbar ... Es ist im Gegentheil erwiesen, dass die edlern und erhabeneren Theile der ägyptischen Religion die ältesten sind.“ (S. 85 f.)

Mit den Prädikaten „edel“ und „erhaben“ meint Sir Peter den Monotheismus, der für ihn ganz selbstverständlich die höchste Form der Religion darstellt. Hinter der erhabenen, uranfänglichen Größe dieses Glaubens an den Einen und Einzigen treten für ihn die nach ihren Eigenschaften wie nach ihren Gestalten „unwürdigen“ Götter des ägyptischen Polytheismus – eben die „Hundsköpfe“ Lukians – als spätere Entartung zurück. Es geht also primär nicht darum, die ägyptischen Texte auf ihre Aussagen über Gott und Götter hin zu befragen, sondern um Wertung des ägyptischen Gottesglaubens, um eine Apologie gegenüber der frühen Abwertung dieses Glaubens;

[12] Philosophie der Mythologie (Anm. 5) I 83. Vgl. dort auch die Fortsetzung: „Man hielt es gleichsam für unmöglich, daß Polytheismus anders habe entstehen können, als durch den Verderb einer reineren Religion ...“ und die Zusammenfassung I 119.

[13] Ich zitiere nach der deutschen Ausgabe Leipzig 1882. Die englische Originalausgabe (Lectures on the origin and growth of Religion) erschien 1880 in London.

bei dieser Wertung erhalten alle monotheistischen Züge und Tendenzen ein positives, alle polytheistischen ein negatives Vorzeichen, und der Wertende geht von vorgefaßten, sehr konkreten Vorstellungen darüber aus, wie ein Gott eigentlich zu sein habe.

Feste Maßstäbe, wie sie hier angewandt werden, können ein sicherer, positiver Halt sein, wie ihn viele Wissenschaften heute vermissen. Sie sind ein Mittel, Phänomene einzuordnen, aber kein Kriterium für die richtige Beschreibung und Erklärung dieser Phänomene. Und da es – auch und gerade in den Geisteswissenschaften! – unvermeidlich scheint, daß wir mit unseren Maßstäben das Gemessene beeinflussen, müssen sie von Zeit zu Zeit in Frage gestellt, auf ihre Brauchbarkeit überprüft werden. Wir müssen uns also vor zweierlei Reaktionen hüten: einmal davor, von den Wertmaßstäben Sir Peters und seiner Zeitgenossen auf Richtigkeit oder Unrichtigkeit ihrer Auffassungen zu schließen; und zum anderen davor, diese Wertmaßstäbe ungeprüft als verbindlich zu übernehmen.

Le Page Renouf hat die Deutung der ägyptischen Religion als eines primären Monotheismus mit eindrücklicher Klarheit und methodischer Überlegung artikuliert. Er war darin der bedeutendste, aber bei weitem nicht der einzige Fortsetzer de Rougés. In den 70er Jahren vertrat die gesamte französische Ägyptologie, mit geringfügigen Variationen des Themas, einhellig die „monotheistische" Deutung der ägyptischen Religion. Eugène Grébaut schreibt 1870, daß dieser Monotheismus « incontestable »[14] sei, und Paul Pierret überschreibt 1879 das erste Kapitel seines ›Essai sur la mythologie égyptienne‹ mit dem Titel ›Le monothéisme égyptien‹. Polytheistisch in ihrer Erscheinung, ist die ägyptische Religion für Pierret in ihrem Wesen (« essentiellement »: S. 6) monotheistisch, und es darf nicht anders sein, denn „Gott ist Einer, oder es gibt ihn nicht" (Dieu est un ou il n'est pas: S. 6) – der Polytheismus wäre daher eine Verneinung Gottes, wenn man ihn nicht als « purement symbolique » und die Götter als verschiedene Rol-

[14] Rec. trav. 1, 1870, 120 in seinem Aufsatz ›Des deux yeux du disque solaire‹, der auch sonst einen solaren Monotheismus der Ägypter behauptet.

len oder Funktionen des höchsten, einzigen und verborgenen Gottes sieht (S. 7), für den die religiösen Texte Ägyptens ja eine Fülle von scheinbar „monotheistischen" Prädikationen bieten (S. 8 ff.). Auch für François Joseph Chabas sind die vielen Götter nur Aspekte des Einen,[15] während der große Entdecker Auguste Mariette an der Spitze des ägyptischen Pantheons einen einzigen, unsterblichen, ungeschaffenen, unsichtbaren und verborgenen Gott „für die Eingeweihten" annimmt.[16]

Die großen Gelehrten der nächsten auf de Rougé, Pierret und Mariette folgenden Generation stehen in ihren ersten Arbeiten noch ganz unter dem Eindruck dieser Auffassung, die ihren Lehrern selbstverständlich war. So spricht Gaston Maspero, Mariettes Nachfolger als Direktor der ägyptischen Altertümerverwaltung, in einer frühen Vorlesung über die religiöse Literatur der alten Ägypter von einem « Dieu immatériel», der erst sekundär in den vielerlei Gottheiten „Fleisch wird"[17]; Eugène Lefébure hat noch lange an einem ägyptischen Monotheismus festgehalten, ihm allerdings eine mehr pantheistische Färbung gegeben.[18]

Wie verbreitet diese Schau der ägyptischen Götterwelt um 1880 gewesen ist, zeigt eine Stelle in Le Page Renoufs Vorlesungen (S. 83):

> Viele der ausgezeichnetsten Gelehrten behaupten, obwohl ihnen alles, was für die entgegengesetzte Meinung gesagt werden kann, bekannt ist, die Religion Aegyptens sei wesentlich monotheistisch, und nach ihnen soll die Vielheit der Götter nur aus der Personification der Eigenschaften,

[15] Calendrier des jours fastes et nefastes (1870), S. 110. Dieser « dieu unique et incrée » ist jedoch nur der Gott der „Eingeweihten".

[16] Notice des principaux monuments exposés dans les galeries provisoires du Musée d'antiquités égyptiennes, ²1868, S. 20 = ⁵1874, S. 21 (« c'est le Dieu réservé à l'initié du sanctuaire »).

[17] Sur la littérature religieuse des anciens Égyptiens, erstmals in der Revue Politique et Littéraire 1872, S. 460—466, wiederabgedruckt in: Études de mythologie II (1893), S. 445—462, die Stelle dort S. 446 f. Zum späteren Sinneswandel Masperos siehe gleich.

[18] Etwa RHR 14, 1886, 35; vgl. auch ibid. S. 44 f. Lefébures Wiedergabe der Meinungen von de Rougé und Chabas, in denen er ein Fortleben der Ideen von Creuzer sieht.

Eigenthümlichkeiten und Kräfte des Wesens des einen höchsten Gottes ihren Ursprung ableiten.

Zu diesen „ausgezeichnetsten Gelehrten" gehörte auch Heinrich Brugsch, damals neben Lepsius der führende deutsche Ägyptologe. 1885 erschien der erste Band seines Standardwerkes ›Religion und Mythologie der alten Aegypter‹[19], in welchem er sich (S. 90) zu der Überzeugung bekennt, daß die Ägypter „bereits zu den frühsten Zeiten den einen, namenlosen, unerfaßlichen, ewigen Gott in seiner höchsten Reinheit" verehrt hätten. In der Nachfolge Schellingscher Ideen über die Abfolge der Götter spricht V. von Strauß und Torney noch 1889 von einem „mythologischen Monotheismus" mit dem Gott Nun am Beginn der ägyptischen Religionsgeschichte.[20]

In dieser Übersteigerung ließ sich die Behauptung eines anfänglichen reinen Monotheismus bei den Ägyptern nicht lange halten. Schon kurz vor dem Erscheinen von Brugschs großem Werk, das weithin maßgebend für die Darstellung der ägyptischen Religion blieb, hatte Lieblein[21] erste Kritik an der verbreiteten Lehrmeinung geübt. Maspero hatte sich bereits 1880 sehr kritisch zu Pierret und dessen monotheistischem „Vorurteil" (idée préconçue) geäußert;[22] der Monotheismus wird dort zu einer sekundären Erscheinung, als « résultante d'un polythéisme antérieur ». Seit 1888 gibt Maspero zu, daß ihn das selbständige Studium der ägyptischen religiösen Texte zur Aufgabe seiner früheren Meinung über den ägyptischen Monotheismus – wie sie Brugsch immer noch festhält – geführt habe. In den ausführlichen Besprechungen, die er dem Werk seines deutschen Kollegen gewidmet hat,[23] lehnt er die bisherige Auffassung in aller Deutlichkeit ab:

[19] Der 2. Band erschien 1888, die Neuausgabe in einem Band 1891.

[20] Der altägyptische Götterglaube, Band I passim, vor allem S. 47 f.; auch im 2. Band (1891) des Werkes stellt v. Strauß und Torney einen einzigen Gott an den Anfang (S. 72).

[21] Egyptian religion (1884), mir derzeit nicht zugänglich.

[22] RHR 1, 1880, 119–129, wiederabgedruckt in: Études de mythologie I (1893), S. 115–127, das folgende Zitat dort S. 124.

[23] Erschienen in der Revue critique Bd. 2 und in der RHR 18 und 19, wiederabgedruckt in: Études de mythologie II (1893), S. 183–278, die beiden Zitate dort S. 185 bzw. S. 278.

Je crois, contrairement à ce qu'il dit, que les Égyptiens ont été polythéistes avant tout, et que s'ils sont arrivés à la conception d'un dieu un, ce n'était pas un dieu exclusif et jaloux ... (La religion égyptienne ...) je la prends pour ce qu'elle se donne, un polythéisme avec ses contradictions, avec ses redites, avec ses dogmes parfois indécents, parfois cruels, parfois ridicules pour un moderne ...

In Deutschland schreibt Alfred Wiedemann 1890 (Die Religion der alten Ägypter, S. 62f.):

Man hat ... aus Stellen, in denen es heißt, Gott bzw. ein Gott ... wird gelobt, Gott kennt den Bösen, Gott giebt ein Feld, Gott liebt den Gehorsamen u. s. f. oft geschlossen, es sei darunter der wahre, ewige Gott zu verstehen. Dies ist jedoch nicht ohne weiteres möglich; dieselben Texte, die diese Angaben machen, sprechen daneben von einzelnen Gottheiten und zeigen, daß der Schreiber bei dem Worte Gott nur an seinen eigensten Gott dachte, an den Gott seines Nomos, ... der für ihn eine alles umfassende Macht war, die aber darum das Bestehen anderer, für andere Menschen wichtiger höherer Mächte nicht ausschloß ... Wenn aber derartige Ausdrücke an und für sich keinen Beweis darbieten können für eine ursprüngliche und von Zeit zu Zeit dem ägyptischen Volke wieder zum Bewußtsein kommende reine, monotheistische Gotteserkenntnis, so kann man ebenso wenig aus den Inschriften den Beweis erbringen, daß eine solche nicht vorhanden gewesen ist.

Wiedemann erläutert diese besonnene Zurückhaltung mit dem Hinweis, „daß erst ein kleiner Teil des aus dem alten Ägypten erhaltenen Materiales vorliegt". Er hütet sich also, das Kind mit dem Bade auszuschütten; es genügt ihm, die Problematik der seit de Rougé zum Erweis eines ägyptischen Monotheismus herangezogenen Quellen aufzuzeigen. Seine klare Argumentation hätte noch manchen modernen Verfechter eines ägyptischen Monotheismus vor haltlosen Schlüssen bewahren können, aber Wiedemanns Stimme wurde in den Auseinandersetzungen kaum gehört.

Das folgende Jahrzehnt brachte, vor allem durch die Grabungen von Amélineau und Petrie in Abydos, die Entdeckung der ägyptischen Frühzeit.[24] Seit 1893 lag auch die erste, von Gaston Maspero

[24] Die Entdeckungsgeschichte schildert W. Wolf, Funde in Ägypten (1966), S. 18–38.

besorgte Herausgabe der Pyramidentexte aus der 5. und 6. Dynastie abgeschlossen vor.[25] Weder in dieser ältesten, seit 2350 v. Chr. aufgezeichneten großen Spruchsammlung, noch in den Inschriften und Darstellungen der Vor- und Frühgeschichte ließ sich der a priori angenommene, ursprüngliche und „reine“ Glaube eines ägyptischen Monotheismus greifen, vielmehr steht gerade in diesen frühen Quellen die Göttervielfalt eindrucksvoll im Vordergrund. Zusammen mit der vorangegangenen Kritik an der Methode bewirkte diese entscheidende Vermehrung unserer Quellen, daß die so lange selbstverständliche Lehrmeinung über einen primären Monotheismus der Ägypter stillschweigend fallengelassen wurde.

Die ägyptologische Literatur der folgenden Jahrzehnte erweckt den Eindruck, daß mit der alten Lehrmeinung auch das Interesse an einer Bestimmung der ägyptischen Gottesvorstellung dahinfiel. Der positivistische Blick auf das „Tatsächliche“, auf die im Vordergrund stehenden Fakten des ägyptischen Götterglaubens, ließ sich von Streitfragen um Monotheismus/Pantheismus/Polytheismus nicht mehr ablenken. Adolf Erman setzte mit seiner Darstellung der ägyptischen Religion (oben S. 3), deren erste Auflage 1905 erschien, ein neues Vorbild, das zur Richtschnur für die folgende Generation wurde. ›Der Götterglaube im alten Ägypten‹ von Hermann Kees, 1941 als Krönung einer langen Forschungstätigkeit veröffentlicht, ist für die äußeren Formen und Tatsachen dieses Glaubens die immer noch maßgebende Darstellung, ohne die Frage nach der Wesensbestimmung des untersuchten Götterglaubens aufzuwerfen; in dieser Tradition steht noch die ›Ancient Egyptian Religion‹ von J. Černý (1952). Die Abstinenz eines halben Jahrhunderts hat unsere Frage jedoch auf ihre Weise gefördert – wir müssen dankbar anerkennen, daß in dieser Zeit die wesentlichen

[25] Entdeckt 1880/81 (vgl. Wolf, a. a. O. S. 107 ff.), wurden die Texte von Maspero in Band 3 (1882) bis 14 (1893) des Recueil des travaux veröffentlicht. Neben Maspero erkannte Brugsch sogleich die Bedeutung dieser Ritualtexte (siehe ZÄS 19, 1881, 1–15 und S. 347 ff. seiner Autobiographie Mein Leben und mein Wandern), hat sie aber für die Frage nach der Gottesvorstellung nicht mehr ausgewertet; auch bei Wiedemann steht die neue Quelle noch ganz am Rande. Die neueste Übersetzung der Texte gibt R. O. Faulkner, The Ancient Egyptian Pyramid Texts (Oxford 1969).

Fakten zusammengetragen und gesichert wurden, auf die sich heute neue Wesensbestimmungen des Götterglaubens stützen können.

Die wenigen, die in diesem Zeitraum die Frage nach der ägyptischen Gottesvorstellung aufgreifen, distanzieren sich in aller Klarheit von der monotheistischen Deutung und neigen eher dazu, in der ägyptischen Religion pantheistische Züge zu sehen (vor allem Breasted[26]). Daneben taucht nun immer häufiger der Begriff des Henotheismus auf (unten S. 233). Nur E. A. Wallis Budge hält an der Meinung fest, "foolish priests" hätten den „reinen“ monotheistischen Glauben verdunkelt, der in Ägypten seit frühester Zeit bestanden hat und den er vor allem in den Weisheitslehren zu finden meint;[27] so nimmt Budge, ähnlich wie Mariette, eine Zweigleisigkeit des ägyptischen Götterglaubens an, die sich bis heute für viele seiner Nachfolger als einfache – allzu einfache! – Lösung des Problems darstellt: der Eine für die Weisen, die Vielen für die Menge. Gegen einen solchen „Monotheismus für Eingeweihte“, wie man ihn nennen könnte, hat sich bald darauf Wiedemann mit guten Gründen gewandt,[28] doch hat das die gleich zu besprechende „neomonotheistische“ Schule nicht daran gehindert, an diese Vorstellung von Budge anzuknüpfen.

Wiedemann zeichnet für den Artikel ›God‹ (Egyptian) im 6. Band von Hastings Encyclopaedia of Religion and Ethics (1913) verantwortlich – eine glückliche Wahl der Herausgeber, denn Wiedemann gibt hier auf wenigen Seiten einen gut durchdachten, besonnenen Überblick über die wesentlichen Fragen der ägyptischen Gottesvorstellung. Einen eigenen Abschnitt (S. 275–277) widmet er unter der Überschrift ›Monotheism or henotheism?‹ der bisherigen Hauptfrage und wendet sich hier entschieden gegen die Annahme eines ursprünglichen Monotheismus wie gegen die Behaup-

[26] Development of Religion and Thought in Ancient Egypt (1912).

[27] The Gods of the Egyptians or Studies in Egyptian Mythology, Bd. I (1904), S. 138 ff., das Zitat S. 144. Einen monotheistischen Gott in den Weisheitslehren postuliert er auch in seinem Werk Osiris, Bd. I (1911), S. 348 ff., obgleich sich schon v. Strauß und Torney, Der altägypt. Götterglaube I 340 ff., gegen diese Auslegung gewandt hatte und dazu den Gebrauch von ϑεός bei Homer verglicht.

[28] S. 276 des gleich genannten Artikels.

tung eines monotheistischen Gottes für „Eingeweihte“ in den Weisheitslehren. Die Formulierungen ägyptischer Quellen, auf die sich de Rougé und seine Zeitgenossen gestützt hatten, bedürfen einer anderen Erklärung: "The apparently monotheistic expressions on Egyptian monuments rest in reality upon henotheistic modes of thought." (S. 276) Ähnlich, wenn auch in anderen Formulierungen, betrachtet G. Roeder in einem nahezu gleichzeitig erschienenen Aufsatz über ›Das ägyptische Pantheon‹[29] unsere Frage: Er lehnt die Theorie eines ursprünglichen Monotheismus ebenso entschieden ab wie Wiedemann und rechnet damit, daß in der Mannigfaltigkeit der ursprünglichen Gottheiten eine „Auslese“ stattfindet, die er mit dem damals populären „Kampf um das Dasein“ bei den Lebewesen vergleicht.

> Die großen Gottheiten werden vielseitig, erhalten zahlreiche Namen und Eigenschaften, und ihre Verehrer können zu der Meinung gelangen, als sei ihr Gott der einzige und ein allmächtiger. So kommt erst durch die sekundären Identifikationen ein monotheistischer Zug in die ägyptische Theologie, der aber nirgends das polytheistische Gebäude umgeworfen hat.[30]

Dieses neue Stichwort vom „monotheistischen Zug“ sollte sich noch als verhängnisvoll erweisen, da es in der neomonotheistischen Schule zur Verschwommenheit der Begriffe und damit des ganzen Problems beitrug. Zunächst aber schien die Frage nach der ägyptischen Gottesvorstellung keiner weiteren Diskussion mehr zu bedürfen, wenn wir von der Dissertation Gerardus van der Leeuws (1916) absehen, die sich speziell mit den Gottesvorstellungen in den Pyramidentexten beschäftigt,[31] also gerade mit der ältesten damals greifbaren Quellengruppe. Die Untersuchung des großen holländischen Religionshistorikers stützt und ergänzt die neue polytheistisch/henotheistische Interpretation, wie wir sie schon bei Wiedemann und Roeder gefunden haben. In der ältesten greifbaren

[29] Archiv für Religionswissenschaft 15, 1912, 59–98.

[30] Ibid. S. 95.

[31] Godsvoorstellingen in de oudaegyptische Pyramidetexten, vor allem Kap. IV (Het godsbegrip, S. 117 ff.), aus dem im folgenden zitiert wird.

Gottesvorstellung der Ägypter kann van der Leeuw nirgends monotheistische oder Hochgott-Züge entdecken, sondern vergleicht sie mit dem von Preuss erarbeiteten Gottesbegriff der Cora-Indianer. Auch von einem „transzendenten" Gott kann im Ägypten der Pyramidenzeit keine Rede sein, eher von einem „pantheistisch gefärbten" Vertrauen auf den Fortbestand des Seienden. Mit seiner Kennzeichnung einer gewissen "vaagheid" in der ägyptischen Gottesvorstellung zeigt van der Leeuw einen wichtigen Aspekt auf, der uns noch beschäftigen wird (unten S. 90), während die zeitbedingte Frage nach Monismus oder Dualismus, der er breiten Raum widmet, für unser Problem weniger fruchtbar scheint.

Unfruchtbar blieb auch die in der ›Zeitschrift für die alttestamentliche Wissenschaft‹ 1916–1920 ausgefochtene Polemik zwischen Karl Beth und Hermann Grapow[32] – ein Musterbeispiel dafür, wie der Religionshistoriker und der Philologe aneinander vorbeireden können, ohne von den Methoden und Fragestellungen des Partners eine rechte Vorstellung zu haben. Die Gelegenheit, aus seiner Kenntnis der „tausende von Belegstellen für *nṯr*" im Berliner Wörterbuch Klärendes und Wesentliches zur Bedeutung von *nṯr* („Gott") zu sagen, hat Grapow sich in seiner Kritik an Beth entgehen lassen, unwesentliche Details genügten ihm als Zielscheibe. Aber auch Beths Vergleiche von *nṯr* mit *el* und *wakonda* bleiben für den Ägyptologen unbefriedigend, mit der Annahme eines besonderen *nṯr* in den Weisheitslehren (S. 180 ff.) oder eines „großen All-Neṯer" (S. 182) folgt er eingefahrenen Geleisen. Mit dem weiteren Überblick des Religionshistorikers formuliert Beth jedoch eine Einsicht, die den Fachgelehrten verschlossen blieb:

> Monotheismus oder Polytheismus – das war die große Streitfrage der Ägyptologie seit Entdeckung der ersten ägyptischen Texte. Der hier gegebene Durchblick zeigt, daß beide Antworten ihr gutes Recht haben, und er zeigt ebenso, daß jede der beiden Antworten diese Begriffe wie Schlagworte verwendet und die wirkliche Eigenart der Religion der alten Ägypter nicht auszudrücken vermag. (S. 183)

[32] K. Beth, El und Neter, ZAW 36, 1916, 129–186; H. Grapow, Zu dem Aufsatz von Prof. Beth „El und Neter", ibid. 37, 1917, 199–208; K. Beth, Noch einiges zum ägyptischen Neter, ibid. 38, 1920, 87–104. Die folgenden Zitate stammen aus dem ersten Aufsatz.

Damit war die Diskussion zunächst an einem toten Punkt angelangt, und es mußte sinnlos scheinen, sie ohne die Eröffnung von neuen Zugängen zur „wirklichen Eigenart der Religion" nochmals aufzugreifen. Neue Impulse für die Beschäftigung mit der ägyptischen Gottesvorstellung gingen erst wieder von Hermann Junker aus, der in der Zeit nach 1930 einem vermeintlichen alten Hochgott, dem „Großen" *(Wr)*, nachspürte und dabei in die gedankliche Nähe des „Urmonotheismus" von Pater W. Schmidt geriet. Da es sich hier um isolierte Betrachtung eines göttlichen Beinamens handelt, werden wir auf die Gedanken Junkers erst im Abschnitt über die göttliche Eigenschaft der Größe (unten S. 183 f.) zurückkommen.

Die Neubegründung einer monotheistischen Deutung der ägyptischen Gottesvorstellung ist wiederum von der französischen Ägyptologie ausgegangen; den Anstoß zur Bildung einer „Neomonotheistischen Schule", wie man sie nennen könnte, gab der Abbé Drioton, damals einflußreicher Generaldirektor der ägyptischen Altertümerverwaltung. Während die erste und zweite Auflage (1938 bzw. 1946 erschienen) des Bandes ›L'Égypte‹, den Drioton und Vandier in der Reihe CLIO als grundlegende Darstellung der politischen wie der Geistesgeschichte Ägyptens herausgegeben haben, über einen ägyptischen Monotheismus kein Wort verlieren, steht er seit der dritten Auflage (1952) im Vordergrund des Abschnitts über die Religion Ägyptens.[33]

Schon 1948 hatte Drioton seine Gedanken in einem Aufsatz ›Le monothéisme de l'ancienne Égypte‹[34] entwickelt und die Behauptung aufgestellt, der Monotheismus sei in Ägypten schon lange vor den Reformen Echnatons dagewesen. Die entscheidende Quelle dafür sind ihm die Weisheitslehren mit ihrem « dieu des sages », von dem er schon in einem früheren Aufsatz spricht.[35] Obgleich

[33] Vor allem S. 63 f. und 109 f., vgl. dazu J. Leclant, RdE 15, 1963, 137. Vorsichtiger formuliert Drioton in seinem Beitrag zum Sammelband ›Die Religionen des Alten Orients‹ (Zürich 1958, in der Enzyklopädie ›Der Christ in der Welt‹). Vgl. auch J. Vandier, La religion égyptienne (1944), S. 227—229, und die vorsichtige Kritik von R. Weill, BIFAO 47, 1948, 140.

[34] CHE I, 1948, 149—168; ein Resumé Or 18, 1949, 503 f.

[35] La religion égyptienne dans ses grandes lignes, Revue du Caire

sich Drioton auch auf H. Junker beruft, nimmt er einen zwar sehr alten, aber nicht ursprünglichen Monotheismus an; für die neue Lehrmeinung ist der ägyptische Monotheismus sekundär, auf dem Boden des Polytheismus erwachsen. Das vorherrschende Bestehen des Polytheismus zu allen Zeiten der ägyptischen Geschichte kann nicht mehr in Frage gestellt werden, so daß der behauptete Monotheismus notwendig einer für „Eingeweihte" sein muß, wie schon Mariette und Budge angenommen hatten.

Obgleich es an kritischen Stimmen und methodischer Besinnung nicht gefehlt hat,[36] ist die jüngere französische Ägyptologie der Anziehungskraft von Driotons Formulierungen weitgehend erlegen, und die monotheistische Deutung ägyptischer Gottesvorstellungen hat auch außerhalb Frankreichs erneuten Anklang gefunden. In dem von G. Posener herausgegebenen ›Lexikon der ägyptischen Kultur‹ spricht S. Sauneron ganz unproblematisch von einer „Namenlosen göttlichen Macht hinter den Göttern"[37], und diese Formulierung ist wenig später auch in der deutschen Ägyptologie aufgegriffen worden; so nimmt E. Otto in einem Aufsatz ›Zum Gottesbegriff der ägyptischen Spätzeit‹ an, daß die Ägypter der Spätzeit „die Vielheit der Gotteserscheinungen als mögliche Vergegenwärtigung eines dahinterstehenden anonymen Göttlichen erlebt"[38] haben.

Noch entschiedener sieht Siegfried Morenz in den ägyptischen Theologen direkte Vorläufer moderner, aus der Offenbarung gespeister Theologie:

No. 84, S. 3—23, wiederabgedruckt in: Drioton, Pages d'égyptologie (1957), S. 77 ff. Vgl. schon Driotons Bemerkungen ASAE 43, 1943, 43 zu einem ramessidischen Monotheismus als Folge der Amarnazeit.

[36] Etwa H. Stock, Saeculum 1, 1950, 631—635 (gegen Junker und Drioton). Vgl. auch R. Weill (Anm. 33) und S. A. B. Mercer, The Religion of Ancient Egypt (1949), für den die ägyptische Religion "was always polytheistic, without exception" (S. 306 f.). F. Daumas, Les dieux de l'Égypte (1965 in der Reihe Que sais-je) S. 115 ff. folgt in der Hauptsache Drioton, verneint aber einen « monothéisme exclusif » für Ägypten.

[37] S. 90 der deutschen Ausgabe (1960).

[38] FuF 35, 1961, 278.

Denn die großen Linien ihres Denkens über die Verhältnisse der Göttergestalten zueinander und zu dem Einen sowie über Grenze und Bindung zwischen Gott und Bild sind letztlich allen zugute gekommen, die Gottes große und eine Wirklichkeit hinter der Fülle seiner Erscheinungen suchten. Eine historisch gewachsene Religion, die den Durchbruch der Offenbarung nicht erfuhr, hat nun einmal das Schicksal, die ganze Last einer langen Geschichte, also auch eine bunte Götterwelt, mit sich herumzutragen. Das Beste, was Theologen angesichts dieser Last der Tradition überhaupt leisten konnten, war die Verankerung jeder einzelnen Gottesgestalt im tiefen Grund der einen göttlichen Wesenheit. Sie ist den ägyptischen Glaubensdenkern so gut gelungen, daß wir uns für befugt halten durften, den historischen Lauf Gottes zur Transzendenz in allen Gestalten zu suchen und zu sehen und stillschweigend dem Sinne nach eine Einzahl zu setzen, wo nach dem Buchstaben und der Bildwelt die Mehrzahl hätte gelesen werden müssen.[39]

Die „Fülle der Erscheinungen", die bunte Vielfalt des Polytheismus, wird wiederum als vordergründig beiseite geschoben. Aber diesmal öffnet sich keine historische Perspektive auf einen ursprünglichen, im Laufe der Zeit verdunkelten Monotheismus, sondern alle Fluchtlinien enden „im tiefen Grund der einen göttlichen Wesenheit", hinter allen historischen Kulissen steht, quer zur Geschichte, der eine und einzige Gott der Offenbarung.

Das ist großartig perspektivisch gedacht und abendländisch — doch mit ägyptischem Anschauen und Denken hat es wenig gemeinsam! Der Ägypter kennt keine Kulissen und keine Raumtiefe, hinter einem Gott stehen allenfalls seine Gefolgsleute, und der Grund der Welt mag ihm göttlich sein, aber kein Gott. Es ist faszinierend, das ägyptische Pantheon dreidimensional zu ordnen und den Einen als Fluchtpunkt zu setzen — aber steht dahinter nicht das alte apologetische Bemühen, die ägyptischen Götter für uns glaubhafter zu machen? Geht es, gegen Karl Barth[40] und andere gebildete Verächter außerchristlicher Religion, wirklich um den Nachweis, daß auch die ägyptische Religion dem einzig anerkannten Adel des „von Gott" angehört? Liegt hier nicht die Gefahr,

[39] Gott und Mensch S. 116. Ähnliche Gedanken schon bei Schelling, Philosophie der Mythologie I 74.

[40] Gegen ihn wendet sich Morenz a. a. O. S. 15.

daß unsere Wissenschaft zur Theologie verfremdet wird? Wenn sie sich als Ägyptologie verstehen will, dann müssen zuerst die ägyptischen Gottheiten in Wesen, Wirkung und Bedeutung erkannt sein, muß vor allem danach gefragt werden, wie der Ägypter selbst seine ihm eigenen Götter gesehen und gedeutet hat, bevor eine Frage der Wertung auch nur aufgeworfen wird. Dazu bedarf es einer umfassenden, die Quellen in Breite und Tiefe ausschöpfenden Untersuchung ägyptischer Gottesvorstellungen, die man inmitten einer Flut von Literatur zur Religion des alten Ägypten immer noch vermißt.

Das Fehlen einer solchen Untersuchung bedeutet eine Herausforderung, die der Verfasser zunächst in der Form von Vorlesungen über den ägyptischen Gottesbegriff aufgenommen hat – im Sommersemester 1965 an der Universität Münster in Westfalen, im Sommersemester 1968 an der Universität Basel. Als unmittelbarer Anstoß diente die kritische Auseinandersetzung mit zwei Büchern, die Eberhard Otto und Siegfried Morenz, unabhängig voneinander, im Laufe eines Jahres unter dem gleichen Haupttitel ›Gott und Mensch‹ veröffentlicht hatten.[41] Beide Autoren haben den Singular „Gott“ mit Bedacht gewählt, und Morenz begründet diese Wahl in unmißverständlicher Klarheit (oben S. 16); aber diese Begründung wird als These dargeboten und bedarf der kritischen Prüfung, die unweigerlich zur Frage nach der ägyptischen Gottesvorstellung führt.

[41] E. Otto, Gott und Mensch nach den ägyptischen Tempelinschriften der griechisch-römischen Zeit, AHAW 1964, 1; S. Morenz, Gott und Mensch im alten Ägypten, Leipzig 1964. Beide Autoren haben sich auch in einer Reihe von Aufsätzen mit der ägyptischen Gottesvorstellung beschäftigt: E. Otto, Monotheistische Tendenzen in der ägypt. Religion, WdO 2, 1955, 99–110; ders., Zum Gottesbegriff der ägypt. Spätzeit, FuF 35, 1961, 277–280; ders., Altägypt. Polytheismus. Eine Beschreibung, Saeculum 14, 1963, 249–285; S. Morenz, Die Heraufkunft des transzendenten Gottes in Ägypten, SBSAW 109, 2 (1964); ders., Die Geschichte Gottes im alten Ägypten, Neue Zürcher Zeitung vom 18. 10. 1964. – Schon die Wiener Totenbuchkommission plante vor dem Zweiten Weltkrieg ein Werk mit dem Titel ›Gott und Mensch im Weltbilde der Ägypter‹: G. Thausing, Der Auferstehungsgedanke in ägypt. religiösen Texten (1943), S. VIII.

Zu fragen ist, wie die Menschen Altägyptens sich Götter oder einen einzelnen Gott vorgestellt haben, ob und in welcher Form sie neben oder hinter der bunten Palette ihrer Göttergestalten eine unpersönlich-anonyme Macht sahen oder verehrten, ob sie als Vorläufer monotheistischer Religion gedeutet werden dürfen.

Fragen dieser Art bezeichnen den Anfang eines mühevollen Weges, den jeder Versuch einer echten Antwort einschlagen muß. Die Informationen, die wir brauchen, müssen wir an einem oft spröden und mehrdeutigen Quellenmaterial erarbeiten; manche scheinbar trockene und spezielle Einzeluntersuchung ist durchzuführen, um eine sichere und tragfähige Grundlage für unsere Antwort zu finden. Wir sehen die Gefahr, über der Fülle an Details aus drei Jahrtausenden die Richtsterne unserer Untersuchung zu verlieren und in einem Labyrinth von Detailfragen zu enden. Aber wir hoffen am Horizont unseres Weges immer die Frage im Auge zu behalten, die weit über Ägypten hinaus für das Selbst- und Weltverständnis des Menschen von Bedeutung ist: Was ist das eigentlich, ein Gott? Was bedeutet er dem Menschen, der ihn glaubt? Was tritt dem Suchenden in dieser so persönlichen Form als ein antwortendes Du gegenüber, in einem Dialog, der das Dasein bestimmt? Wir brauchen dabei in keine Glaubensfragen um die Existenz oder Nichtexistenz Gottes oder der Götter einzutreten. Allein durch die Tatsache, daß die Ägypter jahrtausendelang mit ihren Göttern gelebt, mit ihnen in einem lebendigen Dialog gestanden haben, ist die geschichtliche Wirklichkeit der ägyptischen Götter gegeben. Sie sind legitime, ja notwendige Objekte wissenschaftlicher Bemühung, die nicht nach ihrem Sein, ihrem Wesen und ihrem Wert fragt, sondern nach ihrer Erscheinung und Bedeutung für den Glaubenden, für die von Menschen im Glauben an Götter gestalteten Kulturen.

Es war ein Vorteil für unsere Untersuchung, daß während der Arbeit einige neue, gründliche und detailreiche Monographien über ägyptische Gottheiten erschienen sind, die Gelegenheit gaben, Fragestellungen und Antworten immer wieder neu zu überprüfen und zu verfeinern. Diese speziellen Untersuchungen entlasten uns auch noch stärker von der Aufgabe, auf das Wesen einzelner Göttergestalten einzugehen, des Osiris, Amun, Re, Ptah, Anubis usw. Das würde in jedem Einzelfall eine eigene, umfangreiche Untersuchung erfordern. Uns geht es vordringlich um diejenigen Züge, die den ägyptischen Gottheiten und dem Verhältnis des Ägypters zu einzelnen Göttern gemeinsam sind, also um die ägyptische Gottesvorstellung in ihrer Allgemeinheit. Dabei soll gewiß kein abstraktes Neutrum, kein schematischer Über-Gott konstruiert werden; es gilt, stets von den konkreten, lebendigen Göttergestalten auszugehen, wie sie uns im Zeugnis unserer Quellen entgegentreten.

Zweites Kapitel

DIE ÄGYPTISCHEN GOTTESBEZEICHNUNGEN UND IHRE VERWENDUNG

nṯr und seine Grundbedeutung

Da jede Untersuchung der ägyptischen Gottesvorstellungen die Ägypter selbst in ihren textlichen und bildlichen Zeugnissen befragen muß, hat sie von der Terminologie auszugehen, welche die Ägypter selbst verwandt haben. Diese methodische Forderung hat bereits Le Page Renouf (Vorlesungen S. 87) in aller Schärfe und Deutlichkeit aufgestellt:

> In der gesammten ägyptischen [d. h. ägyptologischen] Literatur findet sich keine Thatsache, welche fester stünde, als die, dass dieselben Menschen an der Lehre von einem Gott und von einer Mehrzahl von Göttern hingen, und die andere, dass es Niemand einfiel, einen Widerspruch in diesen Lehren zu finden. Wenn nun das Wort Gott für die Ägypter dieselbe Bedeutung als für uns besass, so kann natürlich nichts alberner und ungereimter sein. Desshalb sehen wir uns veranlasst, vor allen Dingen festzustellen, was die Ägypter eigentlich mit dem Worte nutar *[nṯr]*, das wir mit Gott übersetzen, ausdrücken wollten.

Dies soll unsere erste Aufgabe sein, und da wir die Kenntnis der ägyptischen Sprache hier nicht voraussetzen können, wollen wir versuchen, dabei mit so wenig Philologie als möglich auszukommen.

Das ägyptische Wort, das wir mit „Gott" wiedergeben, erscheint bei Le Page Renouf und anderen älteren Ägyptologen in der Form *nutar*. Nach unserer heutigen Umschrift lautet es *nṯr*, wobei *ṯ* einen präpalatalen Verschlußlaut meint, der gewöhnlich durch *č* umschrieben wird. Da unsere Umschrift nur das Konsonantengerippe der ägyptischen Wörter wiedergibt, ist damit über die Aussprache noch nichts gesagt. Wir verbinden, um ein Gebilde wie *nṯr* überhaupt aussprechbar zu machen, die Konsonanten mit einem -e- und sprechen *netscher*. Die wirkliche Aussprache ägyptischer Wörter kann mit Hilfe keilschriftlicher, griechischer, koptischer und anderer voll vokalisierter Formen nur allmählich erschlossen werden und lautete in unserem Falle etwa *nátschīr* (Femininum *natschārat* „Göttin").[1]

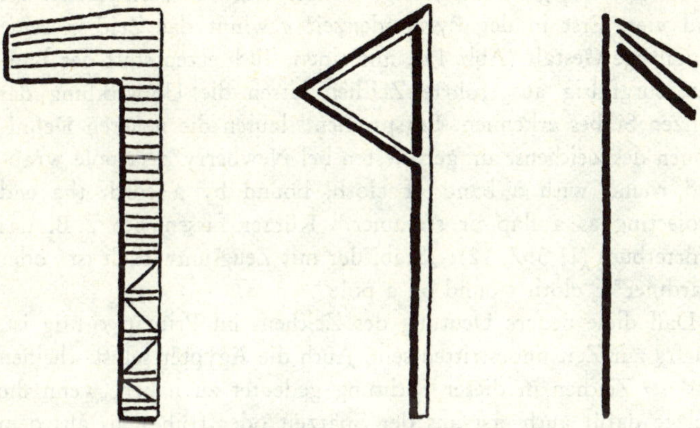

a b c

Abb. 1. Die Gotteshieroglyphe „Umwickelter Stab".
Zeichnung A. Brodbeck nach Newberry, JEA 33, 1947, 90

Geschrieben wird *nṯr* mit einem Hieroglyphenzeichen, das in seiner gewöhnlichen Form wie in Abb. 1a aussieht. Da es in der älteren Zeit gelegentlich eine spitz zulaufende Variante wie in Abb. 1b zeigt, ist es von Champollion[2] und einigen späteren Ägyptologen als Axt gedeutet worden. Aber ägyptische Äxte haben ein ganz anderes Aussehen[3] und zeigen nicht, wie unser Zeichen, eine Umwicklung des ganzen Schaftes. So ist die Deutung als Axt bereits 1892 von Petrie[4] zu Recht ausgeschlossen worden, doch hielten noch Jahrzehnte später manche Gelehrte an dieser alten Deutung fest[5].

[1] W. Vycichl, ZDMG Suppl. I (1969), S. 26.

[2] Dictionnaire égyptien (postum 1841 erschienen), S. 345.

[3] Siehe jetzt E. Kühnert-Eggebrecht, Die Axt als Waffe und Werkzeug im alten Ägypten (MÄS 15, 1969).

[4] Medum S. 32.

[5] So E. A. W. Budge, The Gods of the Egyptians (1904) I 63—65 und

Die ältesten, zum Teil noch vorgeschichtlichen Formen des Zeichens[6] gehören zum Typus der Abb. 1c, zeigen also wohl einen Stab mit Bändern. Die Zahl der Bänder, die bis in die 3. Dynastie hinein deutlich getrennt gezeigt werden, schwankt zwischen zwei und vier. Erst in der Pyramidenzeit gewinnt das Zeichen seine endgültige Gestalt (Abb. 1a), mit einem Tuchfetzen statt der Bänder; sorgfältig ausgeführte Zeichen lassen die Umwicklung des ganzen Stabes erkennen. Entsprechend lauten die neueren Definitionen des Zeichens, am genauesten bei Newberry[7]: "a pole wrapped round with a band of cloth, bound by a cord, the end projecting as a flap or streamer." Kürzer fassen sich z. B. das Wörterbuch (II 357, 12): „Stab, der mit Zeug umwickelt ist" oder Gardiner[8]: "cloth wound on a pole".

Daß diese neuere Deutung des Zeichens im Prinzip richtig ist, dürfte zur Zeit unbestritten sein. Auch die Ägypter selbst scheinen das *nṯr*-Zeichen in dieser Richtung gedeutet zu haben, wenn die Belege dafür auch erst aus der Spätzeit oder frühestens aus dem Ende des Neuen Reiches stammen, kaum vor 1200 v. Chr. In der „aenigmatischen", besonders verschlüsselten Hieroglyphenschrift, findet sich für das Zeichen auf einer Reihe von Skarabäen der Lautwert *w*, den Drioton[9] von *wt*, „einwickeln, umwickeln", ableitet. *wt* ist seit alter Zeit auch der Titel des Balsamierers und die Bezeichnung der Mumienbinden. Diese können, allerdings erst in der Spätzeit, auch *nṯrj* heißen (Wb II 365, 14; vgl. auch II 363, 19), und der gleichfalls späte Zeichenpapyrus aus Tanis erklärt das *nṯr*-Zeichen als *jw. f qrs*, „Es ist bestattet"[10].

öfter; E. Amélineau, Prolégomènes à l'étude de la religion égyptienne (1907) I 284; A. Wiedemann in: Hastings Encyclopaedia (1913) VI 275; K. Beth, ZAW 38, 1920, 92.

[6] Eine Zusammenstellung bei P. E. Newberry, JEA 33, 1947, 90 Fig. 1—3.

[7] A. a. O. S. 90.

[8] Egyptian Grammar (1927, ³1957), Zeichenliste unter R 8. Auch im folgenden werden Hieroglyphen, wie üblich, nach dieser Zeichenliste zitiert.

[9] Kêmi 14, 1957, 22 f.

[10] F. Ll. Griffith in: Petrie, Two hieroglyphic papyri from Tanis (1889),

Auf diese Zusammenhänge hat bereits Newberry[11] verwiesen, und die seit alter Zeit belegte Bezeichnung der Verstorbenen als *nṯrw*, „Götter", erhielte im Lichte dieser Verbindungen einen sehr konkreten Hintergrund: durch seine Einwicklung, die zeitlich schon vor der eigentlichen Mumifizierung belegt ist, würde der Verstorbene zu einem *nṯr* im Sinne des gewickelten Zeugfetisches, den das Zeichen darstellt. Dem Ägypter, der in Anspielungen lebte, sind solche Beziehungen ohne Zweifel sehr gegenwärtig gewesen; für uns aber sind sie einstweilen zu vage und hypothetisch, um uns in dieser Richtung über das Aufzeigen von Möglichkeiten hinauszuwagen. Es kommt hinzu, daß wir, wenn wir diese Spuren weiter verfolgen, zwar wesentliche Einsichten in das Wesen der Mumifizierung, aber kaum in das Wesen der ägyptischen Gottesvorstellung erwarten können.

Für die abschließende Deutung des Zeichens stellt sich die Alternative „Kultfahne" oder „gewickelter Fetisch". Als „eine Art Fahne" hat unter anderen Kurt Sethe 1930 das Zeichen erklärt[12]; auch der Religionshistoriker K. Goldammer deutet es in der bisher umfassendsten Studie über die Gotteshieroglyphe[13] als „Kultfahne" bzw. als „Zeug- oder Flaggenfetisch" (so S. 16). In diesem Zusammenhang wird stets auf die hohen, den Eingangsturm (Pylon) überragenden Flaggenmasten vor ägyptischen Tempeln verwiesen, die mit ihren flatternden Tuchstreifen an die älteste Form der Gotteshieroglyphe erinnern (Abb. 20) und vielleicht schon vor den Heiligtümern der Frühzeit gestanden haben[14]. Aus ptolemäischer

S. 16 (XV 2). F. Calice, Grundlagen der ägyptisch-semitischen Wortvergleichung (1936), S. 35 vermutet in *nṯr* eine gemeinsemitische Wurzel *kr*, „winden, wickeln".

[11] JEA 33, 1947, 91.

[12] Urgeschichte § 10. Vor ihm schon H. Schäfer, ZÄS 34, 1896, 159 Anm. 3, und Blackman, Rock Tombs of Meir II (1915), S. 35.

[13] Die heilige Fahne. Zur Geschichte und Phänomenologie eines religiösen Ur-Objektes, Tribus 4/5, 1956, 13—55.

[14] Seit der Frühzeit (Petrie, Royal Tombs II, pl. 3A) erscheinen zwei fast stets spitz zulaufende Fahnen vor dem Heiligtum der Göttin Neith, vgl. jetzt die Zusammenstellung von G. Matthiae Scandone, OrAnt 6, 1967, 145—168.

Zeit sind Masten mit weißen, grünen und roten Wimpeln überliefert;[15] die gleiche Farbenkombination begegnet einmal unter Amenophis III.,[16] während wir sonst in farbigen Darstellungen des Neuen Reiches nur weiße und rote Bänder finden.[17]

Mehrfach[18] wurde auf ethnologische Parallelen verwiesen: in ganz Nordostafrika und im Sudan werden bis in jüngste Zeit vor dem Eingang heiliger Gräber Flaggenmasten errichtet, offensichtlich in einer jahrtausendealten Tradition, die ihren sichtbaren Ursprung im alten Ägypten genommen hat. Bezeichnend ist dabei, daß die Fahne mit dem Numen selbst, dem „Schêch", identifiziert werden kann, wie es Blackman für die Nubier von Derr überliefert; hier ist das Zeichen wieder zum Fetisch geworden.

Zeugstreifen finden sich noch bei anderen kultisch bedeutsamen Objekten der Ägypter. Auf den bereits in vorgeschichtlicher Zeit häufig dargestellten Traghölzern mit heiligen, machtgeladenen Gegenständen („Standarten") fehlen kaum je die Tuchstreifen, die, gewöhnlich in der Zweizahl, vom Tragholz herabhängen.[19] Auch an den heiligen, mit dem Osiriskult verbundenen Djed-Pfeiler und

[15] H. Junker, Der große Pylon des Tempels der Isis in Philä (1958), 79, 9.

[16] Kiosk-Szene aus dem Grab Theben 226, jetzt im Grab des Ramose (Nr. 55) aufgestellt, vgl. zuletzt L. Habachi, Festschrift für Siegfried Schott (1968), S. 61 ff. mit Fig. 2a. Bisher scheint keine farbige Veröffentlichung der Szene vorzuliegen. Die drei Farben zeigt das Original an den Bändern, die von den Säulchen des Kioskes herabhängen.

[17] Nachgeprüft an den Kiosk-Szenen der thebanischen Gräber und an den Säulen von Götter-Schreinen. Eine farbige Abbildung bei E. Otto und M. Hirmer, Osiris und Amun Taf. III (Grab des Sennedjem). Da mir eine systematische Durchsicht des gesamten Materials nicht möglich war, sind mir vielleicht Ausnahmen entgangen.

[18] Etwa Newberry, JEA 33, 1947, 90 Anm. 2, im Anschluß an A. J. Arkell, JEA 19, 1933, 175 f. mit pl. XXX f.; Blackman, Man 1910 No. 11, S. 28; M. A. Murray, Griffith Studies S. 312—315; Goldammer a. a. O. (Anm. 13), S. 19 mit Anm. 30.

[19] Eine Zusammenstellung bei M. Raphael, Prehistoric Pottery pl. XXXVI, 1. Auf diese Tuchstreifen weisen auch Murray und Goldammer hin.

an die Säulen, die in Darstellungen des Neuen Reiches den Kiosk des thronenden Königs oder den Schrein von Göttern tragen, sind solche Tuchstreifen angebunden.[20] In diesem Zusammenhang muß man auch die flatternden Bänder des Königsornates einordnen, die vor allem die Darstellungen der Amarnazeit beleben, sowie die zahllosen, lang herabhängenden Bänder, die in der Tracht von Göttern, Königen und Privatleuten begegnen.[21] Alle diese Zeugstreifen haben sicher eine wichtigere Aufgabe, als nur der „Verzierung" zu dienen.

Die Deutung der Gotteshieroglyphe als „Kultfahne" o. ä. und die Heranziehung paralleler Verwendungen von Zeugstreifen im Rahmen des ägyptischen Kultes verwischt jedoch einen bezeichnenden Unterschied. Bei den Flaggenmasten der Tempel, den „Standarten" und den Säulen haben wir es mit einem Stab, Pfeiler oder Pflanzenelement zu tun, an das zumeist oben[22] die Zeugstreifen angebunden sind. Bei der Gotteshieroglyphe ist dagegen der ganze Stab umwickelt, wie genaue Darstellungen des Zeichens deutlich zeigen. Es besteht daher die Möglichkeit, daß die „Kultfahne" etwas Sekundäres, Abgeleitetes darstellt und daß wir es primär mit einem umwickelten, d. h. bekleideten und damit machtgeladenen Stab zu tun haben, der vor dem Auftreten anthropomorpher Gottheiten das Numinose schlechthin verkörpert hat – neben den Tiergestalten, von denen vielleicht keine repräsentativ genug war, um bei der Schrifterfindung allgemein den Begriff „Gott" zu verkörpern. Im Unterweltsbuch ›Amduat‹ wird der Name der Gottes-Hieroglyphe *(nṯrjt)* mit dem Stab-Zeichen deter-

[20] Die Kiosk-Darstellungen, auf die Goldammer a. a. O. S. 19 verweist, sind jetzt bei Vandier, Manuel IV, S. 544 ff., zusammengestellt.

[21] Eine Fülle an Belegen aus verschiedenen Bereichen der ägypt. Tracht verdanke ich Elisabeth Staehelin, die mich auch auf Bänder an Schiffen und auf die Zeugstreifen im Totenkult hinwies – nicht zu vergessen das „Schweißtuch" in der Hand von Statuen! Das Material verdient eine eigene Untersuchung und ist zu umfangreich, um hier ausgebreitet zu werden.

[22] Bei den Säulen unterhalb des Kapitells, bei den „Standarten" oft in der Mitte der Tragstange.

miniert,[23] also in die Gruppe der heiligen Stäbe und Szepter eingeordnet.

Auch Goldammer rechnet offenbar mit der Möglichkeit, daß die „Kultfahne“ sekundär ist: „Wahrscheinlich ist die Fahne hervorgegangen aus dem umwickelten Stab.“ (a. a. O. S. 39) Sie ist nicht mehr der Gott selbst, sondern sein Attribut, ein Signal, das den Aufenthaltsort des Gottes anzeigt (S. 32)[24]. Fraglich scheint mir, ob man die heilige Fahne und ihren Vorläufer in eine Zweiheit von Stange und Gewebe mit jeweils eigener Bedeutung zerlegen darf; Goldammer (S. 27 und 38) folgt hier zum Teil M. A. Murray[25], welche die Fahnen- und *nṯr*-Stange in den Zusammenhang der Baumkulte, der in Ägypten reichbezeugten Verehrung heiliger Bäume stellen will. Doch bildet das *nṯr*-Zeichen mit seiner durchgehenden Umwicklung eine Einheit, die auch als Einheit gedeutet werden muß.

Die gebräuchlichste ägyptische Gotteshieroglyphe kann somit als Zeugnis für die Verehrung „unbelebter“ Gegenstände, als ein Fetisch also, gedeutet werden, dessen direkte Abkömmlinge wahrscheinlich die Fahnen und die sonstigen im Kult verwendeten Tuchstreifen sind, bis hin zur heutigen Nationalfahne. Im Schema einer ägyptischen Religionsgeschichte, wie es Gustave Jéquier in seinen ›Considérations sur les religions égyptiennes‹ (1946) gezeichnet hat, vertritt der Fetischismus die älteste, primitivste Stufe, auf welche die höheren Stufen der Zoolatrie (Verehrung tiergestaltiger Gottheiten) und des Anthropomorphismus (Verehrung der Gottheiten in Menschengestalt) folgen. Es ist ein bezeichnendes Zusammentreffen, daß die beiden anderen ägyptischen Gotteshieroglyphen diesen beiden „höheren“ Stufen angehören. Das eine dieser beiden Zeichen, das vorwiegend in der kursiven Schrift der Ägypter (Hieratisch) als Deutzeichen Verwendung findet, seltener in der monu-

[23] Amduat I 78 f., die einzige Beleg-Gruppe für den ägypt. Namen des Zeichens.

[24] Zum Signalcharakter der Bänder vgl. M. A. Murray, Griffith Studies S. 314.

[25] Griffith Studies S. 312—315. Dazu würde das gelegentliche Baum-Determinativ im ›Amduat‹ (Anm. 23) passen.

Abb. 2. Andere Gotteshieroglyphen.

Zeichnung A. Brodbeck nach N. de G. Davies, The Mastaba of Ptahhetep and Akhethetep at Saqqareh (1900), Plate VII, 87 und Plate IV, 11

mentalen Hieroglyphenschrift und nur gelegentlich als Ideogramm für *nṯr* „Gott" begegnet, zeigt einen Falken auf einer Tragstange (Abb. 2a), also eine der wichtigsten tiergestaltigen Verkörperungen göttlichen Wesens. Als Hieroglyphe ist das Zeichen keineswegs jünger als das Fetischzeichen, sondern gehört wie dieses der ägyptischen Schrifterfindung um die Wende von der vorgeschichtlichen zur geschichtlichen Zeit an.[26]

Abb. 3. Hieroglyphen-Gruppe C.

Nach A. H. Gardiner, Egyptian Grammar, Third Edition, London 1964, S. 544

[26] Ältester Beleg auf der „Städtepalette" des Königs Skorpion, kurz nach 3000 v. Chr. Frühe Belege als Ideogramm bei P. Kaplony, CdE 41, 1966, 90.

Eindeutig jünger ist das dritte, anthropomorphe Gotteszeichen, das einen hockenden Gott mit ungegliedertem Körper und dem umgebundenen Zeremonialbart der Götter zeigt. (Abb. 2b) Als bildliche Darstellung schon zu Beginn des Alten Reiches belegt (unten S. 98), wird das Zeichen erst gegen Ende dieser Epoche als Deutzeichen für Gottesnamen in die Hieroglyphenschrift aufgenommen;[27] vereinzelt findet es auch als Ideogramm *nṯr* „Gott“ Verwendung.[28]

Neben diesen drei allgemeinen Gotteshieroglyphen gibt es eine ganze Reihe von Bildzeichen (die Gruppe C der Zeichenlisten) für bestimmte tier- und menschengestaltige Gottheiten, die vor allem in ramessidischer Zeit (19. und 20. Dynastie) als Abkürzung der ausführlichen Gottesnamen beliebt sind (Abb. 3). Für unsere Frage nach der ägyptischen Gottesvorstellung können wir von diesen speziellen Zeichen absehen; auch die Sternhieroglyphe (N 14), die erst in ptolemäisch-römischer Zeit häufig als „Gott“ zu lesen ist, sei nur der Vollständigkeit halber erwähnt.

Als Ergebnis halten wir zunächst fest: in der ägyptischen Schrift erscheinen Gottheiten in menschlicher, tierischer und in Fetisch-Gestalt. Die menschliche Gestalt ist um einige Jahrhunderte jünger, während Tier und Fetisch zum ältesten Bestand der ägyptischen Schrift gehören; eine Priorität des Fetischismus vor der Zoolatrie, wie sie das Schema von Jéquier annimmt, ist somit aus der Schriftentwicklung nicht zu erweisen und auch sonst am ägyptischen Material nicht wahrscheinlich zu machen. Allerdings ist auch ein Gegenbeweis nicht möglich. Das häufigste Gotteszeichen stellt einen Fetisch in der Gestalt eines umwickelten Stabes dar; es lehrt uns damit eine für den vor- und frühgeschichtlichen Ägypter wichtige und typische Erscheinungsweise göttlicher Macht kennen, sagt aber über das Wesen der ägyptischen Gottesvorstellung nichts weiter aus.

Besseren Aufschluß könnten wir aus der Etymologie des Wortes *nṯr*, „Gott“, erwarten, aber wie beim sumerischen *dingir* und beim

[27] Nach Sainte Fare Garnot, BiOr 6, 1949, 93, seit Beginn der 6. Dynastie, nach P. Kaplony, Or 37, 1968, 24, bereits im Grab des Ti (Mitte der 5. Dyn.), zunächst vor allem für Osiris und den Ach.

[28] Kaplony a. a. O. (Anm. 27). Die beiden ähnlichen Zeichen A 40 und A 41 werden dabei gern vertauscht: É. Drioton, ASAE 44, 1944, 21 (c).

semitischen *el* sind die bisherigen Versuche, die Bedeutung von *nṯr* *etymologisch* zu bestimmen, nicht überzeugend. Die älteste, von de Rougé[29], Pierret und vielen anderen als selbstverständlich vorausgesetzte Etymologie „verjüngen, sich erneuern" würde zur ägyptischen Gottesvorstellung hervorragend passen; aber die Schreibung von *nṯr* mit der „Jahresrispe", auf die sie sich stützt, hat rein lautliche Gründe (Lautwert *tr*) und ist daher für eine Etymologie unbrauchbar. Le Page Renouf hat sich nach seinem so vorbildlich klaren, methodischen Anfang völlig festgerannt, weil er das Wort von einem Adjektiv *nṯrj* ableiten wollte, das wir noch besprechen werden und das gegenüber dem Substantiv *nṯr* eindeutig sekundär ist.

Zu keinem brauchbaren Ergebnis hat auch der zuletzt von F. W. von Bissing unternommene Versuch geführt, *nṯr* von „Natron" (ein altägyptisches Wort!) abzuleiten und daher mit der kultischen Reinheit zu verbinden.[30] Noch unwahrscheinlicher ist die Erklärung des Wortes als *nj-ṯr*, "He of the Poplar-Tree", die Margaret A. Murray gegeben hat.[31] Murray möchte in der ägyptischen Gottesbezeichnung eine Ableitung von dem Baumnamen *ṯrt*, „Weide", sehen und daher mit dem Baumkult verbinden, der für Ägypten zwar gut bezeugt ist,[32] aber zu keiner Zeit derart im Vordergrund der Gottesvorstellung gestanden hat, wie es die Hypothese von Miss Murray annimmt.

Die Versuche, durch Wortvergleichung innerhalb der hamitosemitischen Sprachgruppe eine einleuchtende Etymologie für *nṯr* zu finden, sind bisher nicht erfolgreicher gewesen. Die Parallele zu einem Wort *inkirā* oder *enkerā* mit der Bedeutung „Seele, Leben,

[29] Revue archéologique N. S. I 1 (1860), S. 351; P. Pierret, Essai sur la mythologie (1879), S. 8. Vgl. auch H. Brugsch, Religion und Mythologie (1888), S. 93.

[30] Versuch zur Bestimmung der Grundbedeutung des Wortes NUTR für Gott im Altägyptischen, SBBAW 1951 Heft 2; dazu kritisch S. Morenz, OLZ 49, 1954, 123–125.

[31] Griffith Studies (1932), S. 314 f.

[32] Das Material in einer noch ungedruckten Göttinger Dissertation (1959) von R. Moftah, Die heiligen Bäume im alten Ägypten.

Dämon“ (in Kuschitensprachen[33]) nützt uns wenig; der zeitliche Abstand ist zu groß, und es könnte eine sekundäre Ableitung vorliegen.

Schließlich wird immer wieder behauptet, *nṯr* bezeichne ursprünglich nicht Gottheiten, sondern die Verstorbenen[34] oder noch spezieller den toten König[35]. Es wird sich zeigen (unten S. 131), daß der lebende und vielleicht auch der tote König schon in der frühdynastischen Zeit als *nṯr* bezeichnet werden können, doch wäre es ein voreiliger Kurzschluß, die ägyptische Gottesbezeichnung für die Vor- und Frühgeschichte auf diese einzige Verwendungsweise einzuschränken. Aus den frühgeschichtlichen Quellen, die uns in Personennamen und Titeln vorliegen, läßt sich eine generelle Gleichsetzung von *nṯr* mit den Verstorbenen oder dem toten König nicht ableiten.

Wir können uns der Einsicht kaum entziehen, daß sich weder Etymologie noch „ursprüngliche Bedeutung“ des Wortes *nṯr* klären lassen, so daß wir von dieser Seite, wie schon von der Schreibung her, keinen Aufschluß über das Wesen der ägyptischen Gottesvorstellung gewinnen. Wir müssen diese Fragen auf sich beruhen lassen und uns mit der Verwendung des Wortes beschäftigen; sie wird uns auf dem Weg unserer Untersuchung einige Schritte weiterführen.

Der Gebrauch des Wortes nṯr

In den zweisprachigen Dekreten der ptolemäischen Zeit, zu denen auch der berühmte „Stein von Rosette“ gehört, steht *nṯr* im Austausch mit griechischem ϑεός. Die christlichen Ägypter (Kopten) übernehmen das Wort in der koptischen Form ΝΟΥΤΕ zur Bezeichnung des Christengottes; die Kopten verwenden sogar noch

[33] F. Calice, Grundlagen der ägyptisch-semitischen Wortvergleichung (Beihefte WZKM 1, 1936), S. 167. Ich danke W. Vycichl für den Hinweis.

[34] Ausführlich, mit durchweg späten Belegen, E. Amélineau, Prolégomènes à l'étude de la religion égyptienne I (1907), S. 294 ff.

[35] Etwa Breasted, Development S. 12; W. Westendorf, Festschrift Will (1967), S. 203 Anm. 4.

den Plural des Wortes (ENTHP), jedoch nur in Zaubersprüchen gegen Dämonen und in Personennamen.[36]

Das Koptische zeigt uns, daß *nṯr* = NOYTE zumindest in der Schlußphase der altägyptischen Religion auch im monotheistischen Sinne gebraucht werden konnte und darin nochmals dem synonymen θεός entspricht. Unsere Übersetzung „Gott“ in ihrer schillernden, zunächst vieldeutig-unbestimmten Bedeutung ist daher gerechtfertigt, was immer *nṯr* in archaischen Zeiten bedeutet haben mag.

In den ägyptischen Texten begegnet das Wort im Singular *nṯr* (Femininum *nṯrt*), im Dual *nṯrwj* (Femin. *nṯrtj*) und im Plural *nṯrw* (Femin. *nṯrwt*). Der Dual, den semitischen Sprachen eigentümlich, braucht uns hier nicht zu beschäftigen; mit ihm bezeichnet man zwei eng zusammengehörige Gottheiten wie Horus und Seth oder Isis und Nephthys, gelegentlich auch Götterpaare[37].

Wichtiger ist der Plural. Er findet sich von der Frühzeit bis zu den Tempelinschriften römischer Zeit, also während des gesamten schriftlich fixierten Zeitraumes der ägyptischen Religionsgeschichte. Noch für die griechischen Briefe aus Ägypten bemerkt ihr Kenner Sir Harold I. Bell: “it is of ‘gods’ in the plural that we hear most often”[38], und selbst die christlichen Kopten scheuen sich nicht, den Plural in Personennamen weiter zu dulden. Ein einziges Mal ist der Versuch gemacht worden, den Plural „Götter“ außer Gebrauch zu setzen: Echnaton, dessen religiöse Schau uns noch mehrfach beschäftigen wird, hat gelegentlich das Wort in seiner Pluralform ausmeißeln lassen, um dem Ausschließlichkeitsanspruch seines Gottes Aton zu genügen.[39] Wir können von diesem einmaligen Sonderfall zunächst absehen und halten als Ergebnis fest, daß der Plural „Götter“ bis zum Ende der altägyptischen Kultur in lebendigem Gebrauch geblieben ist. Er steht für eine begrenzte Vielheit von Göttern (etwa die Götter eines Ortes, eines Landes, einer Götter-

[36] Crum, Coptic Dictionary S. 230 f.

[37] W. C. Hayes, JEA 32, 1946, 15 (9).

[38] JEA 34, 1948, 84.

[39] Urk. IV 160, 6; 162, 17; 165, 17; Davies, The Tomb of the Vizier Ramose (1941), S. 4 Anm. 1; A. Fakhry, ASAE 42, 1943, 457 (Cheriuf).

gemeinschaft) oder, meist in Aufzählungen, für die praktisch unbegrenzte Gesamtheit aller Götter (bzw. der Verstorbenen).

Am bedeutsamsten für unsere Fragestellung ist der Gebrauch des Singulars „Gott“. Hier sollte sich, wenn irgend möglich, die Existenz eines ägyptischen Monotheismus nachweisen lassen, wenn wir diese Frage zunächst in den Vordergrund stellen. Dabei dürfen wir alle Fälle aus der Betrachtung ausschließen, in denen ein vorher genannter oder auf andere Weise namentlich bestimmter Gott als *nṯr* bezeichnet wird; sie geben für eine Frage nach der möglichen monotheistischen Verwendung von *nṯr* nichts her. Das gleiche gilt für die Verbindung von *nṯr* mit einem Possessivsuffix, wenn ein Gläubiger von „meinem Gott“ spricht und damit eine ganz bestimmte Gottheit, etwa seinen Stadtgott oder den im Gebet angerufenen Gott meint. In Amarna ist dieser Sprachgebrauch allerdings auch für den einzigen Gott Aton belegt.[40]

Genauer untersuchen müssen wir die Fälle, in denen *nṯr* ohne erkennbaren Bezug auf einen bestimmten Gott Verwendung findet; diese Fälle sind es ja, welche die Verfechter eines primären oder sekundären Monotheismus in der ägyptischen Religion als Kronzeugen ihrer Auffassung bemühen. Dieser absolute Gebrauch von *nṯr* findet sich vor allem in der lehrhaften Literatur der Ägypter, den sogenannten „Weisheitslehren“ oder „Lebenslehren“; ein zweites Feld dieses Gebrauchs, das wir aus chronologischen Gründen zuerst besprechen wollen, sind die Personennamen.

Peter Kaplony hat in seinen ›Inschriften der ägyptischen Frühzeit‹[41] auf S. 379–672 übersichtlich die bisher bekannten Personennamen der ägyptischen Frühzeit zusammengestellt und in einem späteren Supplement[42] ergänzt. Das zusammengetragene Material gehört in die Zeit zwischen 3000 und 2600 v. Chr., steht also am Anfang der für uns greifbaren ägyptischen Religionsgeschichte. Bei dem gegenwärtigen Stand unserer Quellen darf man darüber hinaus in diesen Personennamen der ägyptischen Frühzeit sogar die älte-

[40] Beispiele gibt É. Drioton, ASAE 43, 1943, 28 f.

[41] In drei Bänden als ÄgAbh 8 (1963).

[42] Kleine Beiträge zu den Inschriften der ägypt. Frühzeit, ÄgAbh 15, 1966, S. 40 f.

sten schriftlich überlieferten Zeugnisse menschlicher Religiosität sehen. Weder in Vorderasien noch im Fernen Osten besitzen wir aus den ersten Jahrhunderten des 3. Jahrtausends v. Chr. vergleichbare Quellen. Hier leuchtet also, noch unausgeschöpft, eine neue Quelle auf, die reiche Erkenntnis für unsere Frage nach der ägyptischen Gottesvorstellung und für manche andere Frage verspricht. Daß bei einigen dieser archaischen Personennamen Lesung und Deutung noch umstritten sind, betrifft unsere Fragestellung kaum, da die beiden verwendeten Gotteszeichen (Fetisch und Falke auf der Stange) unverkennbar sind.

Unter der beträchtlichen Zahl dieser Personennamen, die bereits häufig als sogenannte „theophore" Eigennamen Aussagen über eine Gottheit enthalten,[43] finden sich 19 Namen, die mit einfachem *nṯr* „*Gott*" zusammengesetzt sind. Wir stellen die Namen hier zusammen und ergänzen sie gleich durch parallele Bildungen mit konkreten Gottesnamen (oder mit der göttlichen Kraft des Ka) aus dem gleichen Material.[44]

Jm'-jb-nṯr, „Gott ist freundlich", 418 f., wohl für zwei verschiedene Personen. Daneben *Jm'-jb*, „Die Freundliche", als Name einer Prinzessin: 417 f.; weitere Bildungen mit *jm'*: 419.

Jnḏw-nṯr, „Den Gott errettet": 425. Daneben *Jnḏ-n-Ḫnm*, „Den Chnum errettet hat": 425 und entsprechende Bildungen mit der Göttin Satis und dem Ka: ibid.

Jrj-nṯr, „Den Gott erschafft": 428. Daneben *Jrj-n-'ḫtj*, „Den der Horizontgott geschaffen hat": 427 und 427 ff. zahlreiche ähnliche Zusammensetzungen mit Anubis, Satis, Neith und dem Ka.[45]

Jḫt-nṯr, „Eigentum Gottes": 432. Daneben 431 f. *Jḫt-ᶜ'*, „Eigentum des Größten (Gottes)", *Jḫt-wᶜ*, „Eigentum des Einzigartigen (Gottes)" und

[43] Dazu K. Hoffmann, Die theophoren Personennamen des älteren Ägyptens, UGAÄ 7, 1915, Heft 1; W. Helck, Zu den theophoren Eigennamen des Alten Reiches, ZÄS 79, 1954, 27—33.

[44] Hinter dem Namen und seiner Übersetzung steht jeweils die Seitenzahl in Kaplony, Inschriften Bd. I. Die Deutung des Namens ist, wenn nicht anders angegeben, wörtlich oder sinngemäß die von Kaplony.

[45] Bei *Jrtj?-nṯr-ᶜ'* 428 f. ist es fraglich, ob das Adjektiv zu *nṯr* gehört oder einen Zusatz zum ganzen Namen bildet.

entsprechende Bildungen mit Neith, dem Ka, Ba (?) und dem König *(nswt)*.

ᶜʾ-bʾw-nṯr, „Groß ist die Macht (Kaplony: das Ansehen) Gottes“: 444. Daneben *ᶜʾ-ḏnd?-Nt*, „Groß ist der Zorn? der Neith“: 445; *ᶜʾ-nswt*, „Groß ist der König“: 444 und zahlreiche Bildungen mit dem synonymen *wr*, „groß“: 467 ff.

ᶜnḫ-nṯr, „Gott lebt“: 454. Daneben „Ptah lebt“: 452, „Neith lebt“: 454 und „(Mein) Ka lebt“: 455.

Bnr(t)-nṯr Frauenname „Die Süße Gottes“ oder „Gott ist angenehm“: 475.[46] Keine Parallelen, nur *Bnr(t)*, „Die Angenehme“, als Frauenname: 475.

Mrj-nṯr, „Den Gott liebt“: 497. Zahlreiche Parallelen 491 ff.: „Den Anubis liebt“ und entsprechend mit Upuaut, Neith, den „Beiden Herren“, Re, Chnum, Thot, dem Ka, dem König und verschiedenen Gottes-Epitheta.

Nj-ᶜnḫ-nṯr, „Gott besitzt Leben“: 513. Parallelen mit Anubis, Hathor und vielleicht Sachmet (unsicher): 512 f.

Nj-nṯr-nbtj, „Gott gehört den Beiden Herrinnen“: 518 f., Name eines Prinzen. *nṯr* als Abstraktum „Gotteskraft“ (so Kaplonys Übersetzung) scheint mir höchst unwahrscheinlich. Keine Parallelen.

Nfr-nṯr-wḏ-ᶜnḫ, „Vollkommen ist Gott, der Leben verleiht“ (Kaplony: „Gütig ist der Gott, der [mir?] zu leben erlaubt“): 545. Die Reihenfolge der Elemente des Namens ist unsicher; in dieser Form gibt es keine Parallele, aber zahlreiche Bildungen mit *nfr* + Gottesname (Maat, Min, Sobek und Beinamen): 541 ff.

Ḥtp-nṯr, „Gott ist gnädig“: 593. Zahlreiche Parallelen 586 ff. mit Anubis, Anti, Ptah, Neith, Horus, Chnum, Seschat, Satis, dem Ka u. a.

Sʾḥ-nṯr, „Dem sich der Gott nähert“: 617. Keine Parallelen aus dem frühen Material, aber Kaplony vergleicht damit den Königsnamen *Sʾḥw-Rᶜ*, „Dem sich Re nähert“, aus der 5. Dynastie und den Kurznamen *Sʾḥj* bzw. *Sʾḥw*. Die Lesung scheint mir sicher.

Sjmʾ-nṯr, „Der Gott erfreut“: 619 als Name eines Zwergs. Keine Parallelen.

Smr-nṯr, „Gefährte Gottes“: 624. Spätere Parallelen gibt Kaplony beim Kurznamen *Smr*.

Šps-nṯr, „Gott ist herrlich“: 647. Daneben „Upuaut ist herrlich“, „Der Ka ist herrlich“ und ähnliche Bildungen: 647 f.

Šms-nṯr, „Der Gott folgt“: 649 (mit einem fraglichen Zusatz). Entsprechende frühzeitliche Bildungen mit der Göttin Neith und dem Ka, sowie zahlreiche Parallelen in späteren Personennamen: 649 f.

[46] S. Schott, Hieroglyphen, Textabb. 15 Nr. 14, deutet das Zeichen „Falke auf der Stange“ hier als Determinativ.

Šdj-nṯr, „Den Gott aufzieht (?)": 651 (männl.) und 652 (weibl.). Frühzeitliche Parallelen mit dem Ka und (fraglich) dem Gott Min: 651 f.; in späterer Zeit ist *šdj* + Gottesname mehrfach bezeugt, dann wahrscheinlich in der Bedeutung „retten, bewahren"[47], während hier die seit der 4. Dynastie bezeugte Bedeutung „säugen, aufziehen"[48] näherliegt.

Q'j-k'-nṯr, „Hoch ist der Ka Gottes": 653 f. Daneben „Hoch ist Neith" und aus späterer Zeit mehrere weitere Bildungen *Q'j*+Gottesname: 653.

Ergänzend zu diesen Personennamen kann auf die Horusnamen von Königen der 2. Dynastie (*Nj-nṯr*, „Gottgehörig") und 3. Dynastie (*Nṯrj-ẖt*, „Göttlichster der Körperschaft", für Djoser) verwiesen werden. Beide Namen sprechen gegen die Auffassung, *nṯr* sei ursprünglich nur der (verstorbene) König gewesen: es scheint kaum denkbar, daß *Nj-nṯr* als Regierungsdevise die Zugehörigkeit zu seinem verstorbenen Vorgänger verkündet,[49] und Djoser möchte sich als regierender König offenbar aus einer größeren Anzahl von Wesen,[50] denen die *nṯr*-Eigenschaft zukommt, herausheben. Andererseits spricht sein Horusname dafür, daß auch der König – der regierende wie der verstorbene – als *nṯr* gelten kann, und dazu würden auch einige der oben zusammengestellten Personennamen gut passen. So spricht das frühzeitliche Material nicht gegen die Annahme, daß der spätere Gebrauch der Bezeichnung „Gott" für den König schon jetzt üblich war. Ad absurdum würde jedoch die Folgerung führen, *nṯr* sei in allen Fällen auf den König zu beziehen.

Wichtig ist, daß zu fast allen der aufgeführten Namen Parallelen belegt sind, die statt des unbestimmten *nṯr* einen konkreten Gottesnamen oder den Ka nennen, also die „Lebenskraft", die in diesen archaischen Namen bereits in auffälliger Betonung hervortritt. Daraus folgt, daß die Eigenschaften und Wirkungen des *nṯr*, soweit sie sich an den Personennamen ablesen lassen, von denen der konkreten Göttergestalten nicht verschieden sind, so daß sich hier kein anonymer Hochgott hinter den Gottheiten greifen läßt. Von den

[47] Nach Wb IV 563 seit dem Mittl. Reich belegt.

[48] Wb IV 564 f., dazu H. Junker, Gîza I 225, 11 und H. Goedicke, RdE 11, 1957, 160.

[49] Ähnlich wäre der unsichere Thronname *Jrj-nṯr* des vorletzten Königs der 1. Dynastie zu deuten, vgl. B. Grdseloff, ASAE 44, 1944, 287.

[50] Zur „Körperschaft" siehe unten S. 217 f.

wenigen Ausnahmen, zu denen sich keine Parallelen beibringen lassen, sind zwei *(Bnrt-nṯr* und *Sjmꜣ-nṯr)* belanglos, die dritte aber sehr aufschlußreich: *Nj-nṯr-nbtj*, „Gott gehört den Beiden Herrinnen", bedeutet ja eine Überordnung der Landesgöttinnen in Geier- und Schlangengestalt[51] über den *nṯr*, der in diesem Namen nur der König oder ein bestimmter Gott sein kann – etwa der jeweilige Ortsgott, der ja, das werden wir bei der Besprechung der Gottesnamen sehen, vielfach keinen Eigennamen hat, sondern unbestimmt „Der vom Ort N" oder „Der über seinem See" oder „Die Mächtige" heißt.

Die Frage, ob *nṯr* ein abstraktes Göttliches höherer Ordnung oder eine der vielen konkreten Göttergestalten meint, läßt sich noch eindeutiger zugunsten der letzteren Annahme entscheiden. Neben den 19 Personennamen der Frühzeit, die mit *nṯr*, „Gott", gebildet sind, stehen drei weitere, die in gleicher Unbestimmtheit das Femininum *nṯrt*, „Göttin", enthalten:

Wn-kꜣ-nṯrt, „Seiend ist der Ka der Göttin": 466. Ein Ka wird in der Frühzeit gern der Göttin Neith zugeordnet, vgl. auch einen Namen wie *Wpj-kꜣ-Nt*, „Geöffnet ist der Ka der Neith": ibid.

Wr-nṯrt, „Groß ist die Göttin": 467. Eine unsichere Parallele „Groß ist Month": ibid.

Sḫrj-nṯrt, „Der die Göttin fernhält": 629. Vgl. *Sḫrj-mꜣt*, „Der die Löwin fernhält": ibid., wodurch sich auch unser Name erklärt: es geht um das In-Abstand-Halten einer gefährlich-bedrohlichen Gottheit, die dem Neugeborenen schaden könnte.

Vieles spricht dafür, daß mit der Göttin im ersten Fall die Göttin Neith, im letzten die „Löwin" gemeint ist, die sich später in verschiedenen Göttinnen verkörpert. Niemand wird in der „Göttin" eine abstrakte Bildung sehen wollen, und damit wird auch für den „Gott" der Personennamen eine solche Deutung noch unwahrscheinlicher. Der ägyptische Namensgeber hat bei „Gott" wie bei „Göttin" eine ganz bestimmte der vielen konkreten Göttergestalten im Sinn gehabt. Das schließt nicht aus, daß sich im Augenblick der Namensgebung für ihn *alle* Göttlichkeit, göttliches Wirken in sei-

[51] Ihre Namen Nechbet und Uto sind erst aus der Pyramidenzeit überliefert.

nem ganzen Umfang, in dieser einen beschworenen Gestalt verkörpert, die ihm damit zum „Gott" schlechthin wird; wir werden von diesem Phänomen des „Henotheismus" noch zu sprechen haben. Denkbar ist aber auch, daß der Namensgeber es in der Schwebe lassen wollte, welche der zahllosen Gottheiten für die glückliche Geburt und das Gedeihen des Kindes verantwortlich sei; auch für diesen unbestimmten Gebrauch des Wortes werden wir gleich weitere Beispiele kennenlernen. Da die ägyptische Schriftsprache vor der Amarnazeit keinen Artikel kennt, haben wir immer die Möglichkeit, *nṯr* durch „ein (beliebiger) Gott" zu übersetzen. Wie dem auch sei, eines können wir für die frühen und analog auch für die späteren Personennamen ausschließen: daß mit *nṯr*, „Gott", eine von den anderen Göttern verschiedene Gottheit höherer Ordnung gemeint sei.

Noch auf andere Weise wird der eigentliche Name einer Gottheit in den frühen Personennamen durch unbestimmte Ausdrücke ersetzt, etwa durch Beinamen wie „Der Lebendige", „Der Große" u. ä., zu denen auch die Bildungen mit *nb*, „Herr", gehören, vielleicht besser als *nb.j*, „mein Herr", zu verstehen: *W'ḏ-nb*, „Gedeihend ist (mein) Herr" (462)[52], oder *Prj-nb*, „Herausgehend ist (mein) Herr" (477). Noch kürzer und unbestimmter ist der Gebrauch eines Personalpronomens, das sich auf die Gottheit bezieht: *Jj-n-f*, „Er ist gekommen" (406), *ʿnḫ-f*, „Er lebt" (452), *Rḏj-f*, „Er hat gegeben" (562), oder *Ḥtp-f*, „Er ist zufrieden" (587). In all diesen Fällen werden wir hier, zu Beginn des 3. Jahrtausends v. Chr., gewiß nicht an den christlichen ER und an eine Gottheit hinter den Göttern denken, sondern an eine Umschreibung für den konkreten Gott, den der ägyptische Namensgeber meint, dem er sich verpflichtet fühlt. Aus dieser Beziehung des Namensgebers zu einer bestimmten Gottheit erklärt es sich auch, daß wir unter den Personennamen kaum je Bildungen mit dem Plural „Götter" finden.[53]

Um unser Bild der Verwendung von *nṯr* in der frühesten ge-

[52] Die eingeklammerten Seitenzahlen beziehen sich wieder auf Kaplony, Inschriften.

[53] Bei Kaplony a. a. O. nur ein einziges Beispiel: *Sḫ'-nṯrw* „Dessen die Götter gedenken", S. 630 f.

schichtlichen Zeit Ägyptens abzurunden, verweisen wir abschließend noch auf den ägyptischen Priestertitel *ḥm-nṯr*, „Diener Gottes", der neben konkreten Bezeichnungen wie „Diener des Chnum" oder „Diener des Königs" hier erstmals begegnet.[54] Der Titel ist im Alten Reich bereits unveränderlich, wird also z. B. auch von Priesterinnen der Göttinnen Hathor und Neith getragen; hier ist *nṯr* deutlich der allgemeinste, abstrahierte Begriff, der die Vielheit der Göttererscheinungen deckt – „Gottesdiener" ist der höhere Priester immer, unabhängig davon, welchen Gottheiten (oft sind es ja mehrere!) er in königlichem Auftrag zu dienen hat.

Wir wenden uns nun der zweiten Quellengruppe zu, die das Wort „Gott" in zunächst unbestimmtem, allgemeinem Sinne verwendet: der lehrhaften Literatur der Ägypter, früher als „Weisheitslehren", jetzt überwiegend als „Lebenslehren" bezeichnet.[55] Wir treffen damit auf einen der Kronzeugen für eine monotheistische Schau der ägyptischen Religion.

In den Maximen der Weisheitslehrer finden sich Dutzende von Aussagen über „Gott", die, isoliert betrachtet, aus einem Traktat der monotheistischen Buchreligionen stammen könnten. Wir beschränken uns auf eine kleine Auswahl, um den Tenor der Aussagen anzudeuten.

Prahle nicht wegen deiner Macht ... man weiß nicht, was geschehen wird, und was Gott tut, wenn er straft. (Kagemni)

Übe keine Gewalttätigkeit unter den Menschen, denn Gott straft mit Gleichem ... Niemals ist menschliche Gewalttätigkeit verwirklicht worden, sondern das, was Gott angeordnet hat, geschieht. (Ptahhotep, 6. Maxime)

Wen Gott liebt, der ist einer, der hört (= gehorcht); aber nicht kann der hören, den Gott haßt. (Ptahhotep, 19. Maxime)

Feiere das Fest deines Gottes und wiederhole es zu seiner Zeit. Gott[56] zürnt, wenn es verpaßt wird ... Wer das tut, dessen Namen wird Gott groß machen. (Ani III 3 ff.)

[54] Kaplony a. a. O. S. 1208 ff. (Index). Der unsichere Personenname *Ḥm(t)-nṯr* ibid. S. 572 ist in der obigen Aufstellung ausgelassen worden.

[55] Die wichtigste Literatur bei E. Hornung, Einführung in die Ägyptologie § 20.

[56] So die übliche Übersetzung, aber nach der Schreibung ist eher der Plural „Götter" gemeint!

Besser ist ein Scheffel, den Gott dir gibt, als fünftausend durch Unrecht (erworbene). (Amenemope, 6. Kapitel)

Der Mensch ist Lehm und Stroh, Gott ist sein Baumeister. Er zerstört und er erbaut täglich, er macht tausend Geringe nach seinem Belieben, er macht tausend Leute zu Aufsehern, wenn er in seiner Stunde des Lebens ist. Wie freut sich der, der den Westen (das Totenreich!) erreicht hat und heil ist in der Hand Gottes. (Amenemope, 25. Kapitel)

Um aus diesen und den vielen ähnlichen Aussagen über „Gott" nicht ein verzerrtes Bild zu rekonstruieren, müssen wir die Zitate in ihren größeren zeitlichen und inhaltlichen Zusammenhang einordnen. Die Quellengruppe der „Lehren" ist jünger als die soeben betrachtete der archaischen Namen und Titel. Die älteste Lehre, von der wenigstens einige Fragmente erhalten sind, ist etwa in der Zeit des Pyramidenerbauers Cheops um 2530 v. Chr. entstanden und wird einem der Söhne des Cheops, dem Prinzen Djedefhor, zugeschrieben. Eine noch ältere, uns nicht überlieferte Lehre wird mit dem weisen Imhotep verbunden, dem Bauleiter der ältesten Stufenpyramide von Saqqâra um 2600. In einer chronologisch geordneten Aufzählung des Neuen Reiches wird Imhotep als der älteste Weisheitslehrer genannt, und nichts deutet darauf hin, daß es bereits vor ihm, also in der ägyptischen Frühzeit, eine lehrhafte Literatur gegeben hat; aus vielerlei Gründen, die mit der Entwicklung der Schrift und dem Aufbau des Staatswesens zusammenhängen, wäre das sehr unwahrscheinlich.[57] Man darf daher annehmen, daß die Literaturgattung der „Lehren" frühestens um 2600 v. Chr. entstanden ist und daher in den Eigennamen und Titeln eine bereits jahrhundertealte Tradition vorfand, die *nṯr* als bewußt unbestimmte oder allgemeine Bezeichnung einer durchaus konkreten Gottesgestalt verwendet hat.

Bereits diese einfache chronologische Erwägung muß Zweifel daran wecken, daß die Weisheitslehrer dem gleichen Worte *nṯr* einen völlig anderen Sinn unterlegt haben sollen, nämlich einen eindeutig monotheistischen, wie es die ältere Ägyptologie und

[57] Siehe H. Brunner, Grundzüge einer Geschichte der altägypt. Literatur (1966), S. 11.

neuerdings etwa Drioton[58] und Sauneron[59] behauptet haben; « Le monothéisme est en fait l'apanage des livres de sagesse », heißt es bei Drioton. Es sei jedoch gleich angemerkt, daß diese Ansicht nicht allgemein geteilt wird, sondern daß z. B. Morenz damit rechnet, daß die jeweils maßgebenden Ortsgötter „stillschweigend gemeint sind, wenn ohne Namensnennung von ‚Gott' die Rede ist"[60]. Um zwischen diesen so gegensätzlichen Auffassungen einen Weg zu finden, befragen wir zunächst das Material, also die einzelnen überlieferten Lehren.

Wir können uns dabei kurz fassen, denn Jozef Vergote hat die Aussagen der Weisheitslehren über Gott und Götter 1963 in einem Vortrag ›La notion de Dieu dans les livres de sagesse égyptiens‹ übersichtlich zusammengestellt; der Vortrag ist wie die anderen Vorträge der Straßburger Tagung über die Weisheitsliteratur des Alten Orients im Sammelband ›Les Sagesses du Proche-Orient Ancien‹ (Paris 1963) abgedruckt (S. 159–190). Vergote setzt sich dort ausführlich mit den Auffassungen Drioton̲s über einen ägyptischen Monotheismus auseinander und bringt, für uns höchst nützlich, im Anhang (S. 170 ff.) ein Verzeichnis aller Stellen aus ägyptischen Weisheitslehren, an denen entweder allgemein von „Gott", von „Göttern" im Plural oder von einer bestimmten Gottheit die Rede ist. Ergänzend wird im gleichen Sammelband eine neue, noch unveröffentlichte Weisheitslehre (Pap. Brooklyn 47. 218. 135) aus der Spätzeit von Posener und Sainte Fare Garnot beschrieben (S. 153–157), und auch hier weist Posener (S. 156) auf das Nebeneinander von *p' nṯr*, „der Gott" (hier bereits mit Artikel!), und den konkreten Göttergestalten wie Re, Horus, Thot, Sia oder dem System der „Neunheit" hin; daraus folgt für ihn, daß « du point de vue formel, le contexte est nettement polythéiste » (ibid.).

Drioton hat versucht, trotz dieses schwerwiegenden Nebeneinanders seine monotheistische Auffassung des *nṯr* zu behaupten, und Vergote ist ihm auf diesem Wege gefolgt. Beide nehmen an, die ägyptischen Weisen hätten sich bemüht, neben dem „philosophi-

[58] In Drioton-Vandier, L'Égypte S. 63 f.

[59] Knaurs Lexikon der ägypt. Kultur (1960), S. 90.

[60] Heraufkunft S. 8.

schen" Monotheismus auch dem Polytheismus des Volkes in ihren Lehren Rechnung zu tragen. Dagegen läßt sich sogleich einwenden, daß diese Lehren ja niemals für das „Volk" bestimmt waren, mögen einige von ihnen auch in den Schreiberschulen weite Verbreitung gefunden haben; sie wenden sich an einen einzelnen Schüler, der nach ägyptischer Terminologie als „Sohn" des Lehrers bezeichnet wird, allenfalls an den Schülerkreis des lehrenden Weisen, und haben daher eine solche Zweigleisigkeit nicht nötig.

Aber das ist nicht entscheidend. Wichtiger ist, daß die Weisheitslehrer zwar in der Regel von „Gott" schlechthin sprechen, aber nichts dabei finden, daneben auch zahlreiche Gottheiten des polytheistischen Pantheons zu beschwören, und keineswegs nur in belanglosen Redewendungen. In der Lehre des Ptahhotep könnte man die „Zeit des Osiris" oder den „Gefolgsmann des Horus", der ein gehorsamer Sohn sei, noch als feste Redewendungen erklären, aber schon in der Lehre für Merikarê erscheinen die „Herren der Ewigkeit" und die jenseitigen „Richter" eindeutig im Plural, selbst der Plural „Götter" wird einmal gebraucht (Z. 140) und „der an der Hand des Osiris ging" erwähnt. Hier „Konzessionen an den Volksglauben" sehen zu wollen, entbehrt einer einleuchtenden Begründung.

Noch aufschlußreicher ist der Gebrauch, den der Verfasser dieser Lehre gelegentlich vom Singular „Gott" macht. Mehrfach ruft er (wie später auch Anii!) zur korrekten kultischen Fürsorge für „Gott" auf, und es ist klar, daß er damit die konkreten Gottesgestalten des Landes meint; Kult, Tempel und Priester eines *nṯr* neben oder hinter den traditionellen Gottheiten hat es in Ägypten ebensowenig gegeben wie die Idee eines „unbekannten Gottes". Auch die berühmte Schilderung des seligen Verstorbenen, der das erstmals in aller Deutlichkeit erwähnte Totengericht bestanden hat, meint *nṯr* klärlich nicht als einen „Gott der Philosophen", wenn es den Verstorbenen im Jenseits „wie (ein) Gott" sein läßt. Vom Menschen als „Ebenbild Gottes" – in dieser Lehre zum ersten Mal belegt – werden wir noch zu sprechen haben (unten S. 128).

Der Verfasser der wenig jüngeren Lehre, die dem Begründer der 12. Dynastie, Amenemhât I., in den Mund gelegt ist, weiß den König in der besonderen Gunst des Korn- und des Nilgottes. An einer anderen Stelle spielt er auf die Barke an, in welcher der Sonnengott über den Himmel fährt. Dergleichen mythologische Anspielungen geben auch die späteren Lehren, und die Zahl der konkret mit Namen genannten Gottheiten nimmt im Neuen Reich und in der Spätzeit zu, sicher aus Gründen einer gewandelten Theologie, die sich stärker an die sichtbaren Gestalten hält.[61]

Die sehr gemischte Terminologie der ägyptischen Weisheitslehrer („Gott", „Götter", konkrete Gottesnamen, mythologische Anspielungen) verbietet im Sinne einer sauberen Definition, von einem „Monotheismus" ihrer Lehren zu sprechen, denn nirgends begegnen wir der Ausschließlichkeit, die in jeder Definition des Monotheismus enthalten sein muß. Ob man mit E. Otto abgeschwächt von „monotheistischen Tendenzen" dieser Literaturgattung sprechen kann, die nicht zum Ausschluß der polytheistischen Göttervielfalt geführt haben, wird noch zu prüfen sein. Zunächst dürfen wir feststellen, daß die ägyptische Religion, die ja die Pluralität der Götter ohnehin bis an ihr Ende beibehalten hat (oben S. 30 f.), selbst in den am stärksten „philosophisch" gefärbten Hervorbringungen niemals ein monotheistischer Glaube geworden ist. Von Ptahhotep (Zeile 32) bis zu den demotischen Lehren scheut man sich nicht, gelegentlich auch den Plural „Götter" zu verwenden oder durch ein Pluralsuffix auf die Vielheit der Göttergestalten hinzuweisen.[62] Selbst ein Monotheismus innerhalb der ägyptischen Religion, der auf bestimmte Epochen und Menschen beschränkt wäre und zumindest von Echnaton in der späteren Phase seiner Lehre neben dem Volksglauben und gegen diesen vertreten worden ist (unten S. 240 ff.), läßt sich aus den Weisheitslehren nicht bestätigen, denn auch er paßt

[61] Amenemope nennt den Sonnengott Re (dazu verschiedene Beinamen und den Uräus des Gottes), die Götter Chnum und Thot und die Schicksalsgottheiten Schai und Renenet. Bei Anchscheschonki werden Hapi, Neith und Re genannt, im Pap. Insinger Hathor, Horus, Isis, Mut, Re, Sachmet und Thot, dazu die heiligen Stiere Apis und Mnevis.

[62] Belege für den ersten Gebrauch bei Vergote a. a. O., dazu Anchscheschonki 2, x + 22 und 3, x + 4. Für den Gebrauch mit Suffix vgl. Ptahhotep Zeilen 118 (in der oben S. 38 zitierten 6. Maxime, die von „Gott" spricht!), 213 und 218; Anii 6, 9.

– wie ein Vergleich mit Echnaton sogleich zeigt – schlecht zu dem Nebeneinander von Singular und Plural.

Trotzdem: die auffällige Vorliebe der Weisheitslehrer für die unbestimmte Bezeichnung *nṯr* vor den konkreten Gottesnamen bedarf einer Erklärung. Wir können dabei von einer wichtigen Beobachtung Vergotes (a. a. O. S. 163) ausgehen. Amenemope, dessen Lehre nach den letzten Erkenntnissen in der Ramessidenzeit, etwa um 1200 v. Chr., entstanden ist, spielt an vielen Stellen ganz offensichtlich auf Thot, den Gott der Schreibkunst und damit auch der Literatur und der Weisheit, an, nennt aber nur ein einziges Mal seinen Namen; in den übrigen Fällen beschwört er seine Erscheinungsformen, wie Ibis, Pavian, Mond, bevorzugt also indirekte Bezeichnungen des Gottes.

Dieses Beispiel vor Augen, werden wir bei aufmerksamer Lektüre unschwer merken, daß der *nṯr* vieler Weisheitslehren eindeutig solare Züge trägt, so daß sich der Verdacht nahelegt, es sei der Sonnengott gemeint, der unter verschiedenen Namen seit dem ausgehenden Alten Reich als überragendste Gottheit und insbesondere als Schöpfer und Erhalter aller Wesen und Dinge verehrt worden ist. Die Schilderung des *nṯr* als Schöpfer und Erhalter, wie sie die Lehre für Merikarê gibt, die Bezeichnung der Menschen als „Bilder" dieser Gottheit[63] – all das paßt im Lichte unserer sonstigen Kenntnis der ägyptischen Religion eigentlich nur auf den Sonnengott, und spätere Weisheitslehrer erheben diesen Verdacht zur Gewißheit.

Anii spricht in einer seiner Maximen davon, wie man sich „Gott" gegenüber bei der Prozession verhalten soll, und dann, vor einer nochmaligen Aufforderung zum Kult, steht die Formulierung „(Der) Gott dieses Landes ist die Sonne am Horizont, und ihre Abbilder sind auf Erden". Wie der Verfasser der Lehre für Merikarê, der konkrete Anweisungen für das kultische Verhalten „Gott" gegenüber gibt, meint Anii mit *nṯr* keinen „Gott der Philosophen", den die Menge nicht kennt, sondern einen konkreten, kultisch verehrten, bei der Prozession allen sichtbaren Gott mit solaren Zügen;

[63] Das Bild-Sein ist später eindeutig eine Beziehung des Königs zum Sonnengott, vgl. meinen Beitrag zu O. Loretz, Die Gottebenbildlichkeit des Menschen (1967), S. 123 ff.

das muß nicht der alte Sonnengott Re sein, denn im Neuen Reich können auch Amun, Ptah, Osiris, Chnum und die meisten anderen großen Götter und sogar Göttinnen Ägyptens als Sonnengottheiten verstanden werden. In der jüngeren Lehre des Brooklyner Papyrus[64] scheint der *nṯr* eindeutig Re zu sein, und Amenemope nennt mehrfach den Namen und verschiedene Beinamen des Sonnengottes. In der demotischen Lehre des Anchscheschonki findet sich in der 5. Kolumne eine Litanei „Wenn Re einem Lande zürnt, dann ...“, die den alten Namen des Sonnengottes mehr als zehnmal hintereinander nennt.

Da wir keinen Grund für die Annahme haben, Anii oder einer seiner Vorgänger hätte einen völlig neuen Gebrauch des Wortes *nṯr* „Gott“ eingeführt, müssen wir damit rechnen, daß sich auch bei den älteren ägyptischen Weisheitslehrern hinter dem *nṯr* der Sonnengott Re oder ein anderer Schöpfergott verbirgt, der seit dem späten Alten Reich stets solare Züge und Beinamen trägt. Dann muß allerdings gefragt werden, warum die Weisheitslehrer ihn in der Regel nur kurzweg „Gott“ oder „dein Gott“ oder „Gott dieses Landes“ nennen und nicht Re, Amun oder Ptah? Vergote (a. a. O. S. 167) gibt darauf die Antwort: weil die verschiedenen Götter mit ihren konkreten Namen für ihn nur Hypostasen, Erscheinungsformen des Einen sind, den er *nṯr* nennt! Lassen wir diese Antwort gelten, dann müssen wir eine Zweideutigkeit des Begriffes *nṯr* annehmen, da er dann einerseits (bei Anii, Lehre für Merikarê, Pap. Brooklyn) die kultisch verehrte Gottesgestalt, andererseits das sich darin offenbarende *Eine* Göttliche bezeichnen würde.

Solange wir nur die Weisheitslehren im Blickfeld haben, scheint diese Antwort und Deutung Vergotes, mit der er das harte Nebeneinander Monotheismus/Polytheismus bei Drioton harmonisieren will, durchaus möglich. Wir treffen den Gedanken, daß alle Götter im Grunde nur Erscheinungsformen, Hypostasen eines anderen Gottes seien, vor allem im Neuen Reich mehrfach in der ägyptischen Theologie und religiösen Dichtung an; das eindrucksvollste Beispiel ist die um 1500 v. Chr. erstmals aufgezeichnete „Sonnenlitanei“, die den Sonnengott Re litaneiartig „in allen seinen Formen“ anruft

[64] G. Posener in: Les Sagesses du Proche-Orient Ancien (1963), S. 156.

und dabei die Götterwelt zur differenzierten Gestaltwerdung des *einen* Sonnengottes werden läßt, aber man könnte auch viele Hymnen nennen, welche die Gottheiten als Gestalten des Einen, angerufenen Schöpfergottes sehen. Vergote beruft sich also auf ein Phänomen, das in der ägyptischen Religion gut zu belegen ist und das wir unter dem Stichwort „Henotheismus“ noch ausführlicher behandeln müssen (unten S. 232 f.).

Eines aber müssen wir gleich vorausschicken, um zu erkennen, in welcher Beziehung Vergotes Auffassung nicht zu halten ist. Dieser Eine, der sich in Millionen Gestalten, in allen anderen Gottheiten offenbart, trägt stets einen konkreten, traditionellen Gottesnamen, sei es Re, Amun, Ptah oder wie auch immer! Sogar Echnaton spricht von seinem Einzigen Gott als vom „Aton“, niemals nennt er ihn *nṯr*, „Gott“, schlechthin; vielmehr zeigt er, wie wir noch sehen werden, eine ausgesprochene Zurückhaltung gegenüber der Bezeichnung *nṯr* und sucht sie nach Möglichkeit zu vermeiden oder zu ersetzen (unten S. 244). Als man nach der Amarnazeit im Leidener Amunhymnus erstmals die Dreieinigkeit Gottes postuliert, heißt es nicht etwa „Gott offenbart sich in drei Gestalten“, sondern die Pluralform wird verwendet; „Drei sind *alle Götter* – Amun, Re und Ptah ... Verborgen ist *sein* Name als Amun, als Re wird *er* wahrgenommen, *sein* Leib ist Ptah“ [65], also ein Plural, der durch ein Pronomen im Singular wiederaufgenommen wird!

Bisher ist uns kein Beispiel dafür begegnet, daß gerade der *Eine*, hinter den Gottheiten stehende Gott in den ägyptischen Texten kurzweg als *nṯr*, „Gott“, bezeichnet würde. Damit ist die Annahme, die Weisheitslehrer hätten mit ihrem *nṯr* diesen Einen, höchsten Gott der Theologen gemeint, in hohem Grade fragwürdig, ja unwahrscheinlich geworden, mag sie in letzter Strenge auch nicht zu widerlegen sein. Indem wir diese Erklärung verwerfen, stehen wir allerdings wieder vor der Frage, weshalb die Lehren so viel öfter als jeden göttlichen Eigennamen „Gott“ schlechthin beschwören.

[65] Kap. 300, IV 21 f. Der Text bei A. H. Gardiner, ZÄS 42, 1905, 12–42 und J. Zandee, De hymnen aan Amon van Papyrus Leiden I 350, OMRO 28, 1947.

Wir müssen, um eine angemessene Lösung und Erklärung zu finden, vom „Sitz im Leben" ausgehen, den die lehrhafte Literatur bei den Ägyptern gehabt hat. Diese Lehren sind ja keine philosophischen Denkgebäude, sie wollen keine endgültigen Aussagen über Gott und Welt und die „letzten Dinge" machen, sondern dem Schüler, den man in den Weltlauf einführt, praktische Winke, pragmatische Anweisungen für sein Verhalten in dieser Welt mit auf den Weg geben. Es geht hier um die Frage, wie man sich in konkreten, genau umschriebenen Situationen gegenüber den Mitmenschen, d. h. gegen Vorgesetzte, Kollegen und Untergebene, aber auch vor den Göttern verhält. Wer sich im Kreise des Beamtentums – denn dieses ist in den Lehren angesprochen! – bewegt, hat nicht nur mit seinem Ortsgott, sondern mit vielerlei Gottheiten zu tun; Aufträge des Königs können ihn in die entferntesten Gaue des Landes oder sogar ins Ausland führen, in den Wirkungsbereich ganz anderer Gottheiten, der geographisch oft eng begrenzt ist (vgl. unten S. 160). Selbst die jeweils im Vordergrund stehende Hauptgottheit konnte bei einem Regierungs- oder Residenzwechsel durch eine andere ersetzt werden – einen unveränderlichen Haupt- oder Residenzgott hat es während des Alten Reiches nicht gegeben.

In der Regel war es nicht die Gesamtheit des Pantheons, mit welcher sich der ägyptische Beamte dienstlich oder privat auseinandersetzen mußte, sondern eine einzelne konkrete Göttergestalt, die von Fall zu Fall wechseln konnte. Daher gebrauchen die Weisheitslehrer den Plural „Götter" nur selten, auch einen göttlichen Eigennamen wie Chnum nur dann, wenn ein spezifischer Wesenszug oder eine spezifische Handlung jener Gottheit gemeint sind, bei Chnum z. B. die Formung des Menschen auf der Töpferscheibe. In den übrigen Fällen greifen sie auf das unbestimmte Wort „Gott" zurück – nicht, um einen vom Wesen her anonymen Gott höchster Ordnung zu kennzeichnen, sondern um einen neutralen Begriff zu verwenden, der jeder konkreten Gottheit und daher auch jeder konkreten Situation des Schülers und späteren Beamten einer Gottheit gegenüber gerecht wird.

Eine Aussage wie „Gott hat die Menschen geschaffen" konnte Allgemeinverbindlichkeit in jedem Kultbereich beanspruchen, ob man nun Ptah, Re oder Chnum als Schöpfer ansprechen wollte;

„Ptah hat die Menschen geschaffen" wäre hingegen eine zu einseitige theologische Aussage gewesen, die nur unter bestimmten Voraussetzungen Gültigkeit beanspruchen durfte, und die Weisheitslehrer konnten ihrer Stellung im Staate (die ältesten waren durchweg Wesire, d. h. höchste Beamte) wie ihrer Zielsetzung nach sich nicht auf eine einseitige Kultpropaganda beschränken. Der „Gott", den sie meinen, ist jede beliebige Gottheit, die dem Angesprochenen im Einzelfall begegnen könnte; oder, wie es Henri Frankfort bereits 1948 in seiner treffsicheren Klarheit formuliert hat: "the god with whom you have to reckon in the circumstances"[66].

In seltenen Fällen, wie Anii mit der „Sonne im Horizont", lassen die ägyptischen Weisen keinen Zweifel daran, wen sie gerade mit dem unbestimmten „Gott" meinen; aber in der Regel bleibt der konkrete Bezug bewußt in der Schwebe. Halten wir uns von dem monotheistischen Vorurteil frei, dann sind wir auch der Notwendigkeit enthoben, völlig verschiedene Gebrauchsweisen des Wortes annehmen zu müssen. Denn dieser unbestimmt-allgemeine Gebrauch läßt sich außerhalb der Weisheitslehren, der Personennamen und der Titel noch in weiteren Textgruppen aus dem alten Ägypten belegen. In den „Onomastica", einer Gruppe von Listen aus dem Neuen Reich, die sich wie die Weisheitslehren als eine „Lehre" verstehen und zum Zwecke des Unterrichts das gesamte lebende und tote Inventar des Kosmos aufzählen wollen, erscheint an der Spitze des lebenden Inventars „Gott" in seiner Allgemeinheit, ergänzt durch das Femininum „Göttin"[67]. Hier sind natürlich, geschlechtlich differenziert, *alle* göttlichen Wesen des Kosmos gemeint, die dann nicht mehr im einzelnen aufgezählt werden müssen, denn sonst wäre das Onomasticon uferlos geworden. *nṯr* ist der abstrahierende Oberbegriff, jeder Gott ist ja ein *nṯr*, und man kann das Wort, wenn auch selten belegt, wie einen Titel vor den Eigennamen des Gottes setzen.[68]

Ist man im Zweifel, welcher bestimmten Gottheit man die Errettung aus einer Gefahr verdankt, dann dankt man allgemein demjenigen „Gott", der es gewesen ist, oder opfert den „Göttern"

[66] Ancient Egyptian Religion S. 67.

[67] A. H. Gardiner, Ancient Egyptian Onomastica (1947), I 13*.

[68] G. Roeder, ASAE 52, 1954, 341 Zeile 16 „Gott Thot" (19. Dyn.).

insgesamt; Beispiele dafür bietet die Geschichte vom Schiffbrüchigen oder die Erzählung des Sinuhe genug. Eine Gruppe von Skarabäen mit eingeschnittenen religiösen Sentenzen möchte mit der Bevorzugung des allgemeinen Begriffes „Gott“ offenbar den Geltungsbereich dieser Sentenzen erweitern,[69] und selbst der Verstorbene verzichtet gelegentlich darauf, sich mit konkreten Göttergestalten gleichzusetzen, wie es in den Totentexten die Regel ist; „‚Gott‘ ist mein Name. Nicht vergesse ich ihn, diesen meinen Namen“, sagt er mehrfach in Spruch 411 der Sargtexte, während er zugleich konkrete Göttergestalten des Jenseits anruft und sich durch die Selbstbezeichnung *nṯr* als ihresgleichen ausweisen will.

Zuletzt sei noch auf die biographischen Inschriften hingewiesen, die in ägyptischen Gräbern seit der 4. Dynastie aufgezeichnet wurden. Dort wendet sich der Verstorbene an Beamte oder Priester der Residenz, denen sein persönlicher Ortsgott, den er vielleicht konkret im Sinne hat, sehr wahrscheinlich wenig bedeutet. Auch dort hilft die Allgemeingültigkeit des Wortes *nṯr*, wie man ja gerade in den biographischen Inschriften der Beamten statt von einem bestimmten König ganz allgemein vom „König“ sprechen kann, dem man gedient habe. Wir werden also ohne Einschränkung zu der Auffassung zurückkehren müssen, die Hermann Kees bereits 1941 vertreten hat[70]:

> Meines Erachtens sagt die allgemeine Berufung der Weisheitslehren, angefangen bei Ptahhotep, auf „Gott“ nichts im Sinne dieses besonderen Gottesglaubens [sc. Junkers „Urmonotheismus“!] aus. Da es sich um Literatur handelt, die Gemeingültigkeit beanspruchte, durfte der Sprecher keinen in einem örtlichen System verankerten Ortsgott bemühen. „Gott“ steht also einfach im Sinne von „(jeder) Gott“ ... Überdies finden sich in der ägyptischen Sprache Beispiele genug, ... wo man keinesfalls jenen anonymen höchsten Gott im Sinne hatte, aber unter Umständen Wert darauf legte, dem Hörer freizustellen, welchen bestimmten Namen er diesem „Gotte“ unterlegen wollte.

[69] É. Drioton, Maximes morales sur des scarabées égyptiens, Latomus 28, 1957, 197—202. Bei den Skarabäen, die Drioton BSFE 19, 1955, 59—66 veröffentlicht hat, sind dagegen genau bestimmte Gottheiten als „Herr“ des Trägers angesprochen.

[70] Der Götterglaube im alten Aegypten, S. 273.

Die Darlegungen von Kees richteten sich damals gegen die Behauptung eines ägyptischen Urmonotheismus, die H. Junker im Anschluß an Pater W. Schmidt aufgestellt hatte, aber sie können, worauf P. Montet in der Diskussion um Vergotes Vortrag hingewiesen hat,[71] mit dem gleichen Recht auch gegen die Auffassungen von Drioton und Vergote über einen speziellen Monotheismus der ägyptischen Weisheitslehrer geltend gemacht werden.

Die Durchsicht der Quellen hat gezeigt, daß der Ägypter mit *nṯr* „jeden beliebigen Gott" meint. Einmal diesen oder jenen konkreten Gott Amun, Re, Ptah usw., wobei er gern noch ein Demonstrativpronom anfügt und in den Unterweltsbüchern z. B. den Sonnengott fast stets mit „dieser Gott" oder „dieser große Gott" umschreibt; zum anderen spricht er auch dann vom „Gott", wenn er es dem Hörer oder Leser selbst überlassen will, einen konkreten Eigennamen an die Stelle des Oberbegriffes *nṯr* zu setzen, ohne damit die anderen Möglichkeiten, d. h. die übrigen göttlichen Eigennamen, auszuschließen.

Bisher ist in keinem Einzelfall, auch in den Weisheitslehren nicht, der Nachweis gelungen, daß der Ägypter mit „Gott" den Einzigen – ohne alle anderen – oder auch nur den Einen und Höchsten über den Göttern gemeint habe. Er hat also mit seinem Gottesbegriff terminologisch niemals – in pharaonischer Zeit jedenfalls nicht – monotheistische Vorstellungen verbunden, wie es in begrifflicher Unschärfe immer wieder behauptet wird; selbst henotheistische oder pantheistische Vorstellungen lassen sich am Gebrauch des Wortes „Gott" nicht mit Sicherheit ablesen. Unberührt bleibt von solcher Feststellung die Frage, ob der „Gott" der Weisheitslehrer von seinen Eigenschaften her bereits als ein Gott mit monotheistischen Zügen zu gelten habe. Das werden wir zu prüfen haben, wenn wir uns in Kap. V den Eigenschaften ägyptischer Gottheiten zuwenden. Jenem Kapitel sei auch die Untersuchung von Bezeichnungen wie „der größte Gott" oder „der einzige Gott" vorbehalten, da wir uns hier nur mit den Grundbegriffen auseinandersetzen. Was ein *nṯr* eigentlich ist, das kann sich nur einer Betrachtung all seiner Aspekte erschließen.

[71] In: Les Sagesses (wie Anm. 64), S. 186 f.

Weitere elementare Begriffe für göttliche Mächte

Da das Wort *nṯr* bereits der ältesten für uns faßbaren Gestalt der ägyptischen Schriftsprache angehört, sind ältere Bezeichnungen göttlicher Mächte nicht nachzuweisen und bleiben daher, wo sie vermutet werden, im Bereich der Hypothese. So hat z. B. Helck[72] in dem Wort *b'w* eine ältere Bezeichnung der Lokalnumina sehen wollen, ausgehend von dem Gebrauch des Wortes, den wir in der Erwähnung der *b'w* (gewöhnlich als „Seelen" übersetzt) von Buto, Hierakonpolis, Heliopolis oder Hermopolis haben.

Diese „Seelen" haben unterschiedliche Deutung gefunden; Sethe wollte in ihnen die alten, verstorbenen Könige dieser Orte sehen,[73] während Kees sie für „gewisse sehr alte, zahlen- und artmäßig nicht begrenzte Götterkreise eines Ortes" hält,[74] die Bezeichnung also nicht auf Könige allein einengen will. Von den neuesten Deutungen dieser „Seelen" steht die von Žabkar[75] Sethe nahe, die von Wolf-Brinkmann[76] bestätigt dagegen die Ansicht von Kees und wird den Quellen wohl besser gerecht. Schon in den Pyramidentexten (§ 1689) scheinen die „Beiden Götterneunheiten" einen Teil der „Seelen" von Heliopolis zu bilden, und in den Sargtexten werden wohlbekannte Götter den verschiedenen „Seelen" zugerechnet.[77] Wir können in den *b'w*, wo sie als Personen auftreten, „göttliche Wesen" im allgemeinsten Sinne sehen, die gelegentlich völlig den „Göttern" entsprechen.[78]

Älter ist eine andere Verwendung des Wortes *b'w*, die sich bereits in Eigennamen der Frühzeit und häufiger im Alten Reich belegen

[72] ArOr 18, 1950, 139.

[73] Urgeschichte § 172 f. und öfter; ebenso Bonnet, Reallexikon S. 129.

[74] In: Bonnet, Reallexikon S. 74; vgl. auch Kees, Götterglaube S. 188 ff. Den Stand der Diskussion zeigt Žabkar (s. Anm. 75) S. 16 f. auf.

[75] A Study of the Ba Concept in Ancient Egyptian Texts (1968), S. 15 ff.

[76] Versuch einer Deutung des Begriffes ‚b'' anhand der Überlieferung der Frühzeit und des Alten Reiches (1968), S. 64 ff.

[77] Belege bei Žabkar a. a. O. S. 29.

[78] So Pyr Spruch 217 (vgl. Wolf-Brinkmann a. a. O. S. 77) und Amduat II 63 (10).

läßt.[79] Hier werden Aussagen über einen abstrakten Begriff *b'w* gemacht, und zwar über den *b'w* bestimmter Götter (Chnum, Ptah, Sokar) und Göttinnen (Hathor, Sachmet), ferner über den *b'w* des Ka und des Königs.[80] Dieser *b'w* kann „in Erscheinung treten" (*ḫ*ᶜ*j*) und bedeutet in allen deutlichen Belegen eine ausstrahlende Wirkung der Gottheit, die anfangs ganz in positivem Sinn, später mehr und mehr auch negativ auf den Gang der Welt einwirkt. Der Verfasser der Admonitions spürt im allgemeinen Umsturz den *b'w* des Schöpfergottes nicht mehr, ein Expeditionsleiter der 11. Dynastie schreibt seinen Erfolg dem *b'w* des Min zu;[81] im Neuen Reich dagegen verursacht der *b'w* Gottes ein verheerendes Unwetter, über das König Ahmose auf einem Denkstein berichtet,[82] und in der Spätzeit bezeichnet *b'w* ganz konkret den „Zorn" oder die „Wut" einer Gottheit,[83] im Koptischen schließlich „Gewalttat, Verbrechen"[84].

Die ursprüngliche Bedeutung von *b'w* muß konkreter gewesen sein, als es die Wiedergabe durch „Ruhm" oder „Ansehen" erkennen läßt. Wahrscheinlich wird es, wie in vielen anderen Fällen, unmöglich sein, ein wirklich entsprechendes Wort in unserer Sprache zu finden. Übersetzungen wie „Macht", „Wille" oder neuerdings „Tatkraft, Gestaltungsvermögen" (Wolf-Brinkmann) passen nicht überall und ergeben im besten Fall eine größere Überschneidung mit dem wirklichen Bedeutungsinhalt des ägyptischen Wortes. Sicher scheint, daß *b'w* immer eine aktive und sichtbare Seite der göttlichen Person meint, als Träger und vielleicht auch Ursache der Wirkung von Göttern, so wie die sichtbare Aktivität auch ein

[79] Eine Zusammenstellung bei Wolf-Brinkmann a. a. O. S. 17 ff.

[80] Mit Sicherheit in Domänennamen (ibid. S. 26 f.).

[81] Beide Belege ibid. S. 87. CT IV 146 m gilt die Nilüberschwemmung als *b'w* des Gottes Hapi.

[82] C. Vandersleyen, RdE 19, 1967, pl. 9 Zeile 14. Auch dort steht „Gott" in unbestimmtem Singular!

[83] A. H. Gardiner, JEA 48, 1962, 62 Anm. 3. Ein besonders klarer Beleg bei I. E. S. Edwards, Hieratic Papyri Brit. Museum IV (1960), pl. XXIII Zeile 84 (im Gegensatz zu *ḥtp*!).

[84] BHY: R. Kasser, Compléments au Dictionnaire Copte de Crum (1964), S. 9 rechts.

Kennzeichen der Ba-Vorstellung bildet.[85] Die Gleichsetzung von Wirkung und Person, die Bezeichnung von Gottheiten als *b'w*, steht sicher nicht am Anfang der Wortgeschichte, ist aber früh bezeugt. Vergleichbar wäre die Entwicklung des Begriffs z', „magischer Schutz", der im Alten Reich eine Wirkung von Gottheiten,[86] auf den „Zauberstäben" des Mittleren Reiches aber die schützenden Dämonen selbst meint,[87] im Austausch mit *nṯrw*, „Götter". Daß in den Kreis der austauschbaren Begriffe auch Bezeichnungen für Verstorbene wie *'ḫw*, „Verklärte", oder *d'tjw*, „Unterweltliche", einbezogen sind, kann nicht überraschen, da die Toten seit früher Zeit als „Götter" gelten.

Die bedeutsamste ägyptische Gottesbezeichnung neben *nṯr* ist ohne Zweifel *sḫm*, das gewöhnlich als „Macht" übersetzt wird, also Assoziationen mit dem „Numen" der Religionswissenschaft nahelegt und zur vielumstrittenen Frage „Mächte vor Göttern" führt.[88] Auch diese Frage läßt sich von der Terminologie her nicht klären: wie *b'w* und *nṯr* gehört *sḫm* im besten Fall zum ältesten greifbaren Bestand der ägyptischen Schriftsprache, ist also gegenüber den anderen Begriffen nicht als älter zu erweisen. Die spätere Bedeutungsentwicklung, die erst im Laufe des Neuen Reiches zur Bedeutung „Bild (eines Gottes)" führt, habe ich bereits an anderer Stelle[89] untersucht. In den ältesten deutlichen Belegen scheint auch *sḫm* eine ausstrahlende Wirkung von Gottheiten zu meinen, ein Charisma, personifiziert dann eine „unpersönliche Kraft"[90], die

[85] In den Unterweltsbüchern ist es der Ba des Verstorbenen, der aktiv und sichtbar handelt, etwa mit dem Sonnengott Zwiesprache hält, sich in das Gottesgefolge einreiht oder den Leichnam aufsucht.

[86] Für die Pyramidentexte vgl. van der Leeuw, Godsvoorstellingen S. 27—30.

[87] H. Altenmüller, Die Apotropaia und die Götter Mittelägyptens (1965) I, S. 67.

[88] Etwa Morenz, Gott und Mensch S. 33: „Deshalb glaube ich, der Mensch habe Mächte gekannt, bevor er Götter begriff."

[89] In: O. Loretz, Die Gottebenbildlichkeit des Menschen (1967), S. 137—139.

[90] So van der Leeuw, Godsvoorstellingen S. 22—25 in seiner Untersuchung von *sḫm* in den Pyramidentexten.

mit jeder konkreten Gottheit verbunden werden kann und überdies im *sḫm*-Szepter sichtbar wird. Indem der Verstorbene zu einem „Gott“ wird, erlangt er auch die Eigenschaft des *sḫm*-Seins (Pyr. 752). Die Pyramidentexte geben häufig parallele Aussagen über den Ba und die *sḫm*-„Macht“[91]. Die Göttin Sachmet ist von ihrem Namen her die „Mächtigste“, später erhält Amun als höchster Gott einen ähnlichen Superlativ („Mächtigster der Mächtigen“) als Beiname[92], während sich die gleiche Kraft beim feindlichen Gott Seth negativ auswirkt[93]. Da die *sḫm*-Eigenschaft allen Gottheiten zukommt, kann der Plural des Wortes mit dem Plural „Götter“ ausgetauscht werden[94], erst in ptolemäischer Zeit wird er offenbar nur auf eine bestimmte, lokal gebundene Gruppe von Gottheiten angewandt[95].

Eine Fülle weiterer Bezeichnungen ist für die Bilder von Gottheiten in Gebrauch und daher an dieser Stelle nicht zu besprechen.

Das Adjektiv „göttlich“

Seit den Pyramidentexten des Alten Reiches wird einer großen Anzahl von Wesen und Dingen die Eigenschaft „göttlich“ beigelegt, teils durch das Adjektiv, teils durch ein entsprechendes Eigenschaftsverbum „göttlich sein“ *(nṯrj)* ausgedrückt. Natürlich kommt diese Eigenschaft allen Gottheiten zu, aber wie bei *sḫm* gibt es Gottheiten, die in höherem Maße „göttlich“ sind als die anderen; vor allem die Göttin Isis ist „die Göttliche“ schlechthin, ist „groß im Göttlichsein“[96]. Überblickt man im ›Wörterbuch der ägypt. Sprache‹ (II 363f.) die Skala der Personen und Dinge, die „göttlich“ sein kön-

[91] Ibid. S. 17 ff.

[92] Belege seit dem Neuen Reich gibt Wb IV 244, 7; ferner É. Drioton, ASAE 44, 1944, 140 (Karnak, ptolem.).

[93] Moret, Rituel S. 9.

[94] Pyr 894, vgl. P. Kaplony, ÄgAbh 15, 1966, 63 mit Anm. 238.

[95] Für die spezifischen Gottheiten eines Ortes, z. B. die Neunheit einer Tempelkapelle: A. Gutbub, Kêmi 17, 1964, 46 mit Belegen in Anm. 4.

[96] Zum ersten Beiwort Wb II 364, 22, das letztere vereinzelt bei Edwards, Hieratic Papyri (vgl. Anm. 83) S. 103 (1) aus der 21. Dyn.

nen, dann fehlt eigentlich nur der lebende Mensch. Heilige Tiere, heilige Gegenstände und selige Verstorbene werden oft und gern „göttlich" genannt, aber die Distanz zwischen den Lebenden auf Erden und den Göttern bleibt auch hier, in der Terminologie, gewahrt. Selbst der regierende König, der ja von seiner Titulatur her als „Vollkommener Gott" gilt und zahllose göttliche Epitheta trägt (vgl. S. 131), erhält nur in seltenen Ausnahmefällen das Adjektiv „göttlich".

Bezeichnend für einen solchen Ausnahmefall ist ein Textzeugnis, das der Königin Hatschepsut die Eigenschaft des *nṯrj*, des „Göttlich-Seins", zuspricht. Bei der Heimkehr der großen Handelsexpedition, welche Hatschepsut in das ferne afrikanische Weihrauchland Punt entsandt hatte, verehren und akklamieren die versammelten Untertanen die Königin „in den Wesenszügen *(zpw)* ihres Göttlich-Seins" (Urk. 340, 5) und „wegen der Größe des Wunderbaren, das ihr zuteil geworden ist" (ibid. 340, 6). Es ist kein alltäglicher Anlaß, keine beliebige Handlung der Königin, sondern ein feierlich-gehobener Augenblick, in dem ihr Göttlich-Sein aller Welt offenbar wird: die nahe Erfüllung ihres Gelübdes an den Götterkönig Amun, seinen Terrassentempel zu einem Weihrauchland mitten in Ägypten zu machen. „Beste Myrrhen waren auf allen ihren Gliedern ... ihr Duft vermischte sich mit dem (göttlichen Wohlgeruch) von Punt ... ihre Haut war vergoldet mit Weißgold und leuchtete, wie es Sterne tun, im Inneren der Festhalle, angesichts des ganzen Landes"; durch den göttlichen Wohlgeruch und durch den goldenen Glanz, die beide von den Göttern ausstrahlen (unten S. 122 f.), erweist sich die regierende Königin als „göttlich". Es scheint daher – klare Belege wie dieser sind selten – diese eigentümliche, den Menschen spürbare Ausstrahlung zu sein, die menschliche Personen, Tiere oder heilige Gegenstände zu „göttlichen" Wesenheiten macht.

Göttlich-Sein ist somit keine Frage der Definition, der Festlegung durch einen abstrakten Lehrsatz, sondern ausstrahlende Wirkung, die unmittelbar wahrgenommen wird und nicht nur den Göttern selbst zu eigen ist, sondern auch ihren Abbildern und Manifestationen. Darüber sei nicht vergessen, daß *nṯrj* ein Nisbe-Adjektiv mit der Grundbedeutung „zu (einem) Gott gehörig" ist und daher neben dem eigentlichen „göttlich" von Fall zu Fall auch andere Bedeutungsnuancen besitzen kann.

Dieses Göttlich- oder Gottgehörig-Sein ist stets eine Eigenschaft, die personal aufgefaßten Göttermächten und ihren Ausstrahlungen zukommt, es ist niemals zu einem Abstraktum, einem personifizierten Begriff hinter, über oder neben den Göttern geworden. „Göttliches" schlechthin hat es, losgelöst von den konkreten Göttergestalten, für den Ägypter nicht gegeben – ein Grund für uns, diesen neutralen Begriff in der ägyptischen Religion mit äußerster Zurückhaltung zu verwenden oder, noch besser, ganz auf ihn zu verzichten.

Damit verlassen wir zunächst die ägyptische Terminologie, nachdem sie uns zu den ersten klärenden Einsichten für unsere Untersuchung verholfen hat. In den Kern unserer Frage konnte sie uns noch nicht führen. Um ägyptische Gottesvorstellungen deutlicher hervortreten zu lassen, bedarf es der Wendung auf die Wirklichkeiten, für welche die Terminologie einstmals geschaffen wurde. Wie bei jeder einzelnen Gottheit, so können wir bei den Gottheiten insgesamt versuchen, ihr Wesen nach den drei Kriterien in Platons 7. Brief (342 AB) zu bestimmen: ὄνομα, λόγος und εἴδωλον, die zusammen die ἐπιστήμη, die rechte Erkenntnis und Einsicht in das Wesen unseres Gegenstandes ergeben.[97] Wir betrachten daher, in etwas anderer Reihenfolge, zunächst die Götternamen, dann das Bild, das der Ägypter sich von den Göttern gemacht, und die Form, in der er sie dargestellt hat, schließlich die Textaussagen über Eigenschaften, Wesen und Wirken der Götter.

[97] Vgl. E. Otto, Saeculum 14, 1963, 271 mit Anm. 55.

Drittes Kapitel

GÖTTERNAMEN UND GÖTTERVERBINDUNGEN

Allgemeines

Viele der ägyptischen Götternamen deuten bestimmte Eigenschaften der Gottheit an und werden uns daher erst im übernächsten Kapitel beschäftigen. Dazu gehören so bedeutende Gottheiten wie Amun „Der Verborgene“ oder Sachmet „Die Mächtige“ sowie der ganze Kreis der Urgötter, die allesamt Eigenschaften der chaotischen Welt vor der Schöpfung verkörpern: Nun, die „träge“ Urflut, Huh, die „Endlosigkeit“, Kuk, die „Finsternis“. Auch der älteste für uns greifbare Schöpfergott, Atum, scheint einen solchen „sprechenden“ Namen zu haben, der jedoch schwieriger zu deuten ist. Das Verbum *tm*, von dem der Name als Partizip-Bildung abgeleitet ist, kann „nicht sein“, aber auch „vollständig sein“ bedeuten. Beides ist schwer auf einen Nenner zu bringen, und so greifen die modernen Übersetzungen des Gottesnamens oft zu ausführlichen Definitionen. Als „Der, welcher eine Gesamtheit ist“ deutet R. Anthes[1] den Namen, als „Der noch nicht Vollendete“ H. Bonnet[2], als „Der noch nicht Vorhandene“ H. Kees[3], um nur einige Beispiele zu nennen. Mir scheint eine Übersetzung „Der Undifferenzierte“ treffender, weil sie beide Aspekte in sich vereinigt; doch bleibt auch diese Wiedergabe nur ein unvollkommener Versuch, die ägyptische Terminologie in unsere eigene zu übertragen. Atum ist derjenige Gott, „der anfangs alles war“[4], vollständig im Sinne einer undifferenzierten Einheit und zugleich nicht-

[1] ZÄS 82, 1957, 2 mit weiteren Definitionen, vgl. auch ders., ZÄS 80, 1955, 86 und JNES 18, 1959, 209 f.

[2] Reallexikon S. 71 mit Hinweis auf CT II 174e.

[3] Götterglaube S. 215, ähnlich S. Schott, ZÄS 78, 1943, 9; dagegen Kees, OLZ 46, 1943, 404 „Das noch nicht vollendet Seiende“.

[4] Auf diese Bedeutung läuft die Formulierung *jtmw nb tm* CT III 27b hinaus.

seiend, weil das Sein erst mit seinem Schöpfungswerk möglich wird (vgl. unten S. 166 ff.).

Unter den bedeutenden Göttern trägt nur eine kleine Zahl Namen, deren Bedeutung mehr oder weniger durchsichtig ist und damit eine Hilfe bietet, um das Wesen und die Funktion dieser Gottheiten besser zu verstehen. Dagegen bleiben die Namen der meisten großen Götter Ägyptens in ihrer Bedeutung ungewiß. Bei Re, Min, Ptah, Osiris und Seth konnte bisher noch keine überzeugende Etymologie des Namens gefunden werden, so viele Hypothesen auch darüber aufgestellt worden sind. Schon die Ägypter, in ihrer Freude am Wortspiel, am Zusammenklang von Wörtern und Begriffen, haben sich am Etymologisieren dieser Namen versucht und etwa Osiris als den „Starken“ oder „Vieläugigen“[5], Re als den „Emporsteigenden“[6] gedeutet. Welche phantastischen Wortspiele und Erklärungen die Ägypter in ptolemäischer Zeit ersonnen haben, um die Namen der Gottheiten zu erklären, zeigt eindrucksvoll der Papyrus Jumilhac; Anubis wird dort u. a. als „Wind-Wasser-Berg“ gedeutet.[7]

Die modernen „wissenschaftlichen“ Etymologien sind nach Form und Bedeutung nicht glaubhafter als diese „Volksetymologien“ der Ägypter; so ist Osiris in buntem Wechsel als „Sitz des Auges“, „Inhaber des Thrones“ (d. h. König), „Der mit der Stirnlocke“ oder als Ableger einer fremden Gottheit wie des assyrischen Hauptgottes Aššur gedeutet worden.[8] All das sind im besten Fall „vage

[5] Plutarch, De Iside c. 37 ὄμβριμος wegen *wsr* „stark“; ibid. c. 10 πολυόφθαλμος wegen *ʿš-jrt* „vieläugig“. Die erstere Ableitung hat jetzt J. G. Griffiths, The Origins of Osiris (MÄS 9, 1966), S. 60—62, wieder aufgegriffen. Belege für ägyptische Wortspiele *Wsjr*/*wsr* gibt F. Zimmermann, Die ägypt. Religion nach der Darstellung der Kirchenschriftsteller (1912), S. 42 Anm. 2.

[6] Wortspiel mit *(j)ʿr* „aufsteigen, sich nähern“ z. B. Amduat I 20, 1 f. und Moret, Rituel S. 125 Zeile 10 f.

[7] J. Vandier, Papyrus Jumilhac S. 102 f. mit weiteren Erklärungen.

[8] Übersicht bei Griffiths, The Origins of Osiris S. 54—62, dazu noch Bakry, ASAE 59, 1966, 1 nach M. A. Murray („The occupier-of-the-throne) und P. Kaplony, ÄgAbh 15, 1966, 69 f. („Der mit der Stirnlocke“, vgl. dagegen W. Barta, BiOr 25, 1968, 176).

Spekulationen", über welche die Forschung auch bei der Deutung des Namens Ptah nicht hinausgekommen ist.[9] Wie die „Herkunft" des Osiris, des Seth oder des Ptah bleibt auch die Bedeutung ihrer Namen für uns ein Rätsel.

Auffällig ist, daß die Namen der „kosmischen" Gottheiten Ägyptens, im Unterschied z. B. zu Griechenland, nicht mit den Namen der kosmischen Elemente, die sie verkörpern, übereinstimmen. Die Erde heißt *t*', der Erdgott aber Geb, der Himmel *pt*, die Himmelsgöttin dagegen Nut (Abb. 4); neben dem Sonnengott Re steht *jtn* als Bezeichnung der Sonnenscheibe, und der Mond heißt *j*ᶜ*ḥ*, während die beiden älteren Mondgötter Thot (*Ḏḥwtj*, ohne plausible Etymologie) und Chons (wohl „Der Wanderer") heißen. Diese Differenzierung der Namen sollte zugleich eine Warnung sein, eine Gottheit vorschnell als „Mondgott" oder „Erdgott" abzustempeln – gerade das Wesen der kosmischen Götter Ägyptens ist weitaus reicher und vielschichtiger!

Neben diesen göttlichen Eigennamen, deren Bedeutung nicht mehr durchsichtig ist, stehen seit Beginn der Geschichte auch die „begrifflich durchsichtigen Götternamen", deren Träger man nach dem Vorbild Hermann Useners[10] gern als „Sondergötter" bezeichnet. F. Zimmermann hat in seinem Buch über ›Die ägyptische Religion nach der Darstellung der Kirchenschriftsteller‹ 1912 den ägyptischen „Sondergöttern" ein eigenes Kapitel gewidmet; er rechnet zu ihnen die Götter in Pflanzengestalt und die Dekane. Im übrigen aber hat man in der Ägyptologie mit vollem Recht Useners Terminologie der „Sondergötter" und „Augenblicksgötter" nicht übernommen, da sie zum Wesen der ägyptischen Gottheiten schlecht passen will. Nur bei personifizierten Funktionen, beim „Fessler", der die Verdammten in der Unterwelt fesselt, der „Vernichterin", die sie vernichtet, dem „Totenfresser" und ähnlichen

[9] M. Sandman Holmberg, The God Ptah (1946), S. 7–11. Zu entsprechenden Bemühungen um den Namen des Seth vgl. H. te Velde, Seth (1967), S. 3–7.

[10] Götternamen. Versuch einer Lehre von der religiösen Begriffsbildung. 1896, 3. Aufl. 1948. Zu den Sondergöttern dort S. 75 ff.

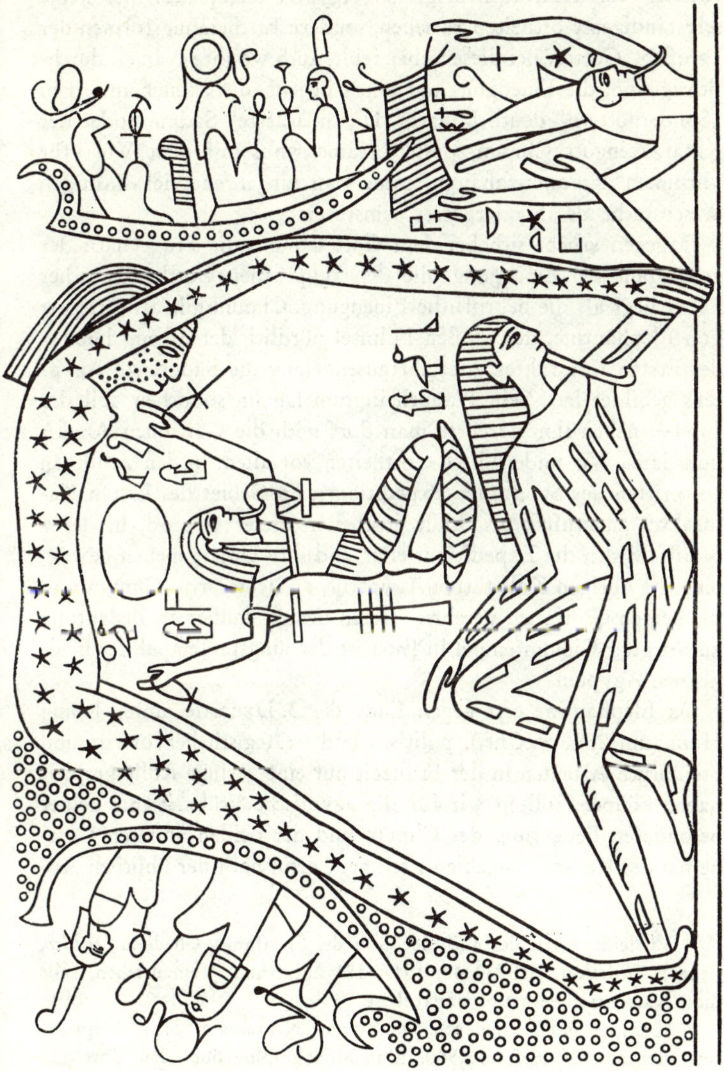

Abb. 4. Schu trennt Himmel und Erde (Geb und Nut).
Aus Morenz, Gott und Mensch im alten Ägypten, Heidelberg 1965, S. 131, Abb. 40

dämonischen Wesen[11] könnte man im Sinne Useners von „Sondergöttern" sprechen, doch neigt der Ägypter dazu, auch hier keine selbständigen Gottheiten zu sehen, sondern Erscheinungsformen der „großen" Götter. Bei diesen aber fehlt, auch wo ihre Namen durchsichtig sind, die Einengung auf einen Begriff, die Usener an seinen „Sondergöttern" deutlich macht. Die „mächtige" Sachmet oder der Kataraktengott Chnum, dessen Name wohl mit dem Wort für „Brunnen" zusammenhängt, kann man mit ihrem vielschichtigen Wesen nicht als „Sondergötter" einstufen.

Dagegen erhebt sich bei dem Gott Chnum die Frage nach der geographischen Einengung, die den ägyptischen Gottheiten sicher näher liegt als die begriffliche Einengung. Chnum gilt als Ortsgott von Elephantine, der großen Nilinsel nördlich der Stromschnellen des Ersten Kataraktes, die jahrtausendelang die Südgrenze Ägyptens gebildet hat. Sein Hauptheiligtum lag im südlichen Teil der Insel[12], neben ihm verehrte man dort noch die Göttinnen Anukis und Satis. Wir finden diese Gottheiten vor allem in den zahllosen Inschriften der Steinbruch-Expeditionen im Gebiet des Ersten Kataraktes angerufen, als Schutzgottheiten dieser Gegend, in deren Kraftfeld sich die Expeditionsleiter und ihre Untergebenen bewegten. Die übrigen Kultstätten Ägyptens, an denen man Chnum und die beiden Göttinnen verehrte, treten demgegenüber an Bedeutung zurück; der Chnumtempel in Esna ist der jüngste Tempel des heidnischen Ägypten.

Da Elephantine erst gegen Ende der 3. Dynastie, unter König Huni (um 2580 v. Chr.), politisch und strategisch hervortritt und Steinbruch-Arbeiten in der Frühzeit nur eine geringe Rolle gespielt haben können, sollten wir für die ägyptische Frühzeit mit keiner besonderen Bedeutung des Chnum und der beiden anderen Gottheiten des Kataraktengebietes rechnen; denn nach der üblichen An-

[11] Vielleicht wäre hier auch der Gott des Fischfangs, Chededu (*Ḫddw*, siehe B. Grdseloff, BIFAO 45, 1947, 181 mit Anm. 1) einzureihen, falls diese Kategorie überhaupt sinnvoll ist.

[12] H. Ricke und S. Sauneron, Die Tempel Nektanebos' II. in Elephantine, Beiträge Bf Heft 6, 1960. Eine Monographie über den Gott gab A. M. Badawi, Der Gott Chnum, 1937.

sicht sind die lokal geprägten Gottheiten erst allmählich und im Zuge politisch-religiöser Machtverschiebungen zu größerer Geltung gelangt. Doch gerade für die Gottheiten des Kataraktengebietes können wir das Gegenteil erweisen! In den Inschriften und vor allem in den Personennamen der Frühzeit wird Chnum, ohne daß eine besondere Beziehung zu Elephantine deutlich wäre, auffallend häufig genannt;[13] mehrfach begegnet in diesem Material auch die Göttin Satis[14], und nur Anukis, die später als Tochter der beiden gilt,[15] scheint zu fehlen. Das bedeutet, daß diese scheinbar lokalen Gottheiten bereits in den frühen Zentren königlicher Herrschaft, in Memphis und Abydos, eine wichtige Rolle gespielt haben und ohne Zweifel auch kultische Wirklichkeiten gewesen sind.

Man muß sich also davor hüten, die ägyptische Religionsgeschichte als ein allmähliches Aufsteigen von Ortsgöttern zu universaler Geltung im ganzen Lande zu sehen, wobei mit diesem Aufstieg auch eine fortschreitende Ausweitung ihres Wesens zu universaler Geltung verbunden gewesen wäre. Das Beispiel des Götterpaares Chnum/Satis zeigt die universale Geltung, die ja vornehmlich in der königlichen Residenz und der geistigen Führungsschicht des Hofes greifbar wird, bereits am Beginn der überlieferten Geschichte.

An weiteren Beispielen für dieses Phänomen fehlt es nicht. Die Göttin Neith (vielleicht „Die Schreckliche"), die für uns in erster Linie mit ihrem Hauptkultort Sais im Delta verbunden ist, spielt seit der 1. Dynastie am Königshof eine überragende Rolle, die manchen religiösen und politischen Wechsel überdauert. Selbst wenig prominente Gottheiten zeigen bei genauerer Betrachtung eine überraschend universale Geltung. Kürzlich hat J. Vandier eine ungemein vollständige Dokumentation über die „heliopolitanischen" Göttinnen Iusaâs und Nebethetepet vorgelegt[16] und dabei gezeigt,

[13] Kaplony, Inschriften I 463, 468, 498, 546 f., 550, 604, usw., ferner I 376 mit Anm. 1863 und I 406 ff., sowie im Supplement (ÄgAbh 9, 1964) S. 11 und 13. Vgl. jetzt auch E. Schott, RdE 21, 1969, 77—83.

[14] Kaplony, Inschriften I 425; 428 f.; 597; 644?; 655.

[15] L. Habachi, ASAE 50, 1950, 501—507.

[16] In den Bänden 16 (1964) bis 18 (1966) der RdE, auch separat in einem Band gedruckt; dazu ein Nachtrag in RdE 20, 1968, 135—148.

welche Bedeutung diesen auf den ersten Blick lokal geprägten Gottheiten in allen Tempeln des Landes zugestanden wird. Sicher könnte man in diesem Fall auf die räumliche und geistige Nähe von Heliopolis zur Residenz hinweisen; auch bei der Göttin Neith ist versucht worden, ihre Bedeutung „politisch“ zu erklären, als Vertreterin der von Oberägypten unterworfenen unterägyptischen Landeshälfte in der Residenz. Ich habe daher das Beispiel Chnum/Satet in den Vordergrund gestellt, weil in diesem Fall eine „politische“ Erklärung versagt: Elephantine hat erst in der späten 6. Dynastie unter seinen Gaufürsten größere politische Bedeutung erlangt. Ein religiöses Zentrum, das erkennbar ins Land wirkt, ist es nie gewesen und trotz der Lokalisierung der Nilquelle bei Elephantine nicht geworden.

Gewiß gibt es in der langen ägyptischen Geschichte auch Beispiele dafür, daß Gottheiten von ursprünglich nur lokaler Bedeutung allmählich – oder auch plötzlich! – zu überragender Geltung im ganzen Lande aufsteigen und als sichtbares Zeichen dieser Geltung das ägyptische Königtum in ihren Bann zwingen. Das trifft z. B. für den im thebanischen Gau verehrten falkenköpfigen Gott Month zu, der erst in der 6. Dynastie in königlichen Inschriften greifbar wird. Die ersten sicheren Belege seines Namens[17] stammen alle aus der Regierung Phiops' I. (um 2292–2260 v. Chr.), der auch in seiner weit gestreuten Bautätigkeit ein neu erwachtes Interesse für die Provinz und ihre Gottheiten erkennen läßt. Die älteste bekannte Darstellung des Gottes gehört dem Ende der 6. Dynastie an (um 2200).[18] Ein Jahrhundert später steht er für die Könige der 11. Dynastie, die von Theben aus Ägypten zum zweiten Mal einigen, im Vordergrund aller Göttergestalten, ehe er aus dieser

Vgl. vor allem die Bemerkung RdE 16, 123: « Il semble d'après cela, que les deux déesses d'Héliopolis aient joué un rôle plus important dans la théologie cosmogonique que dans la religion locale. »

[17] Pyr 1081 und 1378, dazu der Siegelzylinder MDIK 17, 1961, 80 f. (Nr. XII).

[18] Im Totentempel Phiops' II., siehe G. Jéquier, Le monument funéraire de Pepi II, II 47. Ein Beleg der 2. Dynastie (Kaplony, Inschriften I 467) ist sehr fraglich.

führenden Rolle von Amun verdrängt wird. Ähnlich überraschend treten Re, Osiris und Amun[19] in den Vordergrund des ägyptischen Götterglaubens, aber es scheint mir sinnlos, diese so vielschichtig-universalen Göttergestalten als ursprüngliche Ortsgötter erklären zu wollen. Die seit Lepsius übliche Betonung der Lokalkulte[20] hat unser Bild der ägyptischen Religionsgeschichte zu einseitig bestimmt und bedarf einer Korrektur. Neben ausgesprochenen Ortsgöttern, deren Existenz keineswegs geleugnet werden soll, steht seit den ältesten Inschriften des 30. Jahrhunderts v. Chr. ein Kreis von Göttern, die neben ihren Kultorten, die vielleicht schon über das ganze Land verteilt sind, auch am Königshof Geltung besitzen.

Die eigentlichen Ortsgottheiten sind oft an einer besonderen Form ihres Namens zu erkennen, der von dem Ort ihres Wirkens direkt abgeleitet ist. So heißt die Geiergöttin des Ortes Nechеb (Hierakonpolis) Nechbet, der Reihergott der Deltastadt Buto *(ḏbᶜw)* Djebauti, der menschengestaltige, früh in der Gestalt des Osiris aufgegangene Gott des 9. unterägyptischen Gaues *(ᶜnḏt)* Anedjti. Andere Orts- und Gaugottheiten verdanken ihren Namen bestimmten topographischen Eigentümlichkeiten – „Der über seinem See“ *(Ḥrjšf*, griech. Harsaphes) heißt z. B. der Hauptgott von Herakleopolis – oder typischen Zügen ihrer Erscheinung, so Pachet, „Die Reißende“, die als Löwin an der Mündung von Wüstentälern verehrt wurde. Auch der in Abydos verehrte Chontamenti, „Der an der Spitze der Westlichen“ (später eine Erscheinungsform des Osiris), trägt einen solchen Namen, der mit seiner Umschreibung die Gottheit im Grunde anonym läßt. In solchen unbestimmt-allgemeinen Namensformen wird auch erkennbar, daß die Wirkung dieser lokalen Gottheiten zwar räumlich begrenzt ist, doch „nie in Sondergebieten aufgeht“; sie entfaltet sich zu universaler Weite und

[19] Auch für den „thebanischen“ Amun stammt der älteste sichere Beleg nach F. Daumas, BIFAO 65, 1967, 213 f. aus der Zeit Phiops' I., dagegen aber D. Wildung, MDIK 25, 1969, 212–219.

[20] R. Lepsius, Über den ersten ägypt. Götterkreis (1851), S. 17: „Nirgends war der Einfluß der Lokalkulte auf die priesterliche Darstellung der allgemeinen Götterlehre so groß wie in Aegypten.“

stellt die „göttliche Macht in ihrem ganzen Umfang dar“[21], wie durch ein Brennglas für einen Punkt der Welt eingefangen.

Schon früh hat der Ägypter eine noch allgemeinere Bezeichnung geschaffen, die wörtlich unserem „Ortsgott“ entspricht.[22] Als ältester Beleg gilt die frühdynastische Mantelstatue einer menschlich gestalteten Gottheit in der Sammlung Kofler-Truniger (Luzern), mit der Hieroglyphen-Aufschrift *njwtj* („städtisch“).[23] Damit stand ihm, gern verwendet, ein Ausdruck von ähnlich unbestimmter Allgemeinheit zur Verfügung, wie das Wort „Gott“ in den Eigennamen und in den Lehren. Man konnte Frevler jetzt z. B. „dem Richterspruch des Königs, des Osiris oder ihres Ortsgottes“ überantworten,[24] ohne die Zuständigkeit genauer festzulegen, oder die Grabbesucher als Gefolgsleute ihres jeweiligen Ortsgottes anrufen (Urk. I 268, 13); man vermied damit, wie die Weisheitslehrer mit ihrem *nṯr*, die als zu eng empfundene Festlegung auf eine bestimmte Gottheit. Ein Zeichen dafür, daß man die Bedeutung des Ortsgottes nicht zu ausschließlich lokal-begrenzt sehen darf, ist seine Nennung in den Pyramidentexten (§ 891 a), dem königlichen Begräbnisritual des Alten Reiches.[25]

Von den alten Ortsgottheiten mit ihren häufig unbestimmt-umschreibenden Namen muß man die lokalen Erscheinungsformen der „großen“ Götter, etwa den Amun von Karnak oder den Re von Sachebu oder die verschiedenen provinziellen Horus-Götter,

[21] H. Bonnet, Reallexikon S. 218, wo sich weitere gute Formulierungen zur Kennzeichnung der Ortsgötter finden.

[22] *Nṯr-njwtj*, eigentlich „städtischer Gott“, doch bedeutet *njwt* nicht nur die „Stadt“, sondern jede bewohnte Siedlung; dazu jetzt M. Atzler, Erwägungen zur Stadt im Alten Reich, Diss. Leipzig 1968. Eine Monographie über Gestalt und Bedeutung des „Ortsgottes“ fehlt.

[23] H. W. Müller, Ägypt. Kunstwerke, Kleinfunde und Glas in der Sammlung E. und M. Kofler-Truniger, Luzern (MÄS 5, 1964), S. 40 f. Abgebildet auch bei W. Wolf, Frühe Hochkulturen (Belser Stilgeschichte I, 1969) Abb. 21.

[24] Urk. I 305, 18—306, 1. Als gerichtliche Instanz wird der „Ortsgott“ auch Urk. I 78, 9 genannt.

[25] „Ortsgötter“ und „Gaugötter“ im Plural auch Pyr 1522c in einer Aufzählung der Götter-Gesamtheit.

deutlich unterscheiden. In diesen Gestalten werden Wirken und Bedeutung nicht aller göttlichen Macht, sondern einer ganz bestimmten Gottheit brennpunktartig eingefangen und einer begrenzten „Gemeinde" vor Augen gestellt. In vielen Fällen kann man jedoch vermuten, daß solche Lokalformen das Erbe alter Ortsgottheiten angetreten haben und eine ähnlich universale Bedeutung gewinnen.

Personifikationen

Ortschaften und Gaue werden auch personifiziert. Wo man einer bestimmten Örtlichkeit personal begegnet, können solche Personifikationen noch in geschichtlicher Zeit immer wieder neu geschaffen werden. So tritt in der 18. Dynastie eine Göttin Chefthernebes als Personifikation der thebanischen Nekropole, die diesen Namen trägt, auf. Sie spielt in den Papyri der 21. Dynastie eine bedeutende Rolle[26] und verschwindet dann wieder aus den Texten und Darstellungen. Selbst bei einer derart kurzlebigen Göttergestalt geht es nicht an, von einem „freien Produkt menschlicher Erfindung" oder einer „leeren Abstraktion"[27] zu sprechen; die frühen Kulturen haben eine uns schwer zugängliche Fähigkeit, ihrer Umwelt personal zu begegnen, in einem wichtigen oder auch unwichtigen Punkt der Landschaft, wie z. B. in einem Baum oder einem Tier, das göttliche Antlitz zu sehen.

Andere „Personifikationen" in der ägyptischen Religion sind weit älter und haben sich über Jahrtausende hinweg als Glaubens-

[26] A. Piankoff und N. Rambova, Mythological Papyri (1957), passim; É. Chassinat, BIFAO 3, 1903, 142. Vgl. zu der Göttin auch A. H. Gardiner, Wilbour Papyrus (1948) II 27 Anm. 2 und W. Helck, MDIK 23, 1968, 119 f. Helck belegt zusätzlich eine Personifikation *W'st-nḫtt*, „Siegreiches Theben", die seit Ramses II. auftritt, doch schwerlich eine Weiterentwicklung unserer Göttin (so Helck S. 120), vielmehr eine eigene Gottesgestalt darstellt.

[27] So A. Erman, Religion [1]S. 24 bzw. [3]S. 57 über die personifizierte Maat. Ihm folgt noch B. Grdseloff, ASAE 40, 1940, 193, und selbst J. Vandier vermutet (RdE 18, 1966, 120 Anm. 4), daß die Göttin Iusaâs wie die Neunheit „von Theologen in Heliopolis geschaffen" sei.

wirklichkeit gehalten. Dazu gehört vor allem die Göttin Maat (Abb. 5) als Personifikation der bei der Schöpfung gesetzten Weltordnung – sie, die für Erman „nichts weiter als eine leere Abstraktion“ bedeutet. Aber diese „leere Abstraktion“ ist mit kultischer Wirklichkeit gefüllt, sie hat spätestens seit der 5. Dynastie eine eigene Priesterschaft gehabt[28] und besitzt im Neuen Reich an verschiedenen Orten des Landes Tempel! Auf thebanischem Boden begegnet ein „Rindervorsteher der Maat“ im Leichenzug des Wesirs Ramose[29], und die „Viehherden“ ihres dortigen Tempels werden

Abb. 5. Die Göttin Maat.
Zeichnung A. Brodbeck nach N. de G. Davies, The Mastaba of Ptahhetep and Akhethetep at Saqqareh (1900), Plate IV, 13

[28] Einige wenige Hinweise gibt schon C. J. Bleeker, De beteekenis van de egyptische godin Ma-a-t (1929), S. 77 mit Anm. 1. Als „Prophet der Maat“ treten seit der 5. Dyn. vor allem die Wesire, aber auch andere juristische Beamte auf: Helck, Beamtentitel S. 74; W. C. Hayes, Scepter of Egypt I 106 und 110. Der Titel ist noch in der 25. Dyn. belegt: J. Leclant, JNES 13, 1954, 163 und 166 Anm. 73 mit pl. XIII.

[29] N. de G. Davies, The Tomb of the Vizier Ramose, pl. XXVII unten.

noch in einem ramessidischen Grab genannnt[30]. Als Hinweise auf einen Kult der Göttin im Delta kann man den Titel „Schreiber des Maat-Tempels“ auf einer Horbeit-Stele in Hildesheim[31] und die Opferformel auf dem Türsturz des Wesirs Paser[32] nennen, beides Zeugnisse aus der Zeit Ramses' II. Dazu treten als weitere Zeugnisse die Personennamen, in denen die Maat als Göttin angesprochen wird.[33]

„Begriffliche Personifikationen“ – oder um dieses gefährlich irreführende Wort zu vermeiden: Gottheiten, deren Name mit einem religiösen Begriff identisch ist – können demnach auch kultische Bedeutung erlangen, sie müssen es aber nicht in jedem Fall. So stehen dem Schöpfergott drei besondere Kräfte zur Verfügung, die ihm helfen, sein Werk zu planen und zu verwirklichen: Sia, die planende „Einsicht“; Hu, der schaffende „Ausspruch“; Hike, die Kraftübertragung, der „Zauber“, der aus dem Schöpferwort die Welt werden läßt. Alle drei begegnen als Götterwesen in menschlicher Gestalt, sie begleiten z. B. den Sonnengott auf seiner Fahrt über den Himmel und durch die Unterwelt. Eine aktive Rolle spielen Hu und Hike bereits in den Sargtexten, wenn sie den schlangengestaltigen Feind des Sonnengottes „zu Fall bringen“, damit der Gott wieder unbelästigt im Horizont erscheinen kann.[34] Aber von den drei gleichartigen Hilfsgöttern hat einzig Hike kultische Bedeutung erlangt, die sich an einem Priesterstand dieses Gottes im Alten Reich[35] und in der Spätzeit[36] ablesen läßt. Hu und Sia bleiben dagegen, soweit wir sehen können, ohne eigenen Kult.[37]

[30] Theben 409: Abdul Qader, ASAE 59, 1966, 180. Zur thebanischen Maat siehe ferner A. Varille. Inventaire d'objets cultuels d'un temple thébain de Maat, BIFAO 41, 1942, 135 ff.

[31] G. Roeder, ZÄS 61, 1926, 61; L. Habachi, ASAE 52, 1954, 488.

[32] L. Habachi, ASAE 52, 1954, 480 mit pl. XX.

[33] Morenz, Gott und Mensch S. 138.

[34] CT VII 466. Zum Feind (Apophis) vgl. unten S. 151 ff.

[35] Belege gab H. G. Fischer, ZÄS 90, 1963, 39 Anm. 4–5.

[36] E. Otto, ZÄS 81, 1956, 115 (Memphis, ptolem. Zeit); zum Kult des Hike neben dem der Sachmet im 3. unterägypt. Gau siehe H. de Meulenaere, BIFAO 62, 1964, 170 f.

[37] Vgl. im übrigen A. H. Gardiner, PSBA 38, 1916, 43–54 und 83–95.

Der Kreis dieser „Hilfsgötter der Willensbildung" (S. Schott) wird im späteren Neuen Reich noch um die Göttergestalten „Tun" *(Jrj)* und „Hören" *(Sḏm)* erweitert;[38] als Gehilfen des göttlichen Schreibers Thot treten sie zuerst in den Tempeln Sethos' I. und Ramses' II. in Abydos auf und gesellen sich später gern zu Hu und Sia. Durch ihre Darstellung in den Reliefs der großen Tempel können alle vier am allgemeinen Götterkult teilhaben, auch ohne eigene Priester und eigene Rituale zu besitzen.

Bei solchen Gestalten könnte man versucht sein, mit E. Otto[39] von „Begriffsgöttern" zu sprechen; Otto möchte sogar Atum, Amun und Ptah unter diese Rubrik einordnen. Ich glaube hingegen, daß diese Bezeichnung selbst bei den kultisch unwirksamen Gottheiten dieser Art zu eng gefaßt und unzutreffend ist. Im Pfortenbuch tritt Sia, am Bug des Sonnenschiffes stehend, als Sprecher des Sonnengottes auf – eine Funktion, die aus dem Begriff *sj'* schwerlich abgeleitet werden kann;[40] noch weiter hat sich Hike von dem Begriff *ḥk'* entfernt, wenn er z. B. als Mondgott verehrt wird,[41] und von Atum oder Amun mit ihrem vielschichtigen Wesen brauchen wir nicht zu sprechen. Wie alle Gottheiten, so führen auch diese ein Eigenleben, das nicht unter dem Gesetz des Begriffes zu stehen braucht, den sie „personifizieren"!

Als „Personifikationen" betrachtet man gern auch manche der im Kosmos und in der Natur wirkenden Gottheiten. Bei Himmel und Erde fallen zwar, wie oben S. 58 erwähnt, Begriff und Gottheit auseinander, aber der „leere" Luftraum dazwischen erscheint als Gott Schu (Abb. 4), eine vom Verbum *šw*, „leer sein", abgeleitete „Abstraktion", die schon im Alten Reich eine wichtige Rolle bei der Weltschöpfung spielt und spätestens seit der Ramessiden-

[38] So besser statt des üblichen „Sehen" und „Hören", vgl. S. Schott, ZÄS 95, 1968, 55 f.; dort auch eine Reihe von Belegen von ramessidischer bis in ptolemäische Zeit.

[39] Saeculum 14, 1963, 255. Atum ist dagegen für H. Stock, Saeculum 1, 1950, 622 „eine Spekulation".

[40] Vielleicht spielt hier der Vorrang mit, der seit den Pyramidentexten (§ 267 f.: Sia zur Rechten des Sonnengottes!) dem Sia vor Hu zuerkannt wird, vgl. dazu H. Kees, StG 19, 1966, 125.

[41] Ph. Derchain in: La Lune (Sources Orientales 5, 1962), S. 51.

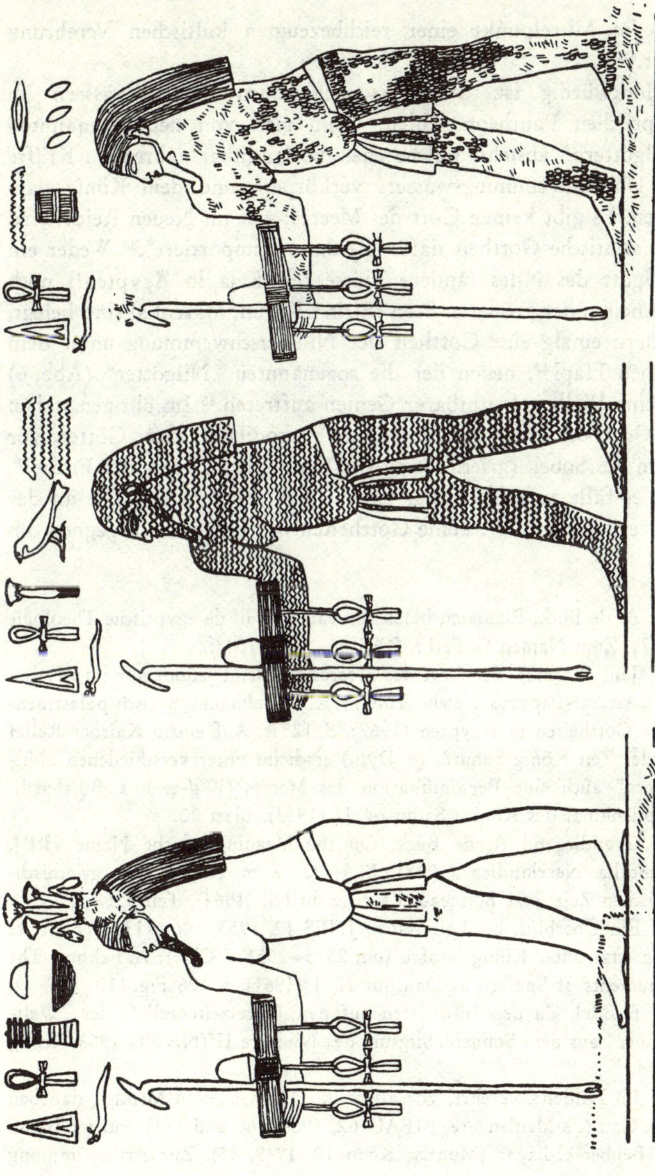

Abb. 6. „Nilgötter“.
Aus W. St. Smith, A History of Egyptian Sculpture and Painting in the Old Kingdom, London 1946, S. 183, Fig. 71

zeit im Mittelpunkt einer reichbezeugten kultischen Verehrung steht.[42]

Merkwürdig ist, daß Personifikationen von Gewässern im ägyptischen Pantheon fehlen, wenn man von den sogenannten „Nilgöttern" absieht, welche eher die fruchtbar-nährenden Kräfte des Überschwemmungswassers verkörpern und dem König darbieten. Es gibt keinen Gott des Meeres; erst im Neuen Reich wird eine asiatische Gottheit dafür gleichsam „importiert".[43] Weder ein Flußgott des Niles (andere Flüsse fehlen ja in Ägypten!) noch Gottheiten der größeren Seen (Birket Karûn, Mareotis) sind belegt, sondern einzig eine Gottheit der Nilüberschwemmung unter dem Namen Hapi[44], neben der die sogenannten „Nilgötter" (Abb. 6) als eine Vielheit fruchtbarer Genien auftreten.[45] Im übrigen stehen die Gewässer unter der Herrschaft krokodilgestaltiger Götter, vor allem des Sobek (griech. Suchos). Dieser gilt als Herr der Fische[46], und es fällt auf, daß außer einer Göttin Ḥat-meḥit, „Die an der Spitze der Fische"[47], keine Gottheiten in Fischgestalt begegnen, im

[42] A. de Buck, Plaats en betekenis van Sjoe in de egyptische Theologie (1947). Zum Namen G. Fecht, ZÄS 85, 1960, 104 ff.

[43] Jam (Yamm), der Gott des Meeres, erscheint jedoch nur im Mythos des „Astarte-Papyrus", siehe zuletzt R. Stadelmann, Syrisch-palästinensische Gottheiten in Ägypten (1967), S. 125 ff. Auf einem Kairoer Relief aus der Zeit König Sahurês (5. Dyn.) erscheint unter verschiedenen „Nilgöttern" auch eine Personifikation des Meeres *(W'ḏ-wr)*: L. Borchardt, Grabdenkmal des Königs Sa'ḫu-re^{c} II (1913), Blatt 30.

[44] Grundlegend A. de Buck, On the Meaning of the Name Ḥ^{c}PJ, Orientalia Neerlandica (1948), S. 1—22. Zum Nilgott der griechisch-römischen Zeit jetzt Bonneau, La crue du Nil (1964), Teil 3.

[45] Ein Überblick bei Leibovitch, JNES 12, 1953, 106—113. Der älteste Beleg jetzt unter König Snofru (um 2575—2551 v. Chr.): A. Fakhry, The Monuments of Sneferu at Dahshur II, 1 (1961), S. 106 Fig. 110.

[46] E. Edel, Zu den Inschriften auf den Jahreszeitenreliefs der „Weltkammer" aus dem Sonnenheiligtum des Niuserre II (NAWG 1963 Nr. 5), S. 144.

[47] Im Nildelta verehrt, vor allem im (16). Gau von Mendes, daneben im 3. Gau (de Meulenaere, BIFAO 62, 1964, 160 und 171) und im Iseum von Behbêt el-hagar (Montet, Kêmi 10, 1949, 45). Zur Artbestimmung

Gegensatz zu den zahllosen Göttern, die in Vogelgestalt erscheinen! Doch kann zu den Erscheinungsformen der großen Götter auch die als Fisch gehören: Atum als Aal, Neith als Lates.[48]

Wie die Gewässer des Landes, so sind auch die Elemente Feuer, Erde, Luft und Wasser in Ägypten niemals personifiziert worden, und es scheint mir, gegen B. H. Stricker[49], sehr fraglich, ob wir im alten Ägypten bereits mit einer Lehre von den vier Elementen nach Art der griechischen Anschauung rechnen dürfen. Es gibt zwar eine Fülle „feuriger" Gottheiten, etwa feuerspeiender Schlangen, aber keine Gottheit des Feuers und keine Gottheit des Wassers. Auch in die Luft und die Erde teilen sich jeweils mehrere Götter: Schu als der „leere" Luftraum zwischen Himmel und Erde, Amun als die bewegte Luft, als der belebende Windhauch, und Seth in der zerstörenden Gewalt des Sturmes; neben dem „Erdgott" Geb stehen zumindest Aker und Tatenen (auch Ptah-Tatenen) als weitere Götter, die sich in der Erde verkörpern. Tatenen gibt sich durch seinen Namen „Erhobenes Land" als ursprüngliche Gottheit des Urhügels zu erkennen, verkörpert aber als Ptah-Tatenen die Erde in viel allgemeinerer Form.

In der Welt der Gestirne sind nur einige der wichtigsten dem Ägypter als Götterpersonen entgegengetreten. Außer Sonne und Mond hat noch die Sothis, d. h. der hellste Fixstern Sirius als Bringer der Nilüberschwemmung, kultische Bedeutung erlangt. Sie wurde seit der Frühzeit in Kuhgestalt verehrt,[50] jedoch schon früh als Erscheinungsform der Isis erlebt, so wie man im Orion (ägypt. *S'ḥ*) den Osiris erblickte. Die Planeten geben sich durch ihre Namen

ihres Tieres (lepidotusartiger Fisch? Früher gern als Delphin gedeutet) siehe L. Keimer, Bull. Soc. Archéol. Alexandrie 41, 1956, 97—101 und I. Gamer-Wallert, Fische und Fischkulte im alten Ägypten (ÄgAbh 21, 1970).

[48] Ein älterer Überblick über die Verehrung und Verfemung von Fischen bei Kees, Götterglaube S. 63—69 und jetzt I. Gamer-Wallert a. a. O. (Anm. 47).

[49] De geboorte van Horus II (1968), passim; die eindeutigen Belege bei Stricker stammen alle aus der griechisch-römischen Zeit.

[50] G. Godron, BIFAO 57, 1958, 143—155. Eine Parallele jetzt bei Kaplony, Inschriften Suppl. (ÄgAbh 9, 1964) S. 20 mit Abb. 1008.

als Erscheinungsformen des Gottes Horus zu erkennen (außer Venus und Merkur), treten aber als Götterpersonen nur in astronomischen Darstellungen auf. Selbst dem Morgen- und Abendstern wird keine kultische Verehrung dargebracht; auch dem Polarstern (im frühen Alten Reich α Draconis) nicht, obgleich er als ruhender Himmelspol große Bedeutung hat und das Ziel für den Aufstieg des toten Königs zum Himmel bildet.[51] Das große Heer der übrigen Sterne ist für den Ägypter Gleichnis einer unübersehbaren Vielzahl[52] und Verkörperung für die Seelen der Abgeschiedenen; weil diese als „Götter“ gelten, kann man in der jüngsten ägyptischen Religion auch die Sterne als Götter sehen und das Wort „Gott“ mit einem Stern schreiben (oben S. 28).

Der Papyrus einer Sängerin des Amun aus der 21. Dynastie (um 1000 v. Ch.)[53] enthält neben anderen interessanten Szenen eine einzigartige Darstellung: vor einem gestirnten Hintergrund steht eine geflügelte Schlange auf zwei Beinpaaren, ihr Schlangenleib endet vorn in einen bärtigen Menschenkopf, hinten in einen Schakalkopf. Es ist, wie uns eine Beischrift belehrt, „Tod, der Große Gott, der Götter und Menschen gemacht hat“, also eine Personifikation des Todes als Schöpfergott und eine eindrucksvolle Verbildlichung des Gedankens, daß der Tod zu den Bedingungen der Schöpfungswelt, des Seins gehört (dazu unten S. 170). Eine solche Verkörperung des Todes als Gottesgestalt ist jedoch bisher einmalig für Ägypten; wenn man den Tod in einer Reihe von Texten einen „Räuber“ nennt, „der sieht, aber nicht gesehen wird“, der also heimlich und plötzlich den Menschen aus dem Leben reißt,[54] dann

[51] R. O. Faulkner, The King and the Star-Religion in the Pyramid Texts, JNES 25, 1966, 153—161.

[52] Beispiele bei R. A. Caminos, Chronicle of Prince Osorkon (1958), S. 98 f. Vielleicht meinen auch die „vielen Gesichter, die im Himmel sind“ (CT VI 92 n) die Sterne

[53] Papyrus der Henuttaui, BM 10018. Abbildungen der Szene bei S. Schott, Zum Weltbild der Jenseitsführer des neuen Reiches (NAWG 1965 Nr. 11), Taf. 4 mit S. 165 und in Egyptian Mythology (Paul Hamlyn, London 1965), S. 26.

[54] Zum Tod als „Räuber“ siehe H. Grapow, ZÄS 72, 1936, 76 f.; Ph. Derchain, CdE 33, 1958, 29—32; ders., Pap. Salt 825, S. 177 (136);

bewegt man sich im Bereich des sprachlichen Vergleiches, der Metapher.

Wie dem Tod, so ist der Ägypter auch anderen Grundgegebenheiten des menschlichen Daseins, insbesondere Emotionen wie Liebe, Furcht, Schrecken usw., nicht als Gottesgestalt begegnet. Gefühle gehen von der Gottheit aus, sie gehören eigentlich zu jeder Gottheit und ihrem Verhältnis zum Menschen, aber sie werden nicht getrennt von den Göttern als Gestalt erblickt. Auch unter den kosmischen Gegebenheiten sind keineswegs alle als Personen erlebt und als Götter erfahren worden. So findet sich für eine Personifikation der Nacht vor dem 5. Jahrhundert v. Chr. keine Spur; erst während der persischen Herrschaft über Ägypten begegnet im Hibistempel in der Oase Chargeh ein Paar *Grḥ/Grḥt*, „Nacht", unter den Urgötterpaaren[55].

Wir sind damit schon in einer Zeit, in der spekulative Neuschöpfungen, gern als Personifikation von Begriffen, häufiger auftreten und dann kaum über den engen Bereich einer priesterlichen Wissenschaft vom Göttlichen hinauswirken. Daher wollen wir auf ähnliche Erscheinungen in den ptolemäisch-römischen Tempeltexten hier nicht eingehen, sondern beschränken uns auf die ältere Zeit.

Trotz der Tiergestalt, die für die Darstellung der ägyptischen Gottheiten bezeichnend ist und uns noch beschäftigen wird (Kap. IV), gibt es nur wenige Götter, die, in geschichtlicher Zeit durchweg von untergeordneter Bedeutung, Tiernamen tragen. Da ist z. B. die „Häsin" Unut im Gau von Hermopolis zu nennen, die aber vielleicht erst in griechischer Zeit als „Häsin" gedeutet worden ist und ursprünglich eine Schlangengöttin Unut, „Die Hurtige", gewesen war.[56] Sicherer steht der Tiername beim Ichneumon-Gott

E. F. Wente, JNES 21, 1962, 126 (a) und 127. Es ist möglich, daß in allen bisher belegten Fällen nur der vorzeitige Tod als „Raub" gesehen wird. Der Aufsatz von G. Thausing, Über die Personifikation des Todes, AÄA 1, 1938, 215—221 beschäftigt sich mit dem Dämon *Nbḏ* und steht in einem anderen Zusammenhang.

[55] The Temple of Hibis in El Khargeh Oasis, Part III (1953), pl. 21 und 33. An beiden Stellen zusammen mit dem Urgötterpaar „Finsternis"!

[56] J. Assmann, Liturg. Lieder S. 306 (4). Ältere zusammenfassende An-

Chateri[57] und beim Tausendfuß Sepa fest. Andere Gottheiten tragen statt direkter Tiernamen solche, die ihre tierische Natur durch ein Beiwort umschreiben; dazu gehören die Löwin Pachet, „Die Reißende", und eine Reihe weiterer Gottheiten, vielleicht auch die „Pantherkatze" Mafdet als „Rennerin"[58] und die Skorpiongöttin Selkis (*srqt*, „Die atmen läßt"). Diese umschreibenden Namen sind häufiger als die reinen Tiernamen, doch können auch sie nicht als Beleg für eine ursprüngliche Stufe der Zoolatrie in der ägyptischen Götterverehrung dienen. Eine Entwicklungsstufe, auf der alle Götter Tiere gewesen sind, läßt sich aus den ägyptischen Götternamen nicht erweisen, eher möchte man an ein ursprüngliches Nebeneinander von Fetischen, Tiermächten und abstrakten Naturmächten denken. Mit seinem Entwicklungsschema Fetischismus – Zoolatrie – Anthropomorphismus hat Jéquier die frühe ägyptische Religionsgeschichte ohne Zweifel zu stark vereinfacht.

Auf drei verbreitete Eigenarten der ägyptischen Götternamen müssen wir am Ende dieses Kapitels noch eingehen: auf weibliche Parallelbildungen zu männlichen Götternamen und auf die Phänomene der Vielnamigkeit und des Synkretismus, die unseren Einblick in ägyptische Gottesvorstellungen um wichtige Züge bereichern.

Weibliche Parallelbildungen

In diesen Namensformen, die sich nur durch die Femininendung und wahrscheinlich durch eine andere Vokalisierung von entsprechenden männlichen Götternamen unterscheiden, scheint wieder der in Ägypten so ausgeprägte Wille zur Differenzierung am Werk

gaben über die Unut bei Jéquier, Considérations S. 123 ff. (vor allem S. 152 f.) und Bonnet, Reallexikon S. 841 f.

57 E. Brunner-Traut, Spitzmaus und Ichneumon als Tiere des Sonnengottes (NAWG 1965 Nr. 7), S. 150 ff.

58 W. Westendorf, ZÄS 92, 1966, 137. Zur Deutung des Tieres (Gepard?) ibid. und ZDMG 118, 1968, 248—256, zu den älteren Deutungen H. de Meulenaere, BiOr 7, 1950, 104. Den früher als Anti, „Der Bekrallte", gelesenen Falkengott liest O. D. Berlev, Vestnik Drevnej Istorii 1 (107), 1969, 3—30 jetzt als Nemti, „Wanderer" (Hinweis G. Posener).

zu sein. Kennzeichnend sind die vier Urgötterpaare der Achtheit von Hermopolis, in denen jeweils eine Kategorie der Welt vor der Schöpfung (Urflut, Finsternis, Grenzenlosigkeit u. a.) Gestalt gewonnen hat.[59] Jede negative Kategorie wird durch ein Götterpaar vertreten, in welchem die Göttin offenbar keine selbständige Rolle spielt. Kultische Verehrung wird den Urgötterpaaren ohnehin nicht zuteil, zumindest nicht vor der Spätzeit, dazu war ihr Wesen wohl schon dem Ägypter zu abstrakt. Anders steht es mit dem Götterpaar Amun/Amaunet, das erst zu Beginn der Spätzeit in das System der Achtheit eingefügt worden ist.[60] Hier kann man bei der weiblichen Parallelbildung nicht mehr mit Usener[61] von einem „Spiel mehr der Sprache als der religiösen Vorstellung“ sprechen, denn Amaunet ist bereits relativ früh zu einer bedeutsamen kultischen Wirklichkeit geworden. Aus der 18. Dynastie kennen wir mehrere Priester dieser Göttin, sogar einen „Zweiten Propheten der Amaunet“[62]; es muß also zeitweilig mindestens zwei höhere Priester („Propheten“), dazu noch Vorlese- und niedere Wab-Priester für den Kult der Amaunet gegeben haben.[63] Tutanchamun ließ im Karnaktempel eine Kolossalgruppe des Götterpaares Amun/Amaunet aufstellen,[64] und ihr Kult lebt, zumindest auf thebanischem Boden, auch in der Spätzeit weiter. Horachbit, der Hohe-

[59] Vgl. die grundlegende Untersuchung von K. Sethe, Amun und die acht Urgötter von Hermopolis (APAW 1929 Nr. 4). Die Namen sind offenbar nicht verbindlich festgelegt, sondern weisen eine Vielzahl von Varianten auf.

[60] Darauf haben P. Barguet, Le temple d'Amon-Rê à Karnak (1962), S. 20, und Wainwright, JEA 49, 1963, 21—23, hingewiesen, während Sethe an eine ursprüngliche Herkunft des Amun aus Hermopolis und der dortigen „Achtheit“ glaubte.

[61] Götternamen S. 31.

[62] Auf Grabkegeln im Metropolitan Museum of Art: W. C. Hayes, Scepter of Egypt II 54.

[63] Ein Wab- und Vorlesepriester der Amaunet bei Davies, Scenes from some Theban tombs (Private Tombs at Thebes IV, 1963), S. 17 mit pl. XIX.

[64] Zuletzt behandelt bei R. Hari, Horemheb et la reine Moutnedjemet (1965), S. 271 f.

priester des Amun zu Beginn der 26. Dynastie, ist zugleich Prophet der Amaunet im Karnaktempel;[65] in den ptolemäischen Bauten Thebens wird die Göttin oftmals dargestellt und erwähnt.[66]

Im Neuen Reich wird sogar dem universalen Sonnengott Re eine weibliche Parallelbildung Rat (oder „Rat der Beiden Länder") beigegeben, die uns in den verschiedensten mythologischen Verbindungen begegnet[67] und keineswegs den Eindruck einer gewaltsamen, künstlich-abstrakten Bildung macht. Eigene Priester und kultische Verehrung konnten für diese Göttin bisher nur vereinzelt nachgewiesen werden. So kennen wir sechs Generationen von „Propheten" der Rat im Mittleren Delta aus der Zeit der 25. und 26. Dynastie[68], und ein thebanischer Tempel der Göttin floriert noch unter Hadrian und Antoninus Pius im 2. Jahrhundert n. Chr.[69] Sicher war die kultische Bedeutung dieser Gottheit noch größer, als es diese zufälligen Belege ahnen lassen.

Mehr am Rande des ägyptischen Pantheons stehen weibliche Parallelbildungen zu den beiden Totengöttern Anubis und Sokar. Eine Sokaret tritt im Begräbnisritual auf,[70] eine Input spielt im 17. oberägyptischen Gau eine gewisse Rolle[71] und erscheint

[65] R. A. Parker, A Saite Oracle Papyrus from Thebes (1962), S. 29.

[66] Sethe, Amun (s. Anm. 59) §§ 54 ff., dazu É. Drioton, ASAE 44, 1944, 154, und A. Gutbub, Mélanges Mariette S. 336.

[67] Königin Hatschepsut als Rat: Urk. IV 332, 11. In der 25. Dyn. stillt sie den König als Horus-Parê (J. Leclant, Mélanges Mariette S. 259 mit Fig. 2, Karnak) und gilt noch spätptolemäisch in Armant und anderen Orten als Mutter dieses Gottes (J. Vandier, RdE 18, 1966, 113). Auf einer Stele der 22. Dyn. begegnet sogar eine *R*^{c}*t-Jtmwt*, also eine Parallelbildung zu Re und Atum: Vandier, RdE 20, 1968, 138. Vgl. ferner J. Leclant, Recherches sur les monuments thébains (1965), S. 261.

[68] L. Habachi, CdE 42, 1967, 30—40. Sie erscheint dort neben Ptah und wird mit der Werethekau gleichgesetzt.

[69] St. V. Wangstedt, Orientalia Suecana 12, 1963, 33 (Hadrian), und 16, 1967, 40 f. (Antoninus). Die Göttin erscheint hier als „Rat der Beiden Länder" und verfügt über einen „Gottesvater" und Wab-Priester.

[70] J. Settgast, Untersuchungen zu altägypt. Bestattungsdarstellungen (ADIK 3, 1963), S. 55 mit Anm. 3. Zur Barken-Personifikation *Skrt* siehe J. C. Goyon, RdE 20, 1968, 67 Anm. 2.

[71] H. Kees, MIO 6, 1958, 170 ff.

gelegentlich auch in der Darstellung[72]. Alle diese Gottheiten sind niemals kultische Wirklichkeiten erster Ordnung geworden, aber sie haben eine größere Bedeutung im Glaubensleben, als es gelehrten priesterlichen Spekulationen zukäme.

Vielnamigkeit und Hierarchie der Namen

Im Wesen der Götter ist eine Vielnamigkeit begründet, die allen polytheistischen Religionen gemeinsam ist. Vor allem die großen Götter, wie Amun, Re und Osiris, begnügen sich nicht damit, nur unter *einem* Namen ihren Anbetern entgegenzutreten. Der „Allherr" Atum nennt sich schon in den Sargtexten (VII 469 d) „Mit vielen Namen im Munde der Neunheit"; die ihn umgebende Götterschar („Neunheit", vgl. S. 217 f.) weiß um die Fülle der Namen, die alle den einen Gott Atum meinen, und Priester wie Laien hüten sich davor, diese Fülle dogmatisch zu verkürzen. Man singt Litaneien „an Osiris in allen seinen Namen"[73] und stellt diese Namen zu langen Listen zusammen, denn Osiris führt seit alter Zeit den Beinamen *ʿšꜣ-rnw*, „Mit vielen Namen"[74]. Ähnliche Vielnamigkeit schreiben die Hymnen dem Amun zu: „Mit vielen Namen, deren Zahl unbekannt ist" (Pap. Bulaq 17, 9, 3), und die Göttin Isis gilt noch in hellenistischer Zeit als die „Namensreiche" schlechthin,[75] dem Reichtum ihres Wesens und der Fülle ihrer Aspekte angemessen.

Immer und überall leben die Götter aus der Fülle, die keine dogmatisch-enge Verkürzung duldet. Die Vielheit der Namen, die

[72] Mariette, Dendérah IV pl. 80. J. Leibovitch, BIE 25, 1943, 187 f. mit Fig. 6 behandelt diese Szene und verweist auf eine Statuette der Göttin in Turin.

[73] R. O. Faulkner, JEA 40, 1954, 34 ff., und ausführlicher ders., An Ancient Egyptian Book of Hours (1958).

[74] Etwa gleich zu Beginn des großen Osirishymnus Louvre C 286.

[75] Zur Isis πολυώνυμος siehe H. I. Bell, Cults and Creeds in Graeco-Roman Egypt (1953), S. 16. Der Isis μυριώνυμος war ein Altar am Mons Porphyrites geweiht (C. I. G. III 4713 b), vgl. ferner H. Lewy, ASAE 44, 1944, 228 Zeile 21 (in Kalabscha).

Vielheit der Erscheinungen, die Vielheit der Möglichkeiten, ihnen zu begegnen, sind äußeres Spiegelbild dieser Fülle. Aber diese zahllosen Namen, in denen der Reichtum ihres unverkürzten Wesens erscheint, sind nicht alle gleichwertig und gleichrangig. Der Ägypter kannte eine Hierarchie der Namen, die ihre klassische Formulierung in einer Erzählung des Neuen Reiches gefunden hat. Zwei Papyri der 19. Dynastie – der eine in Turin, der andere in London – haben uns diese als „List der Isis" bekannte mythische Erzählung bewahrt.[76] Sie schildert, höchst realistisch, den altgewordenen Sonnengott (vgl. S. 146 f.) und als seinen Gegenspieler die zauberkundige Göttin Isis, die alles „im Himmel und auf Erden" kennt, bis auf den (eigentlichen) Namen des Sonnengottes. Aber auch dieses geheimste Wissen soll ihr nicht länger verborgen bleiben. Mit ihrer Zauberkunst erschafft sie eine Giftschlange, die mit ihrem „Feuer" dem Gott die größte Pein bereitet. Nur Isis, die Zauberreiche, kann ihn von dieser Pein befreien, sie kennt den wirksamen Schlangenzauber, aber sie verlangt zuvor seinen Namen zu wissen, „denn der Mann lebt, der bei seinem Namen besprochen wird". Eine Fülle von Prädikaten zählt der Sonnengott nun auf, die ihm als Schöpfer und Erhalter der Welt zukommen, zuletzt die Namen seiner drei Haupterscheinungsformen: „Chepri am Morgen, Re am Mittag, Atum am Abend". Das Gift aber bleibt in seinem Körper, weil sein eigentlicher Name sich nicht unter all diesen Umschreibungen befindet. In seiner Not flüstert er Isis schließlich diesen letzten, geheimsten Namen ins Ohr, und nun erst tritt das Gift aus dem „brennenden Gott" heraus und befreit ihn von seiner Pein. Isis, die listige Zauberin, hat ihr Ziel erreicht, auch das Geheimste ist ihr offenbar geworden, und sie darf ihr Wissen sogar mit ihrem Sohne Horus teilen.

Die Erzählung, die als wirksamer Zauber gegen Schlangenbiß gedacht war, zeigt deutlich, daß zumindest der höchste Gott neben den Namen, die er in Kult und Mythos führt, noch andere, geheime Namen besitzt. Aus manchen Formulierungen gewinnt man den

[76] Letzte Übersetzungen bei E. Brunner-Traut, Altägypt. Märchen (1963), S. 115–120 (mit Bibliographie S. 276 f.), und A. Piankoff, The Litany of Re (1964), S. 56–59.

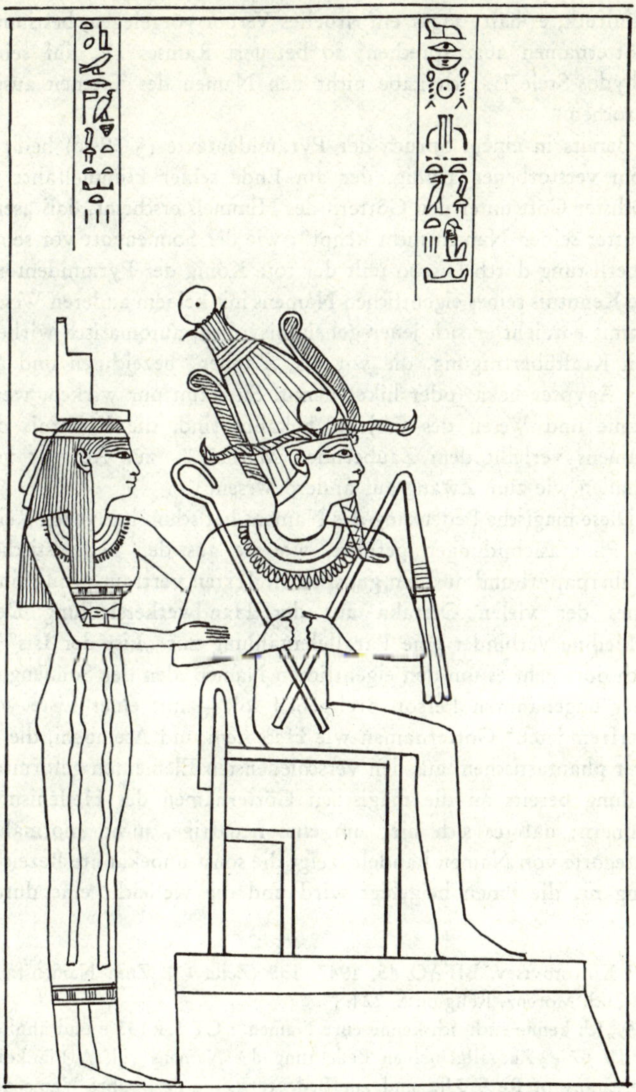

Abb. 7. Isis und Osiris.
Aus G. Roeder, Die Ägyptische Götterwelt, Zürich 1959, S. 130, Abb. 16

Eindruck, es hätte sogar ein rituelles Verbot vorgelegen, bestimmte Götternamen auszusprechen; so beteuert Ramses IV. auf seiner Abydos-Stele[77]: „Ich habe nicht den Namen des Tatenen ausgesprochen."

Bereits in einem Spruch der Pyramidentexte (§ 394 c) heißt es vom verstorbenen König, der am Ende seiner Himmelfahrt als höchster Gott unter den Göttern des Himmels erscheint, daß „seine Mutter seinen Namen nicht kennt"; wie der Sonnengott vor seiner Überlistung durch Isis, so teilt der tote König der Pyramidentexte die Kenntnis seines eigentlichen Namens mit keinem anderen Wesen. Damit entzieht er sich jener geheimnisvollen, automatisch wirkenden Kraftübertragung, die wir als „Zauber" bezeichnen und die der Ägypter heka (oder hike) nennt. Sie kann nur wirken, wenn Name und Wesen des Objekts bekannt sind, die Kenntnis des Namens verleiht dem Zaubernden Macht[78] – zur Abwehr von Schaden wie zum Zwang auf andere Wesen.

Diese magische Bedeutung des Namens hat schon im Neuen Reich zu Phantasiebildungen geführt, wie sie aus den hellenistischen Zauberpapyri und aus den gnostischen Texten vertraut genug sind. Eines der vielen Ostraka aus der Handwerkersiedlung Deir el-Medine verbindet eine Parallelerzählung zur „List der Isis" – auch dort geht es um den eigentlichen Namen, den der Sonnengott einer ungenannten Person preisgeben soll – mit einer Liste von „verfremdeten" Götternamen wie Hetebteni und Asembeni, die in ihrer phantastischen, aus den verschiedensten Elementen geformten Bildung bereits an die magischen Götternamen des Hellenismus erinnern; daß es sich hier um eine neuartige, nicht „normale" Kategorie von Namen handelt, zeigt die sonst unbekannte Bezeichnung *nr*, die ihnen beigelegt wird und die vielleicht eine durch

[77] Korostovtsev, BIFAO 45, 1947, 158 (Zeile 17). Zum Namenstabu vgl. auch Morenz, Religion S. 22 f.

[78] „Ich kenne euch, ich kenne eure Namen": CT III 133 e und ähnlich CT IV 67 e. Zur allgemeinen Bedeutung des Namens vgl. A. Piankoff, The Litany of Re S. 3 ff., und zur Bedeutung, die der wahre Name der Götter noch in den griech. Zaubersprüchen aus Ägypten besitzt, D. Wortmann, Bonner Jahrbücher 168, 1968, 96.

Metathesis „verfremdete" Form des gewöhnlichen Wortes *rn*, „Name", darstellt, allerdings auch Anklänge an Wörter für „Schrecken" und „Schutz" weckt.[79] Hinter diesen künstlichen Neubildungen steht sicher das Streben, unter allen Umständen den richtigen Namen zu treffen, mag er auch phantastisch und ungewohnt sein. Auch bei dem frommen Verehrer, der sich im Gebet mit möglichst vielen Namen an seinen Gott wendet, mag dieses Streben bewußt oder unbewußt mitschwingen.

Wichtiger für die Gottesvorstellung ist jedoch die *Realität*, die dem Namen auch außerhalb des Zaubers zukommt. Er ist selbst für den skeptischen „Lebensmüden" (Zeile 36 f.) das einzige, was den Tod mit Sicherheit überdauert; er ist, ähnlich wie die Maat, etwas Substantielles, eine „tüchtige Nahrung" für den Verstorbenen,[80] er gehört zum Wesen und zur Substanz eines jeden Seienden. Daraus folgt für die Gottesnamen und Epitheta, daß sich das Wesen und die Wirkensmöglichkeit einer Gottheit mit der Zahl ihrer Namen weiten. Mit der Fülle von Beinamen, die er verwendet, legt der betende Gläubige Zeugnis ab für die Wesensfülle und den Reichtum an wirkender Substanz, die der angerufene Gott verkörpert. Wie jedes sichtbare Bild die Realität Gottes vermehrt (unten S. 127), so auch jeder Name, jedes Epithteton, das ihm beigelegt wird. Daher die Tendenz der Hymnen und Litaneien, bestimmte große Götter wie Re, Osiris oder Amun in eine Wolke von Beinamen zu hüllen, mit immer neuen Namen anzurufen und zu preisen. Aus der Fülle der Beispiele mag der Anfang eines Gebetes genügen, das ein ramessidischer Beamter in Sais um 1250 v. Chr. an Osiris richtet[81]:

O ... Osiris, an der Spitze der Westlichen, gerechtfertigter Gott, Herr der Unendlichkeit, Herrscher der Ewigkeit, ältester Sohn, den Geb erzeugte, erster aus dem Leibe der Nut, Herr von Busiris, Herrscher von Abydos, König über das Land des Schweigens [das Totenreich], Allherr,

[79] G. Posener, Le mot égyptien pour désigner le « nom magique », RdE 16, 1964, 214.

[80] Berliner Lederrolle Sesostris' I., I 20: A. de Buck, Studia Aegyptiaca I (1938), S. 50.

[81] Stele Louvre C 218, Übersetzung von H. Kees in: A. Bertholet, Religionsgeschichtl. Lesebuch, Heft 10 (1928), S. 17.

groß an Ansehen, erhabener Widder an der Spitze von Naret, göttlicher König, (du) der mit der Wahrheit zufrieden ist, der größer als sein Vater, mächtiger als seine Mutter ist, Herr dessen, was aus ihm entstanden ist, Größter der Großen, Oberster seiner Brüder, Sohn der weißen Krone, Erzeugter der roten Krone, Herr der Herren, Herrscher der Herrscher, König der Götter ...

Das sind keine bloßen Phrasen zur Verherrlichung des angebeteten Wesens. Hinter jedem Namen und Beinamen steht eine mythologische oder kultische Wirklichkeit, die man gern in Form eines Wortspieles noch direkter in den Anruf hineinnimmt. Die Realität dieser Beiworte bedeutet jedoch nicht, daß sie spezifisch an eine ganz bestimmte Gottheit gebunden sind. Fast alle diese Beinamen können von Fall zu Fall auch anderen Göttern beigelegt werden. Selbst als „Größter Gott" oder „Einziger Gott" können die verschiedensten Götter, auch solche sekundärer Bedeutung, bezeichnet werden (vgl. S. 180 ff.). Wie Späne in einem Magnetfeld ordnen sich die göttlichen Epitheta der Anziehungskraft jeder Gottheit unter, und durch ihre besonders große Anziehungskraft ziehen die führenden Götter besonders viele Epitheta an sich.

Wenn man aber in Ägypten ganz verschiedenartige Götter z. B. als „Herr des Himmels" bezeichnen kann, dann ist diese Eigenschaft und diese Realität, „Herr des Himmels" zu sein, all diesen Göttern gemeinsam; das Wesen der einzelnen Götter ist offenbar nicht klar abgegrenzt, es überschneidet sich, Aspekte des einen Gottes können mit denen eines anderen identisch sein. Damit stehen wir vor einer neuen, für die ägyptische Religion und ihre Gottheiten höchst bedeutsamen und kennzeichnenden Erscheinung, dem sogenannten Synkretismus.

Synkretismus

Wer sich in neuerer Zeit mit dem Wesen des ägyptischen Synkretismus beschäftigt hat, ist den grundsätzlichen Erwägungen verpflichtet, die Hans Bonnet dieser Frage gewidmet hat.[82] Aber immer noch kann man lesen, dieser Synkretismus bedeute eine „Ver-

[82] Zum Verständnis des Synkretismus, ZÄS 75, 1939, 40—52, und ders.,

schmelzung", „Gleichung" oder „Identifizierung" von Göttern, obgleich schon Bonnet viel treffender im Synkretismus den „Gedanken der Einwohnung"[83] verwirklicht sieht. Und selbst diese „Einwohnung" ist zumeist keine dauernde, sondern eine jederzeit lösbare, vorübergehende. Die synkretistische Formel Amun-Re „stellt lediglich fest, daß Re in Amun ist"[84] – wie innig und wie dauernd diese Verbindung ist, das wechselt von Fall zu Fall. Eine andere, vorzügliche Definition der Formel Amun-Re hat Bonnet 1952 in seinem ›Reallexikon der ägyptischen Religionsgeschichte‹ (S. 239) gegeben:

Die Formel Amon-Re besagt nicht, daß Amun in Re oder Re in Amun „aufgegangen" sei. Sie begründet auch keine Identität. Amun ist nicht gleich Re. Sie stellt fest, daß Re in Amun ist, aber nun so, daß er sich nicht in Amun verliert, sondern ebenso wie dieser er selber bleibt, so daß beide Götter wieder selbständig oder in anderen Einigungen erscheinen können.

Damit stehen wir allerdings vor der Frage, wie und warum es zu solchen synkretistischen Formeln, zur „Einwohnung" eines Gottes in einem anderen gekommen ist. Am Beispiel des Sonnengottes läßt sich diese Entwicklung vielleicht am klarsten zeigen. Durch die Blütezeit des Alten Reiches, seit der 2. Dynastie deutlich greifbar,[85] vollzieht sich ein stetiger Bedeutungsanstieg des Sonnengottes Re. Die Könige der 4. Dynastie und ihre Nachkommen tragen zum großen Teil mit Re gebildete Namen, passen den Grundriß ihrer Totentempel dem Lauf des Sonnengottes durch die Stunden des Tages und der Nacht an[86] und verstehen sich seit

Reallexikon S. 237 ff. Seitdem vgl. zur Frage vor allem Morenz, Religion S. 147 ff. und Junker, Geisteshaltung S. 130 ff.

[83] ZÄS 75, 1939, 45, und Reallexikon S. 239.

[84] ZÄS 75, 45.

[85] Königsname Raneb, „Re ist (mein) Herr". Zu weiteren Eigennamen dieser Zeit, die vielleicht mit Re gebildet sind, siehe Kaplony, Inschriften I 422, 555, 561 und 604.

[86] S. Schott, Le temple du Sphinx à Giza et les deux axes du monde égyptien, BSFE 53/54, 1969, 31—41 und H. Ricke-S. Schott, Beiträge zur ägypt. Bauforschung 10, 1970.

Djedefrê, dem Nachfolger des Cheops, in ihrem königlichen Amt als „Sohn des Re“[87].

In der 5. Dynastie, die spezielle Sonnenheiligtümer errichtet, wird die überragende Stellung des Sonnengottes auch architektonisch sichtbar, und seit der 6. Dynastie scheint er so sehr als der eigentliche Schöpfergott zu gelten, daß andere Götter, wenn sie als Schöpfer gemeint sind, dem Glaubenden als Gott NN-Re erscheinen, also in einer synkretistischen Verbindung mit dem Sonnengott. Bereits die Pyramidentexte sprechen von einem Gott Re-Atum (§ 145 und öfter) und meinen: Atum als Schöpfer, also als Re; seit dem Mittleren Reich häufen sich solche Verbindungen — Sobek-Re, Chnum-Re usw., und das bekannteste Beispiel ist dann der Amun-Re geworden, der neue Reichsgott Amun in seinem schöpferisch-solaren Aspekt als Re.

Man könnte sagen: der Ägypter erkennt in all diesen so verschiedenartigen Göttern den Re wieder, sobald sie ihm als Schöpfer entgegentreten, so wie er in den verschiedensten falkengestaltigen Göttern den großen Himmelsfalken Horus „wiedererkennt“[88]. Deutlich ist auch, daß jede Gottheit, der eine andere „einwohnt“, dadurch eine Erweiterung ihres Wesens und ihrer Wirkungsmöglichkeit erfährt. Aber alle diese Formulierungen bleiben erste Versuche, sich an die Bedeutung des Synkretismus heranzutasten. Um tiefer vorzudringen, müssen wir zweierlei Schritte tun: das Phänomen des Synkretismus nicht isoliert, sondern im Rahmen der anderen möglichen Verbindungen zwischen Gottheiten betrachten und zudem den Formenreichtum seiner Ausprägungen noch genauer abschreiten.

Die ägyptische Religion besitzt zahlreiche Möglichkeiten, eine Verbindung zwischen zwei Gottheiten zu formulieren, und es scheint, daß diese Formulierungen mit größter Sorgfalt von Fall zu Fall gewählt oder neu geschaffen wurden. Neben dem Synkretismus können wir folgende, in sich wieder differenzierte Möglichkeiten erkennen.

Die familiäre Bindung, in der eine Gottheit als Sohn, Gattin, Bruder usw. einer anderen erscheint.

[87] H. W. Müller, ZÄS 91, 1964, 131. Vgl. zu dieser Formel unten S. 187.
[88] Diese Formulierung gibt H. Bonnet, ZÄS 75, 1939, 46.

Aussagen, ein Gott (oder der König) sei das „Bild", die „Erscheinungsform" oder der Ba eines anderen. Da ist es aufschlußreich, wenn es z. B. von Amun in seiner synkretistischen Form als Amun-Re heißt, „er machte seine erste Erscheinungsform *(ḫprw)* als Re"[89] – unabhängig von seiner synkretistischen Gestalt, in der er Züge des Re annimmt, kann Amun vorübergehend auch ganz als Re erscheinen. Wir werden, wenn wir uns mit der Erscheinung von Göttern beschäftigen, noch genauer danach fragen müssen, was mit dem „Bild" oder der „Erscheinungsform" einer Gottheit gemeint ist (unten S. 125 ff.).

Schließlich stoßen wir gelegentlich auf komplizierte theologische Aussagen über die *Vereinigung* zweier Götter. Abgesehen vom Leidener Amunhymnus, wo Re und Amun vereint sind[90], betreffen diese Aussagen die Vereinigung von Re und Osiris, die offenbar theologisch immer wieder neu durchdacht worden ist und in der Spätzeit sogar im Kult vollzogen wurde[91]. In den Sargtexten heißt es in vertrauter Formulierung, daß Osiris „als Re erschienen ist" (I 191 f.) und an anderer Stelle (IV 276 ff.), daß die Bas des Osiris und des Re einander in Mendes begegnen und dort zum „Vereinten Ba" werden; nach der Abydos-Stele Ramses' IV. spricht dieser Vereinte Ba „mit *einem* Munde"[92]. Wie eine Illustration dieser Vorstellung wirkt die bekannte Darstellung im Grab der Nofretiri, die zwischen Isis und Nephthys eine widderköpfige Mumie zeigt (Taf. V), mit der Beischrift „Re ist es, wenn er in Osiris eingegangen *(ḥtp)* ist" und „Osiris ist es, wenn er in Re eingegangen ist" – es bleibt also bewußt offen, welcher der beiden Götter in den anderen eingegangen ist!

89 Bakir, ASAE 42, 1943, 87 mit pl. IV Zeile 13 f., in einem Hymnus der ausgehenden 18. Dyn.

90 Kap. 200: Gardiner, ZÄS 42, 1905, 33; J. Zandee, De Hymnen aan Amon (OMRO 28, 1947), pl. IV, 13. Die Formulierung „Re selbst ist vereint in seinem (Amuns) Leib" meint vielleicht, daß Re mit dem ganzen Reichtum seines Wesens in Amun (als Amun-Re) gegenwärtig ist.

91 Ph. Derchain, Papyrus Salt 825, S. 35–37 und 153–156.

92 Korostovtsev, BIFAO 45, 1947, 158 (Zeile 10). Hierher gehört auch der Sonnengott als „Vereinigter" in der Sonnenlitanei!

Auch wenn Isis und Nephthys, in der programmatischen Szene über dem Eingang ramessidischer Königsgräber, die Sonnenscheibe verehren, huldigen sie im Gestirn den beiden Göttern – dem Re wie ihrem Bruder Osiris. Im Totenbuch werden die beiden Götter so sehr als Einheit empfunden, daß ihre Namen an vielen Stellen austauschbar erscheinen;[93] im ›Amduat‹ gilt der Leichnam des Sonnengottes zugleich als Leichnam des Osiris,[94] und beim Totengericht scheint es fraglich, welchem der beiden grundverschiedenen Götter eigentlich der Vorsitz gebührt. Man sollte meinen, hier wäre die synkretistische Formel Re - Osiris gut am Platze gewesen und hätte alle Schwierigkeiten und alles Schwanken in der Benennung gelöst. Aber die ägyptischen „Theologen" (hier wäre das Wort einmal sinnvoll!) haben sich gehütet, in dieser Verbindung von Re und Osiris einen Synkretismus zu sehen.[95] Mit dieser sorgfältigen Differenzierung geben sie uns eine wichtige Hilfe, den Synkretismus von anderen Götterverbindungen abzuheben.

Auf den richtigen Weg führt eine Variante der Formel, die im Grab der Nofretiri die Vereinigung von Re und Osiris in der widderköpfigen Mumie kennzeichnet. In einem Grab der Ramessidenzeit[96] folgt auf die bekannte Formel noch das Adverb „täglich" – täglich gehen Re in Osiris und Osiris in Re ein, und täglich löst sich auch diese Verbindung wieder. In der Gestalt des

[93] Vor allem Urk. V 15, 12 ff., vgl. ferner die Glosse ibid. 88, 15 f.

[94] 6. Stunde, siehe Amduat II 124 mit weiterer Literatur zur Frage dieser Verbindung, die ich dort fälschlich noch als „Synkretismus" bezeichnet habe (berichtigt Amduat III 64). Seitdem noch Cl. Lalouette, Fidèles du Soleil S. 52 ff.; E. Feucht-Putz, Die königl. Pektorale S. 123–125; J. Zandee, Crossword Puzzle S. 27 f.; L. V. Žabkar, Study of the Ba Concept S. 36–39; Assmann, Liturg. Lieder S. 101 ff.

[95] Erst in der 21. Dyn. findet sich vereinzelt die Formel „Re-Osiris, der Große Gott": A. Piankoff und N. Rambova, Mythological Papyri (1957), No. 7, Szenen 3 und 5.

[96] Theben 290, siehe die farbige Abb. bei R. Boulanger, Ägypt. und altoriental. Malerei (Weltgeschichte der Malerei 2, Lausanne 1966), S. 28 unten. Zu weiteren Parallelen der Szene in den Gräbern 335 und 336 vgl. Bruyère, FIFAO III 3 (1926), S. 136 mit Fig. 67 und 92, zur Formel im Totenbuch Assmann, Liturg. Lieder S. 101–105.

Osiris, des getöteten Gottes, begegnet der Ägypter dem unvermeidlichen Todesgeschick, von dem auch die Götter nicht ausgenommen sind (vgl. 143). In der Verallgemeinerung eines ursprünglich königlichen Rechtes wird seit dem Mittleren Reich jeder Verstorbene zu einem „Osiris"; er führt diesen Gottesnamen wie einen Titel oder eine Rollenbezeichnung vor seinem eigenen Namen. Hier ist an keine wirkliche Identität mit dem Totenherrscher zu denken; eher gilt die Definition, daß der Mensch durch sein Sterben in eine vorgeprägte Rolle eintritt, die den Namen des Osiris trägt.[97] Durch seinen täglichen Hinabstieg in das Totenreich muß auch der Sonnengott Re „Osiris" werden, denn er stirbt ja und erscheint in der Unterwelt als „Leichnam". Aber in diesem Falle stellt sich der Ägypter eine wirkliche Vereinigung vor. Re nimmt nicht, wie die übrigen Toten, den Titel eines „Osiris" an; er nimmt den Totenherrscher vielmehr so innig in sein eigenes Wesen auf, daß beide *eines* Leibes sind und „mit *einem* Munde sprechen" können. Osiris scheint tatsächlich in Re aufzugehen, er wird zur Nachtsonne, welche die Unterweltlichen aus dem Todesschlaf weckt.

Aber diese Verbindung der beiden großen Götter ist von kurzer Dauer. Wenn der Sonnengott am Morgen wieder im Horizont erscheint, ist er schon nicht mehr Osiris, ist er aller Fesseln des Todes ledig. In den Tiefen der Unterwelt bleibt ein „Bild" von ihm zurück – als äußere Hülle des Gottes, der Re und Osiris in einem war.[98] Diese sich täglich wiederholende, aber in ihrer Dauer klar umrissene Vereinigung zweier Götter ist ein anderes Phänomen, als es die synkretistische Verbindung Amun - Re meint.

Der Polytheismus stellt allein durch die Vielheit seiner Namen und Gestalten das Problem der Beziehung von Gottheiten zueinander – ganz unabhängig davon, ob er sie in einem größeren System zu ordnen versucht (vgl. Kap. VII) oder nicht. Der Ägypter hat dieses Problem deutlich gefühlt und versucht, es durch eine Vielzahl von sorgfältig abgestuften Formeln zu lösen. Die wichtigste und zugleich eine der ältesten dieser Formeln[99] ist der Synkre-

[97] Hinweise gab ich in: Geschichte als Fest (1966), S. 24 mit Anm. 55.

[98] Amduat II 193 (4. Szene).

[99] Vielleicht darf man schon für die 2. Dyn. mit einer Verbindung

tismus. Da er keine Identität und Verschmelzung der beteiligten Götter meint, kann er Gottheiten verschiedener Gestalt[100] und gelegentlich sogar Gottheiten verschiedenen Geschlechtes[101] miteinander verbinden. Überdies treten öfter nicht nur zwei Götter, sondern drei oder vier zu einer neuen Einheit, einem neuen Kultobjekt zusammen. Neben einem dreigliedrigen Ptah - Sokar - Osiris stehen viergliedrige Verbindungen wie Amun - Re - Harachte - Atum[102] oder Harmachis - Chepri - Re - Atum[103]. Hier fühlt man sich geradezu an die Kettenglieder chemischer Formeln erinnert, und wie jene können auch die synkretistischen Verbindungen jederzeit wieder in ihre Bestandteile aufgelöst werden, können die einzelnen Glieder neue, ganz andere Verbindungen eingehen, ohne ihre Eigenart aufzugeben.

Ist der Zweck dieser Verbindungen ein priesterlich-kluger „Ausgleich“ verschiedener religiöser Ansprüche, wie es noch Bonnet angenommen hat?[104] Sollen Gottheiten einander „angeglichen“ werden, bis man in einem unbestimmten, solar gefärbten Pantheismus endet? Solch ein glättender Austausch ist unägyptisch, eher

Horus-Min rechnen, siehe Zaki Saad, CdE 21, 1946, 198, und Junker, Geisteshaltung S. 132 f. Für Bonnet ist „der Synkretismus nicht geworden; er gehört im Ansatz zu des Ägypters geistiger Art“ (ZÄS 75, 1939, 41).

[100] Etwa der falkengestaltige Horus in den verschiedensten anderen Gottheiten. Vgl. Bonnet, ZÄS 75, 45: „Einwohnung ist nicht Identität; sie fordert darum keine Gleichheit der Gestalt.“

[101] Diese Möglichkeit wollte Bonnet (a. a. O. S. 47) noch ausschließen, doch können wir inzwischen eine Neith-Osiris (Amduat Nr. 803), eine Mut-Min (H. G. Fischer, Inscr. Coptite Nome S. 38; H. Goedicke, JARCE 3, 1964, 45) und einen Horus-Sothis (Edwards, Hieratic Papyri Brit. Museum IV, S. 24 mit Anm. 12 und S. 114, in jüngerer Form als Sothis-Horus) belegen. Diese ungewöhnliche Verbindung kommt also nicht nur bei androgynen Gottheiten (wie Neith) vor!

[102] P. Barguet, Le temple d'Amon Re à Karnak (1962), S. 256 (18. Dyn.). Mit Umstellung der beiden letzten Glieder auch ZÄS 95, 120 (a).

[103] Urk. IV 1542, 17.

[104] Reallexikon S. 237, vgl. auch ibid. S. 238 die „kultpolitischen Erwägungen“! Vorsichtiger spricht E. Otto von „Austausch“, allerdings auch von „Vereinigung“ (Saeculum 14, 272).

hellenistisch. Der Ägypter stellt die Spannungen und Widersprüche der Welt nebeneinander und steht sie durch. Amun - Re ist nicht die Synthese aus Amun und Re, sondern eine neue Gestalt, die neben die beiden alten Götter tritt. Zwar könnte man in diesem Fall einen „Ausgleich“ zur Not religionspolitisch begründen (mit aller Fragwürdigkeit, die dieser Methode anhaftet!), aber was soll dann ein „Ausgleich“ zwischen Horus und Sothis oder zwischen Harmachis, Chepri, Re und Atum? In dem letzten Beispiel sind offenbar die drei Tagesformen des Sonnengottes miteinander im Großen Sphinx (Harmachis) gegenwärtig; Chepri ist die Sonne morgens, Re oder Harachte tagsüber, Atum abends. Der menschliche Partner der Gottheit – nicht nur der Priester, sondern der Gläubige überhaupt – erkennt im göttlichen Bild des Großen Sphinx zugleich den Sonnengott in dreifacher Gestaltung, in der Universalität seines täglichen Weltlaufes; vereint mit dem Sphinx, der selber eine Erscheinung des Sonnengottes ist, ergibt die Vierheit der Namen und Gestalten im Anruf und in der kultischen Verehrung *einen* neuen Partner des Menschen. Denn auch für den Kult entsteht durch die synkretistische Verbindung etwas Neues.[105]

Hier wird klar, daß der Synkretismus keineswegs eine „monotheistische Tendenz“ enthält, sondern ein starkes Gegengewicht gegen den Monotheismus bildet, solange er in ausgewogenen Grenzen bleibt. Er mildert den Henotheismus, die heraushebende Verehrung *eines* Gottes, und hindert ihn daran, in Monotheismus umzuschlagen. Denn es läuft ja darauf hinaus, daß man nicht einen Einzigen von allen anderen Göttern isoliert, sondern daß man in Amun auch Re, in Harmachis auch weitere Gestalten des Sonnengottes gegenwärtig spürt und kultisch verehrt. So wird das Bewußtsein geschärft, daß der göttliche Partner des Menschen nicht ein Einziger ist, sondern eine Vielheit.

Die göttlichen Eigennamen, die oftmals in ihrer Bedeutung dunkel bleiben oder als Umschreibungen das göttliche Wesen im

[105] Nach J. Spiegel, Das Werden der altägypt. Hochkultur (1953), S. 622 f., drückt das voranstehende Glied der Verbindung aus, unter welcher Gestalt der Gott kultisch verehrt werden soll. Das hat, wie Junker, Geisteshaltung S. 131 f., gezeigt hat, nur begrenzte Geltung.

Grunde anonym lassen, haben uns über ägyptische Gottesvorstellungen wenig sagen können. Aber die Reihung der Namen, der Synkretismus, und die Austauschbarkeit der Epitheta führen uns mitten in die Problematik um den Einen und die Vielen. Zusammen mit der Vielgestaltigkeit (unten S. 114 f.) prägen sie einen Zug ägyptischer Gottesvorstellung, den G. van der Leeuw und H. Frankfort als „Unbestimmtheit" kennzeichnen.[106] Gestalt, Name und Beinamen ägyptischer Gottheiten scheinen unbegrenzt wandlungsfähig und weitgehend austauschbar. Auch der verstorbene Ägypter, der im Jenseits in die Rolle eines Gottes eintritt, möchte vielerlei Gestalten annehmen und unter vielerlei Namen erscheinen; dazu verhelfen ihm die zahlreichen „Verwandlungssprüche" der Totentexte.

Noch oft werden wir darauf stoßen, daß ägyptische Gottheiten in ihrem Wesen nicht so klar und abgegrenzt vor uns stehen wie die Götter Griechenlands. Die Gottesvorstellung, der wir hier begegnen, hat etwas Fließendes, nie Abgeschlossenes, stets Veränderliches. Aber wir dürfen dem Ägypter auch nicht unterstellen, er habe sich verschwommene Vorstellungen über seine Götter gemacht; das verbietet eine Fülle an konkreten Einzelheiten und klar umrissenen Aussagen, wie sie in den Textzeugnissen immer wieder begegnen. Die Unbestimmtheit dieser Gottesvorstellung muß andere Gründe haben, die erst eine Untersuchung der ägyptischen Vorstellung vom Sein (Kap. V) aufdecken kann.

Ägyptischen Göttern widerstrebt es offenbar, sich festzulegen. Ihr Wesen bleibt in einem uns ungewohnten Schwebezustand, es entzieht sich jeder dogmatisch-endgültigen Bestimmung, es kann sich fortgesetzt weiten oder differenzieren. Die Bindungen, die sie mit anderen Göttern eingehen, sind vielfach unbeständig und jederzeit lösbar. Hier bleibt kein Raum für einen Monotheismus, der von eindeutigen Definitionen lebt. Sehen wir zu, ob die Betrachtung der Erscheinungsformen und der Eigenschaften ägyptischer Götter diesen ersten Eindruck bestätigt!

[106] Godsvoorstellingen S. 120 bzw. Ancient Egyptian Religion S. 26.

Viertes Kapitel

DARSTELLUNG UND ERSCHEINUNG DER GÖTTER

Die Anfänge

Die Götternamen haben uns als Quelle für ägyptische Gottesvorstellungen bis zum Beginn schriftlicher Überlieferung zurückgeführt, also bis etwa 3000 v. Chr. Mit der Darstellung göttlicher Mächte gelangen wir ein knappes Jahrtausend weiter zurück, so nah als irgend möglich an die vermuteten Ursprünge der Gottesvorstellungen.

Aus dem eigentlichen Neolithikum Ägyptens liegen bisher keine Darstellungen vor, die man zweifelsfrei als Abbild oder Symbol göttlicher Mächte deuten könnte. Dieser negative Befund berechtigt jedoch zu keinen Folgerungen, denn die Kunst dieser Zeit hat zwar Gefäße und die ersten Schminktafeln, aber noch keine figürlichen Darstellungen von Menschen, Tieren oder Gegenständen hervorgebracht. Eine neolithische Verehrung z. B. von Fetischen, die man aus vergänglichem Material anfertigte, ist aus den archäologischen Überresten weder zu beweisen noch zu widerlegen. Auch „Mächte" in anderer Gestalt können trotz der fehlenden Darstellung bereits verehrt worden sein. Aufschlußreicher scheint mir das Fehlen von Tierbestattungen. Auch hier kann sich die Quellenlage durch neue Funde plötzlich ändern, doch darf man vermuten, daß die Verehrung heiliger Tiere noch nicht die Rolle gespielt hat, die ihr in der späteren ägyptischen Religion zukommt.[1]

Erst die Kupfersteinzeit (Chalkäolithikum), die in Ägypten den größten Teil des 4. Jahrtausends v. Chr. ausfüllt, bringt die ersten klaren Zeugnisse für einen ägyptischen Götterglauben, der schon auf dieser frühen Stufe überraschend vielgestaltig-differenziert ist.

[1] Vgl. dagegen die bereits eindeutigen Zeugnisse für einen Jenseitsglauben in dieser Zeit — in Auswahl bei M. A. Murray, Burial customs and beliefs in the hereafter in predynastic Egypt, JEA 42, 1956, 86—96.

Die Hauptfundorte dieser Zeit sind Maâdi und Heliopolis auf unterägyptischem Boden, Badâri und Negâde in Oberägypten. In allen diesen Orten sind Tierbestattungen nachgewiesen, insbesondere von Gazellen und Hunden (oder Schakalen), seltener von Rindern und Widdern.[2] Die Sorgfalt, mit der diese Tiere bestattet und mit Beigaben versehen wurden, weist auf die kultische Verehrung heiliger Tiere oder göttlicher Mächte in Tiergestalt hin. Dazu kommt die Tiergestalt, welche die Schminkpaletten jetzt annehmen, und schließlich, in der ausgehenden Vorgeschichte, die reiche Verzierung dieser Paletten mit Tierfiguren im Relief, wie sie vor allem die sogenannten „Tierpaletten“ in Oxford und im Louvre zeigen. Weitere Tierdarstellungen finden sich auf den verzierten Gefäßen der Negâde I-Kultur und in Tonplastiken dieser Zeit.

Die Fülle dieser Darstellungen und der Zeugnisse über Tierbestattungen läßt kaum einen Zweifel daran, daß die Ägypter in den letzten Jahrhunderten der Vorgeschichte göttliche Mächte vorwiegend in Tiergestalt verehrt haben. Doch haben sie auch damals keiner reinen Zoolatrie gehuldigt. Für die Verehrung heiliger Gegenstände haben wir aus der Negâde II-Kultur und der anbrechenden geschichtlichen Zeit das Zeugnis der „Standarten“-Tiere oder archaische, schwer zu deutende Gegenstände auf Traghölzern.[3] Den Darstellungen nach tritt dieser Fetischismus an Bedeutung weit hinter der Tierverehrung zurück, doch mag sich die Wirklichkeit, manchen Zufällen folgend, nur unvollkommen in diesen Darstellungen spiegeln. Formal haben sich aus den vorgeschichtlichen Traghölzern die späteren Gaustandarten entwickelt, und das allgemeinste Schriftzeichen für „Gott“ zeigt, wie wir im 2. Kapitel gesehen haben, einen Fetisch verwandter Art.

[2] Für eine Zusammenfassung des Sachverhaltes siehe: Studium Generale 20, 1967, 74 f., mit der wichtigsten Literatur in Anm. 51—52 (vor allem H. Behrens, Neolithisch-frühmetallzeitliche Tierskelettfunde aus dem Nilgebiet und ihre religionsgeschichtliche Bedeutung, ZÄS 88, 1963, 75—83).

[3] Zu den Standarten vgl. in letzter Zeit W. Kaiser, ZÄS 84, 1959, 119—132; ders., ZÄS 85, 1960, 118—137; P. Munro, ZÄS 86, 1961, 61—74. Das Material auch bei M. Raphael, Prehistoric Pottery and Civilization in Egypt (1947), und Vandier, Manuel Bd. I (1952), vor allem die Zusammenstellung S. 341 Fig. 231.

Umstritten ist die Frage, ob wir auch die dritte Stufe in der von G. Jéquier behaupteten Entwicklungsreihe (oben S. 26) bereits in der Vorgeschichte verwirklicht finden – den Anthropomorphismus, die Verehrung von Gottheiten in menschlicher Gestalt. Vereinzelt finden sich schon in der Badâri-Kultur, verbreitet dann in den Negâde-Kulturen, kleine menschliche Figuren aus Ton oder Elfenbein, die man immer wieder als Gottheiten deuten wollte. Sogar als Bild der „Großen Mutter" wurden sie erklärt, obgleich nur ein Teil von ihnen eindeutig weibliche Geschlechtsmerkmale zeigt, göttliche Attribute fehlen und eine nackte „Muttergottheit" der älteren geschichtlichen Zeit Ägyptens gänzlich unbekannt ist. Ähnlich kritisch ist der Versuch zu beurteilen, bärtige Figuren als Götter zu deuten.[4] Spitzbärte, wie sie manche Figuren zeigen, kennen wir zeitgenössisch nur bei Feindgestalten, und auch die Nacktheit ist in der ausgehenden Vorgeschichte und beginnenden Geschichte ausschließlich den unterlegenen Feinden Ägyptens vorbehalten. Bei den Tonfiguren spricht überdies das zerbrechliche Material dagegen, sie als Götterbilder zu deuten, und nirgends haben sich bisher Attribute gefunden, die mit den bekannten Götterattributen vergleichbar wären.

Wir können uns jetzt für alle Fragen der Echtheit, Datierung und Deutung dieser Figuren auf eine Monographie von Peter J. Ucko stützen,[5] die sich nach sorgfältiger Prüfung für eine Ablehnung der Idol-Deutung entscheidet. Ucko weist auf die verschiedenartigen Verwendungen und Deutungen hin, die solche Figuren in anderen Kulturen haben können, und nimmt für Ägypten eine ähnliche Differenzierung an. Teils mag es sich um Puppen handeln, teils um magisch wirksame Bilder, die man für verschiedene Riten oder als Weihgabe benutzte; auch eine Ver-

[4] Zuletzt und mit Vorsicht ("The pointed beard may indicate divine status") W. Needler, Six Predynastic Human Figures in the Royal Ontario Museum, JARCE 5, 1966, 11–17 mit pls. V–IX.

[5] Anthropomorphic Figurines of Predynastic Egypt and Neolithic Crete with Comparative Material from the Prehistoric Near East and Mainland Greece, London 1968 (zur Deutung S. 409 ff.). Davor schon der gleiche Autor im Journal of the Warburg and Courtauld Institutes 26, 1963, 205–222 (mit H. W. M. Hodges) und Anthropomorphic Ivory Figurines from Egypt, Journal of the Royal Anthropol. Inst. 95, 1965.

wendung als Zubehör zu Initiationsriten erwägt Ucko, während er bei keiner der Figuren ausreichende Gründe für eine Deutung als Götterbild findet. Wir besitzen daher aus Ägypten keinen sicheren Beleg für eine Verehrung menschengestaltiger Gottheiten in vorgeschichtlicher Zeit. Daß man Gottheiten wie Min, Neith und Onuris, die uns zu Beginn der Geschichte in Menschengestalt entgegentreten, mit großer Wahrscheinlichkeit schon in der Negâde-Zeit verehrt hat,[6] sagt uns wenig, weil die menschliche Ikonographie dieser Gottheiten erst aus geschichtlicher Zeit bekannt ist.

Es liegt im Wesen der schriftlosen Vorgeschichte, daß sie uns über ihre Götter nur spärlich und vieldeutig informiert. Von den geschichtlichen Göttern Ägyptens sind es nur einige wenige, deren Spur sich noch ein Stück weit in das vorgeschichtliche Dunkel verfolgen läßt. Die „Standarten" bezeugen uns frühe Falkenkulte, aber sie lassen in der Schwebe, ob damit bereits der Gott Horus gemeint ist oder andere Falkengötter. Auch der Gegenspieler des Horus, der gewalttätige und unheilstiftende Seth, ist im Dunkel der Vorgeschichte noch nicht mit Sicherheit auszumachen.[7] Die kuhgestaltige Göttin endlich, die zu Beginn der Geschichte auf der Narmerpalette und schon etwa drei Jahrhunderte früher[8] auf einer vorgeschichtlichen Palette aus Girza dargestellt wird, ähnelt in ihrer Ikonographie eher der Bat, einer später im 7. oberägyptischen Gau verehrten Göttin[9], als der bekannteren Göttin Hathor; durch die beigefügten Sterne ist sie bereits als Himmelsgöttin kenntlich.

Wie der vorgeschichtliche Ägypter das Verhältnis von Tier und Mensch gesehen hat, zeigt wohl am deutlichsten die Schlachtfeld-

[6] Sicher ist das nur für Neith und Min, dessen Fetisch (bisher nicht überzeugend gedeutet), wie die gekreuzten Pfeile der Neith, schon auf vorgeschichtlichen Standarten begegnet (Vandier, Manuel I 340 f.), dazu auf der Keule des Königs „Skorpion". Zum Problem der Min-Kolosse vgl. unten S. 99

[7] H. te Velde, Seth, God of Confusion (1967), S. 7—12.

[8] W. Kaiser, ZÄS 91, 1964, 119.

[9] H. G. Fischer, The Cult and Nome of the Goddess Bat, JARCE 1, 1962, 7—23 und 2, 1963, 50 f. Den Hinweis verdanke ich E. Staehelin, die Bat und das Bat-Gehänge in ihren Untersuchungen zur ägypt. Tracht im Alten Reich (MÄS 8, 1966) auf S. 128—135 behandelt hat.

Abb. 8. Die „Schlachtfeldpalette".
Aus W. St. Smith, a. a. O., S. 112, Fig. 27

palette, deren Fragmente sich in London und Oxford befinden. (Abb. 8) Die Napfseite dieser Schminktafel zeigt ein Schlachtfeld, das mit den verrenkten Körpern besiegter Feinde bedeckt ist; weitere Feinde werden gefangen und gefesselt abgeführt. Nackt, ohne Kleider und ohne Waffen, bietet die unterlegene Partei – in menschlicher Gestalt! – ein Bild völliger Wehrlosigkeit. Die Sieger, denen sie hilflos preisgegeben ist, erscheinen als tiergestaltige

Mächte: Löwe, Raubvögel, vogelbekrönte Standarten. Die Figur ganz rechts, von der nur die untere Hälfte erhalten ist, hat zumindest durch ihre Bekleidung an der tierischen Mächtigkeit Anteil; ob sie, wie die menschlichen Jäger auf den anderen Paletten dieser Zeit und in den vorgeschichtlichen Felszeichnungen,[10] durch noch mehr Attribute als Tier „verkleidet" war, läßt sich ohne das fehlende Stück der Palette nicht klären. So viel scheint aber sicher, daß sich die Menschen dieser Zeit um 3000 v. Chr. ohne Verkleidung in ein Tier wehrlos fühlen. Noch ist das Tier, wie es scheint, der mächtigste Träger von Wirkung auf die Welt, dem Menschen in allen Fähigkeiten weit überlegen. Daraus erklärt sich wohl die Tatsache, daß der Mensch der ausgehenden Vorgeschichte die Mächte, die den Weltlauf bestimmen, vorwiegend in Tiergestalt erblickt.

Zu Beginn der geschichtlichen Zeit hat sich diese Einschätzung der Menschengestalt und der Überlegenheit des Tieres stark gewandelt. Die ältesten Könige des geeinten Ägyptens tragen noch Tiernamen: Skorpion, Wels, Weihe (?), Kobra, „Schwingenspreizer" (d. h. wohl Raubvogel); gegen Ende der ersten Dynastie aber, um 2800 v. Chr., verschwindet dieser Namenstyp endgültig. In der ungeheuren Anspannung seiner geistigen und körperlichen Kräfte, welche der Aufbau der ersten Hochkultur bedeutet, hat der Mensch ein neues Selbstverständnis erlangt. Er ordnet schöpferisch die Welt, zwingt sie unter die Herrschaft seines planenden und deutenden Geistes und fühlt sich nicht länger als Spielball unbegreiflicher Mächte. Damit mag es zusammenhängen, daß die Mächte, die er als Gottheiten verehrt, ihm mehr und mehr ein menschliches Antlitz zuwenden, daß ihre ursprüngliche Tier- oder Dinggestalt sich vermenschlicht.

Dieser Prozeß „von Dynamismus zu Personalismus"[11] vollzieht sich zwischen 3000 und 2800 v. Chr. Im Laufe der Religionsgeschichte hat er sicher viele Wiederholungen und Parallelen in den verschiedensten Kulturen erlebt, aber einzig in Ägypten läßt er sich

[10] Vgl. E. Hornung, StG 20, 1967, 73 mit Anm. 43.

[11] So A. Bertholet in: Pro Regno pro Sanctuario (1950), S. 35 ff. Die grundlegende Darstellung des ägypt. Sachverhaltes verdanken wir K. Sethe, Urgeschichte §§ 30 ff., und S. Schott, Mythe und Mythenbildung im alten Ägypten (UGAÄ 15, 1945), S. 88—97.

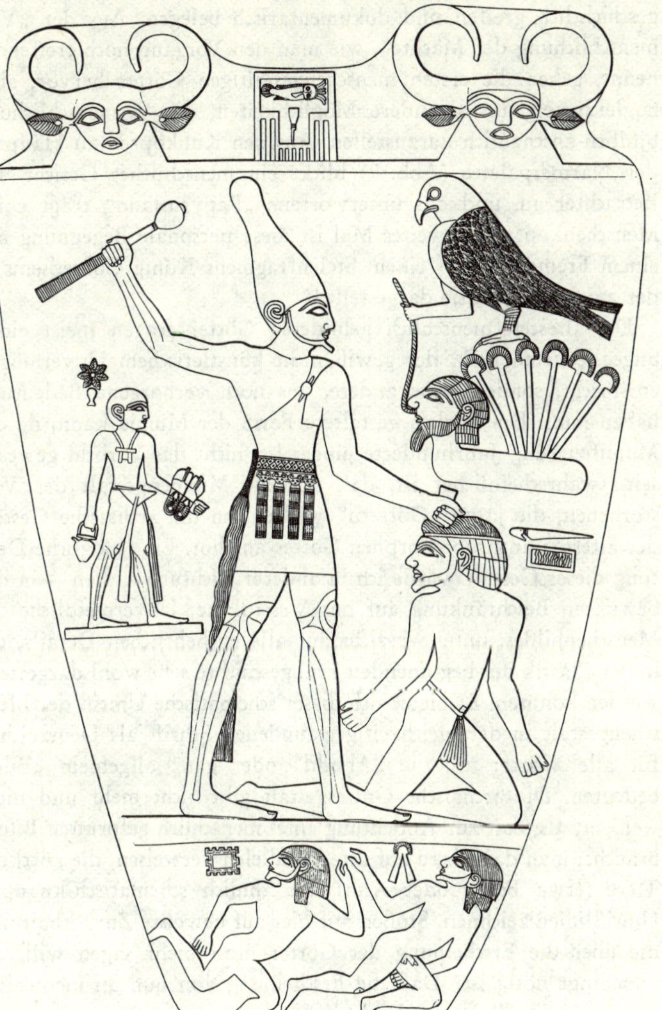

Abb. 9. Die Narmerpalette.
Aus J. E. Quibell, Slate palette from Hieraconpolis = ZÄS 36, 1898, Taf. XIII

geschichtlich greifen und dokumentarisch belegen. Aus der „Vermenschlichung der Mächte", wie man den Vorgang noch treffender nennt, gehen die ersten menschengestaltigen Götter hervor, aber zugleich zeigen sich andere Möglichkeiten, die Vermenschlichung bildlich-anschaulich darzustellen. Aus den Kuhköpfen zu Häupten der Narmerpalette (Abb. 9) blickt ein menschliches Gesicht den Betrachter an, und das unterworfene „Papyrusland" trägt einen Menschenkopf; ein zweites Mal ist diese personale Begegnung mit einem Fremdland auf einem Stelenfragment König Chasechems in der zweiten Dynastie dargestellt.[12]

Die ältesten menschlich gebildeten Götter tragen meist einen ungegliederten Leib, der gewiß nicht künstlerischem Unvermögen entspricht, sondern eine andere, uns noch verborgene Bedeutung haben muß. Die ähnlich gestaltete Form der Mumie kann, da die Mumifizierung Jahrhunderte jünger ist, nicht das Vorbild gewesen sein; wahrscheinlicher ist, daß sich die Mumiengestalt der Verstorbenen, die ja zu „Göttern" werden, an die archaische Gestalt der ältesten anthropomorphen Götter anlehnt. Eine mögliche Deutung dieser Gestalt würde ich in anderer Richtung suchen – in der bewußten Beschränkung auf das Wesentliche, Unvermeidliche des Menschenbildes, unter Verzicht auf alle entbehrlichen Details, die in der Plastik der beginnenden Frühgeschichte sehr wohl dargestellt werden konnten. So bietet sich dieser schematische Umriß der Menschengestalt in der gleichzeitig erfundenen Schrift als Deutzeichen für alle Wörter an, die „Abbild" oder ganz allgemein „Bild" bedeuten. Die archaische Gottesgestalt gibt nicht mehr und nicht weniger, als man zur Andeutung eines menschlich geformten Bildes braucht; man darf dazu auf alte Parallelen verweisen, die göttliche Tiere (etwa Falke oder Kuh) mit ähnlich schematisch-knappen Umrißlinien zeichnen. Stoßen wir hier auf bewußte Zurückhaltung, die über die Erscheinung der Götter nicht mehr sagen will, als unbedingt nötig ist? Daß die Erscheinung von nun an menschlich sein kann, ist allein entscheidend.

Die Zahl dieser ältesten Götter in Menschengestalt ist zunächst

[12] Quibell-Green, Hierakonpolis II, pl. 58; W. B. Emery, Archaic Egypt (1961, Pelican Book), S. 100 Fig. 64.

gering. Aus der ersten Dynastie belegt der Annalenstein in Palermo (2. Zeile) das Bilden einer Min-Statue, die schon die vertraute Menschengestalt dieses Gottes mit erhobener Geißel und aufgerichtetem Glied zeigt; ein zweites Mal belegt der Palermostein (5. Zeile) das Bilden einer Min-Statue für die dritte Dynastie. Diese Zeugnisse sind jedoch, strenggenommen, nicht zeitgenössisch. Der Annalenstein, der bis zur 5. Dynastie reicht, beruht auf einer späten Abschrift nach alten Vorlagen, und seine Wiedergabe der Zeichenformen kann daher von jüngeren Vorbildern beeinflußt sein. Aber es ist schwerlich Zufall, eher gute und alte Überlieferung, wenn Traditionen der ägyptischen Spätzeit Min an den Anfang der Geschichte stellen und nicht nur lautlich eine Beziehung zwischen Min und dem sagenhaften Reichsgründer „Menes" herstellen.[13]

Ein unsicheres Zeugnis sind die kolossalen „archaischen" Standbilder des Min aus Koptos, die als monumentale Steinplastik kaum älter als die dritte Dynastie sein können und von E. J. Baumgartel[14] sogar in die Erste Zwischenzeit herabdatiert werden. Dagegen kann das Bild des Ptah, das einer steinernen Schale aus Tarchan aufgemalt ist, mit Sicherheit in die Frühzeit gesetzt werden.[15] Für andere Gottheiten, wie die Göttinnen Neith und Satet, haben wir zunächst nur das Zeugnis der frühen Personennamen und können nur vermuten, daß sie ihre Menschengestalt bereits im Laufe der beiden ersten Dynastien angenommen haben.[16] Auf den Turiner

[13] In seinem letzten, noch ungedruckten Aufsatz ›Traditionen um Menes‹ hat S. Morenz diese Traditionen aufgedeckt und die Min-Komponente in der Gestalt des „Menes" herausgearbeitet.

[14] ASAE 48, 1948, 533—553; vgl. auch J. Černý, Ancient Egyptian Religion (1952), S. 28. Vandier, Manuel I 986 gibt als Datierung die 2. oder 3. Dynastie.

[15] Petrie, Tarkhan and Memphis V (1913), pl. 3. Eine weitere archaische Darstellung des Ptah bei Lacau-Lauer, Pyramide à degrès V (1965), S. 18 f. Fig. 28; ibid. S. 19 f. wird auf Darstellungen des Min auf acht frühzeitlichen Alabastergefäßen verwiesen.

[16] Für Neith läßt sich diese Spanne auf die Zeit zwischen den Königen Djet (um 2840) und Ninetjer (um 2700 v. Chr.) eingrenzen, siehe S. Schott in: Beiträge zur ägypt. Bauforschung und Altertumskunde 8, 1969, 125 f. In der Münchner Sammlung befindet sich die frühzeitliche Statuette einer Göttin (?) aus Abydos (ÄS 4234).

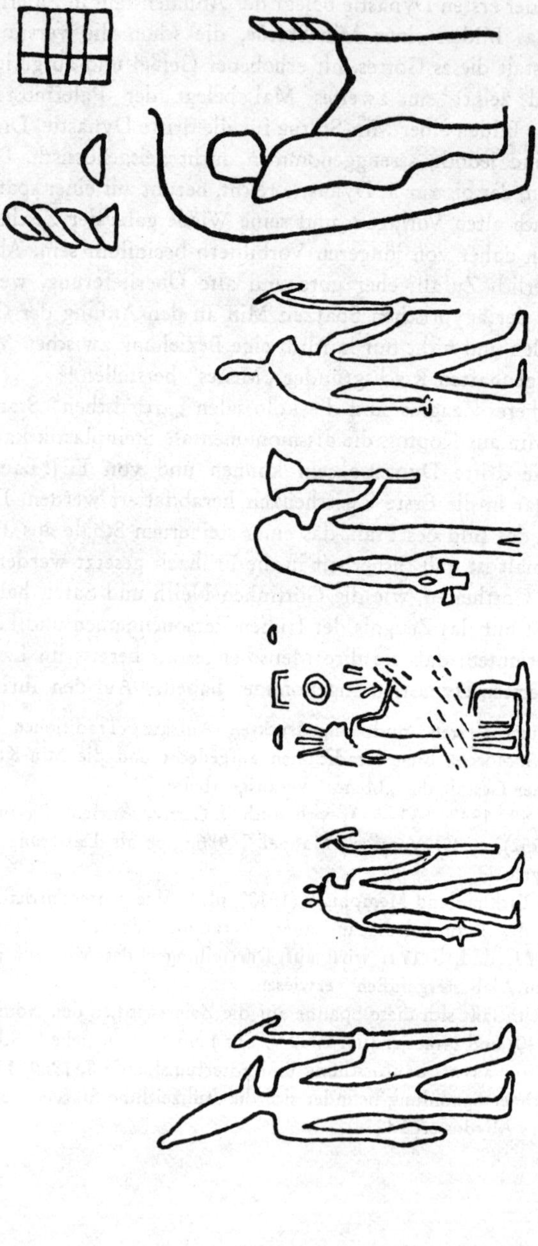

Abb. 10. Göttergestalten der Frühzeit.
Aus W. St. Smith, a. a. O., S. 122, Fig. 40

Relieffragmenten[17] ist der menschengestaltige Erdgott Geb für die frühe dritte Dynastie bezeugt; wie er, so haben auch die anderen kosmischen Gottheiten menschliche Gestalt (Abb. 4) – Nut (Himmel), Schu (Luftraum) und Hapi (Nilüberschwemmung), ferner Atum, der Gott des Uranfangs. Man darf annehmen, daß alle diese Gottheiten den Ägyptern der dritten Dynastie, also zu Beginn des Alten Reiches, bereits in ihrer später üblichen Gestalt vertraut gewesen sind, auch wenn unser lückenhaftes Material bisher keinen Nachweis erlaubt.

Die Gruppe der rein menschengestaltigen Gottheiten tritt im Laufe der beiden ersten Dynastien neben die rein tiergestaltigen Götter, die in dieser Zeit durch Horus und Seth, den Apis-Stier und den paviangestaltigen „Großen Weißen" immer noch beherrschend im Vordergrund stehen. Was der Frühzeit zunächst fehlt, ist die für Ägypten so bezeichnende göttliche Mischgestalt aus menschlichen und tierischen Elementen. Erst gegen Ende der zweiten Dynastie, auf Siegelabrollungen des Königs Peribsen, treten die ersten menschlich gestalteten Götter mit Tierkopf (Falke und Fabeltier Seth) auf; (Abb. 10) die ältesten Belege zeigen den Gott Asch, den „Herrn von Libyen"[18]. Auf einer Stele der 3. Dynastie im Louvre[19] begegnen wir erstmals einer falkenköpfigen Mischgestalt im Relief; hier ist es der Gott Horus, den die 1. Dynastie noch ganz in Falkengestalt gesehen hatte.

Die „Mischgestalt" und ihre Deutung

Obgleich diese Verschmelzung von Menschenleib und Tierkopf die Darstellung von Göttern in reiner Mensch- oder reiner Tiergestalt niemals verdrängt, sondern um eine neue Möglichkeit bereichert und ergänzt hat, gilt sie weithin stellvertretend für ägyp-

[17] Veröffentlicht von R. Weill, Sphinx 15, 1912, 9—26; jetzt bei W. St. Smith, History of Egyptian Sculpture and Painting in the Old Kingdom (^{2}1949), Fig. 48—53. Offenbar tritt hier auch Seth ohne Tierkopf auf (Smith Fig. 50, 3).

[18] Kaplony, Inschriften III Taf. 76 ff.

[19] E. 25 982, siehe J. Vandier, CRAIBL 1968, 16—22.

tische Gottesdarstellung und Gottesvorstellung im allgemeinen. Ihr verdankt die ägyptische Religion frühe und heftige Ablehnung, wie zu Beginn des 1. Kapitels gezeigt worden ist. Die ägyptischen Götter sind gewiß nicht alle „hundsköpfig“ oder mit anderen Tierköpfen versehen, aber diese Art der Darstellung ist doch so kennzeichnend und bedeutsam für das frühe Gottesbild, daß wir sie genauer betrachten wollen. Dabei wird es darauf ankommen, diese Mischform nicht isoliert, sondern im Zusammenhang *aller* Möglichkeiten, eine Gottheit abzubilden, zu betrachten.

Die Palette dieser Möglichkeiten ist erstaunlich bunt, und von einer kanonisch festgelegten Gottesdarstellung kann in Ägypten nur in sehr beschränktem Sinn gesprochen werden. Ein anschauliches Beispiel gibt uns die Göttin Hathor. (Taf. II) Die gewöhnliche, uns vertraute Art ihrer Darstellung ist die schlanke Frauengestalt, die auf der Perücke, die den Kopf bedeckt, ein Kuhgehörn und dazwischen die Sonnenscheibe trägt. Daneben aber begegnen drei andere Möglichkeiten, sich die Göttin Hathor vorzustellen. In polarem Gegensatz zur reinen Menschengestalt hat die Göttin z. B. in den Hathorschreinen von Deir el-Bahari reine Tiergestalt: als Kuh, an deren Euter der König trinkt, oder als Kuh, die aus dem thebanischen Westgebirge hervortritt und den Toten in ihren Schutz nimmt. Dazwischen steht das eigentümlich gestaltete Kapitell der Hathorpfeiler, (Abb. 11) jedem Besucher der Tempel von Deir el-Bahari oder Dendera wohlvertraut – ein Kuhkopf mit menschlichem Gesicht, die Ohren tierisch, Augen, Nase und Mund menschlich gebildet. Und schließlich fehlt auch der Menschenleib mit Tierkopf nicht; als Frau mit einem Kuhkopf begegnet Hathor zwar seltener als in anderen Gestalten, doch lassen sich, ohne lange Suche, genügend Beispiele im Rundbild wie im Flachbild finden. (Taf. I)[20]

[20] Statuen in Kairo (Morenz, Gott und Mensch S. 107 Abb. 31), Brooklyn (Frankfort, Ancient Egyptian Religion Fig. 14) und Leiden (Statue des Anherjaqtef). Im Relief erstmals in den thebanischen Königsgräbern (Tausret – hier Taf. I – und Ramses III.). Eine Hathor mit Kuhkopf als Baumgöttin bei R. Moftah, ZÄS 92, 1965, 44 Abb. 4, als Hathor-Hekate noch auf magischen Gemmen: Delatte-Derchain, Intailles magiques gréco-égyptiennes (1964), S. 155 f. In ptolemäischer Zeit wird auch Isis (mit Kuhgehörn schon CT I 215 b!) mehrfach so dargestellt.

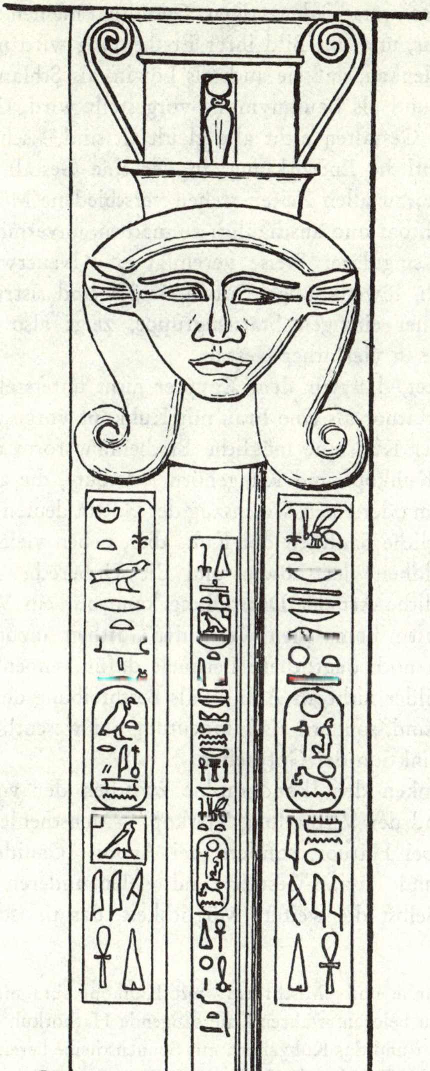

Abb. 11. Hathorpfeiler.
Aus G. Jéquier, Manuel d'Archéologie Égyptienne, Paris 1924, S. 189, Fig. 114

All diese so verschiedenartigen Gestalten meinen die gleiche Göttin Hathor, und das Bild ihrer Erscheinung wird noch bunter, wenn wir bedenken, daß sie auch als Löwin, als Schlange (Uräus), als Nilpferd und als Baumnymphe vorgestellt wird. Obgleich die verschiedenen Gestalten nicht alle gleich alt sind,[21] sehen wir hier keine geschichtliche Entwicklung, in der eine Gestalt die andere abgelöst hätte; zu allen Zeiten stehen verschiedene Möglichkeiten, die Göttin sichtbar und anschaulich zu machen, unvermittelt nebeneinander. In singulärer Weise vereinigt eine Neuerwerbung des Louvre[22] Kuh, löwenköpfige Göttin, Uräus und sistrumbekrönte Göttin zu einer einzigen Statuengruppe, zeigt also die Göttin nebeneinander in vierfacher Gestalt.

Das bedeutet, daß wir dem Ägypter nicht unterstellen dürfen, er habe sich Hathor als eine Frau mit Kuhkopf vorgestellt. Näher liegt es, in der Kuh eine mögliche Erscheinungsform der Hathor zu sehen, in Kuhkopf und Kuhgehörn Attribute, die auf eine Erscheinungsform oder einen Wesenszug der Göttin deuten. In Hathor ist die mütterliche Sanftheit der Kuh, aber, neben vielem anderen, auch die Wildheit der Löwin und die Unberechenbarkeit der Schlange. Jegliche Art der Darstellung kann nur ein Versuch sein, etwas von diesem komplexen Wesen der Gottheit anzudeuten. Wir werden gleich noch deutlichere Beispiele dafür kennenlernen, daß diese Götterbilder nicht als Abbild, als Beschreibung des Aussehens zu verstehen sind, sondern als Hindeutung auf wesentliche Züge in Wesen und Funktion der Gottheiten.

Ein Schwanken der Ikonographie zwischen der vollständigen Tiergestalt und der Verbindung Tierkopf – Menschenleib läßt sich nicht allein bei Hathor, sondern bei Anubis (Caniden-Gestalt), Thot (Ibis- und Pavian-Gestalt) und vielen anderen Gottheiten beobachten. Selbst die weitere Möglichkeit, das tierische Element

[21] Baumnymphe und „Mischform" mit Kuhkopf sind nicht vor dem Neuen Reich zu belegen, während die säugende Hathorkuh schon in der 12. Dyn. auftritt und das Kuhgehörn mit Sonnenscheibe bereits dem Alten Reich vertraut ist (Triaden des Mykerinos).

[22] E. 26 023, siehe einstweilen J. Vandier, Revue du Louvre 19, 1969, 49—54 mit Abb. 14. Datierung ptolemäisch?

nur durch die Ohren anzudeuten, ist zwar ungewöhnlich, aber nicht auf die Ikonographie der Hathor beschränkt. Der Dämon „Mit gewalttätigem Gesicht“ *(mds-ḥr)* in der 7. Stunde des ›Amduat‹[23] wird in den jüngeren Exemplaren des Buches katzenköpfig abgebildet, in den älteren Exemplaren trägt er einen Menschenkopf mit Katzenohren. Ein strafender Dämon mit Katzenkopf erscheint auch im Höhlenbuch (4. Abschnitt, unteres Register), und der Sonnengott kann selber die Gestalt des „Großen Katers“ annehmen, (Abb. 12) um seine Feinde zu strafen.[24]

Wie bei Säugetieren und Vögeln, so hat der Ägypter auch bei Lurchen und Kriechtieren keine Scheu, den Menschenleib mit einem entsprechenden Tierkopf zu verbinden; dabei verdeckt die lange Strähnenperücke, welche fast alle Götter tragen, geschickt den Übergang zwischen Menschen- und Tiernatur. (Taf. III) In Froschgestalt oder mit einem Froschkopf tritt die geburtshelfende Göttin Heket auf, unter den krokodilgestaltigen Göttern ragt Sobek (griechisch Suchos) hervor, und von den vielen schlangengestaltigen Göttinnen sei hier nur auf die Erntegöttin Renenutet verwiesen, die im Relief und sogar im Rundbild als schlangenköpfige Göttin dargestellt wird.[25]. Auch hier verdeckt die lang herabfallende Perücke den Übergang, aber der Eindruck des Fratzenhaften beginnt schon zu überwiegen. Ein Schritt weiter, etwa zu Göttern mit Insektenkopf, und die Zone des Unheimlichen oder Lächerlichen wäre erreicht!

Daß hier die Grenze für diese Art der Darstellung liegt, hat der Ägypter gespürt. „Das Gefühl für Würde und Maß, das den Ägypter allenthalben auszeichnet und vor roher Phantastik bewahrt,

[23] Nr. 495 (Amduat II 128).

[24] Abgebildet in der bekannten Vignette zum 17. Spruch des Totenbuches und bereits auf einem „Zauberstab“ des Mittleren Reiches in New York (W. C. Hayes, Scepter of Egypt I 249 fig. 159).

[25] Statuette der stillenden Renenutet aus Sa el-Hagar: G. Michailidis, BIE 33, 1952, 153 mit Taf. I und BIE 37, 1956, 191 ff. mit Taf. IV. Von den Szenen im Relief sind vor allem die in den Gräbern des Chaemhât (Theben Nr. 57, Zeit Amenophis’ III.) und Ramses’ III. bekannt, vgl. im übrigen J. Leibovitch, JNES 12, 1953, 73—113. Daneben gibt es auch bei Renenutet die Darstellung in reiner Tiergestalt.

verläßt ihn auch hier nicht." (H. Bonnet)[26] Wo Insekten, Pflanzen oder unbelebte Dinge am göttlichen Wesen Anteil haben oder auf Götter hindeuten, hat er andere Formen der Darstellung gewählt. Daß er dem Gott Chepri einen vollständigen Käfer an die Stelle des Kopfes setzt, (Taf. III) bleibt ein Ausnahmefall; in der Regel trägt diese morgendliche, gerade neuentstandene Erscheinungsform des Sonnengottes den Skarabäus (als Schriftzeichen „Werden, Entstehen") über ihrem Menschenkopf. Wie die Göttin Selkis den Skorpion, so trägt Nefertem die Lotosblüte, in der er sich verkörpert, stets auf dem Scheitel. Gleiches gilt für den Thronsitz, mit dem der Name der Göttin Isis geschrieben wird (Abb. 7), und Hieroglyphen tragen auch andere Gottheiten auf dem Haupt: Geb die Gans, Maat die Straußenfeder, die Westgöttin das Zeichen für „Westen", Nephthys ihren vollständigen Namen („Herrin des Hauses"). Hier verwischt sich die Grenze zwischen Beischrift und Attribut, zwischen Bild und Schrift.

Grenzfälle dieser Art sollten erneut davor warnen, die ägyptischen Götterdarstellungen als Abbilder zu verstehen. Besser paßt der Vorschlag von H. Frankfort[27], sie als „Ideogramme" zu verstehen oder als sinnträchtige Bildzeichen einer Meta-Sprache (vgl. S. 253). Wohl können die Götter, wie in jedem Bild, auch in diesen Darstellungen Wohnung nehmen (unten S. 125), aber ihre wahre Gestalt ist „verborgen", ist „geheimnisvoll", wie es ägyptische Texte immer wieder betonen. Attribute können auf das Wesen von Gottheiten hinweisen und die Gegenwart einer Gottheit anzeigen, aber kein Gott erschöpft sich in seinen Attributen. Das gilt gewiß auch für andere Religionen und Gottesvorstellungen.

Ihre unverwechselbare Eigenart gewinnt die ägyptische Gottesdarstellung durch eine Regel, die ich die *Austauschbarkeit von Kopf und Attribut* nennen möchte. Zugleich aber bringt der Ägypter diese Regel in Einklang mit seinem ausgeprägten Gefühl für Maß, Ordnung und Schönheit. Er überschreitet die Grenze zum Monströsen nur selten, und nur dort, wo es sich bereits um Grenzbereiche

[26] Reallexikon S. 220. Bonnet gibt dort weitere treffende Formulierungen zum ägyptischen Gottesbild.

[27] Ancient Egyptian Religion S. 12.

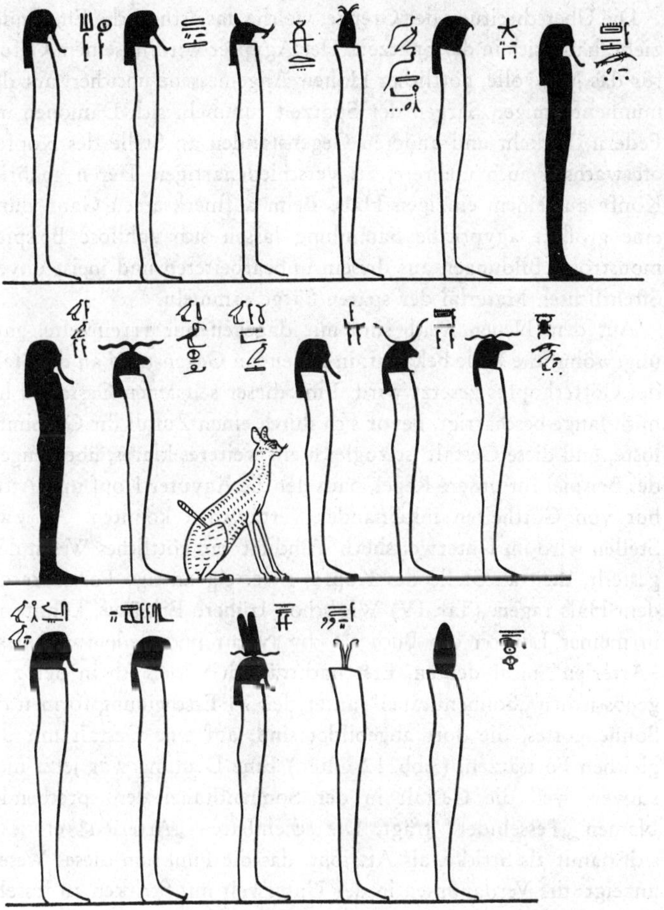

Abb. 12. Göttergestalten aus der „Sonnenlitanei".
Aus A. Piankoff, The Litany of Re = Bollingen Series XL. 4, New York 1964, Fig. B

der geordneten Welt handelt. Um Geburt und Wochenbett treiben fratzenhafte, aber hilfreiche Götter (Bes und Thoëris) ihr Wesen, in der unheimlichen Wüste hausen Fabeltiere wie der Greif oder das unbestimmbare Seth-Tier, und vor allem der Tote läuft Gefahr, in die Klauen monströser Jenseitsdämonen zu fallen.

Die Überschreitung der Grenze, welche das ästhetische Empfinden zieht, häuft sich in der Spätzeit. Der Ägypter wird in seinem Gefühl für das Maßvolle, göttlicher Hoheit Angemessene unsicher, auf den mumienförmigen Särgen der Spätzeit tummeln sich Dämonen mit Federn, Fackeln und anderen Gegenständen an Stelle des Kopfes; oft wachsen auch mehrere, zu verschiedenartigen Tieren gehörige Köpfe aus einem einzigen Hals. Beim aufmerksamen Gang durch eine größere ägyptische Sammlung lassen sich zahllose Beispiele monströser Bildungen aus diesem unbearbeiteten und meist unveröffentlichten Material der späten Särge sammeln.

Aus dem Neuen Reich sind mir dagegen nur vereinzelte, ganz ungewöhnliche Fälle bekannt, in denen ein Gegenstand an die Stelle des Götterkopfes gesetzt wird. Eine dieser seltsamen Gestalten hat mich lange beschäftigt, bevor sich durch einen Zufall ihr Geheimnis löste, und diese Gestalt ist zugleich ein weiteres klares, überzeugendes Beispiel für unsere Regel, nach der die Ägypter Kopf und Attribut von Gottheiten miteinander vertauschen konnten. An zwei Stellen wird im Unterweltsbuch ›Amduat‹ ein göttliches Wesen dargestellt, dem an Stelle des Kopfes zwei eigenartige Fortsätze aus dem Hals ragen. (Taf. IV) Wie schon frühere Erklärer, konnte ich in meiner Edition des Buches[28] die Natur und Bedeutung dieser „Arterien" nicht deuten. Erst nachträglich[29] stieß ich in der zeitgenössischen „Sonnenlitanei" unter den 74 Erscheinungsformen des Sonnengottes, die dort abgebildet sind, auf eine Gestalt mit den gleichen Fortsätzen. (Abb. 12 unten) Eine Deutung war jetzt nicht schwer, weil die Gestalt in der Sonnenlitanei den sprechenden Namen „Fesselnder" trägt. Die scheinbaren „Arterien" erwiesen sich damit als Stricke, als Attribut, das die Funktion dieses Wesens anzeigt: die Verdammten in der Unterwelt mit Stricken zu fesseln! Es ist die gleiche Funktion, die auch der Unterweltsdämon Njkw besitzt; im oberen Register der 7. Stunde des ›Amduat‹ packt er den Strick, mit dem die wehrlos vor dem Totenrichter Osiris liegenden Verdammten gefesselt sind. Dieser strafende Dämon trägt das Attribut, das ihm seiner Funktion und seinem Wesen nach gebührt,

[28] Amduat II (1963), S. 87 Nr. 310 und S. 165 Nr. 710.
[29] Berichtigt Amduat III (1967), S. 63.

in der Hand, während der Dämon mit den „Arterien" es an der Stelle des Kopfes trägt – ein überzeugendes Beispiel für die Austauschbarkeit von Kopf und Attribut!

Das Prinzip, daß Gottheiten sich in ihrer äußeren Erscheinung durch Attribute unterscheiden, die sie in der Hand tragen, ist erst in der griechischen Religion konsequenter verwirklicht worden. Es war den Ägyptern nicht fremd, wie Krummstab und „Geißel" in den Händen des Osiris zeigen. Aber die Hände der großen ägyptischen Gottheiten halten seit der Frühzeit andere, allgemeinere Attribute, die allen Göttern gemeinsam sind: die Hieroglyphen für „Leben" und „Heil", also für die wichtigsten Wohltaten, welche die Götter der Schöpfungswelt spenden. Der Verstorbene, der in die Rolle des „Allherrn", des Schöpfergottes, eintreten will, ergreift diese Attribute und weist sich damit als „Herr" des Lebens aus, der über Leben verfügt und es anderen Wesen spenden kann.[30] Wir werden von dem bedeutsamen Bildmotiv der Gottheit, die dem König das Lebenszeichen an die Nase hält, noch zu sprechen haben (unten S. 194 f.). Zunächst kommt es uns auf den Hinweis an, daß die Hände der ägyptischen Gottheiten den allgemeinen Attributen ihrer Göttlichkeit vorbehalten sind und daß die spezifischen Attribute daher an anderer Stelle erscheinen: auf dem Kopf oder an der Stelle des Kopfes.

Auch die Kleidung der ägyptischen Gottheiten ist relativ einheitlich und bietet nur selten eine Möglichkeit der Unterscheidung. Die Göttinnen tragen zu allen Zeiten das enganliegende Trägerkleid, die Götter meist einen archaischen, kurzen Schurz, der gelegentlich mit einem Trägerhemd verbunden wird. Bei Osiris, Ptah, Min und einigen anderen Göttern verschwindet der ganze Körper in einer enganliegenden Umhüllung. Nackt erscheinen in Ägypten nur Götter, die als Kinder vorgestellt werden, etwa der jugendliche

[30] CT VII 467 b–d. In seltenen Fällen hält der König Lebens- und Heilszeichen in Händen (Medinet Habu V, pls. 263, 283 A, 322, 327 und 347 A), worauf mich H. Brunner aufmerksam macht, ferner vereinzelt eine (verstorbene?) Königin der 6. Dynastie (H. Goedicke, ÄgAbh 14, 1967, 42 f. mit Abb. 4) und im Neuen Reich eine verstorbene „Sängerin des Amonrasonther" (Abd el Hamid Zayed, RdE 20, 1968, 152 mit pl. 8 a).

Harpokrates oder das Sonnenkind auf der Blume, dazu die Himmelsgöttin Nut.[31] Den Schwankungen der Mode sind die ägyptischen Gottheiten entrückt, nur selten spiegelt sich eine Zeitströmung auch im Götterornat; so finden wir die verfeinerten Gewänder der späten 18. Dynastie, die alle Körperformen durchscheinen lassen, vereinzelt auch bei einer Göttin[32].

Mehr Unterscheidungsmöglichkeiten als der übrige Ornat bieten die Kronen der Götter. (Abb. 7) Mit ihren Bildmotiven (Federn, Hörner, Sonnenscheibe) weisen sie auf das Wesen ihres Trägers hin und lassen zugleich seine Göttlichkeit sichtbar werden.[33] Aber nur selten ist eine Krone spezifisch an eine Gottheit gebunden, im Laufe der Entwicklung beobachten wir eine zunehmende Vermischung und eine Vorliebe für Kompositkronen, bei denen die Eigenart des Trägers hinter der Fülle göttlicher Machtzeichen zurücktritt.

In der Religionsgeschichte der Menschheit begegnen wir vielen Möglichkeiten, die Gottheit bildhaft mit einem Attribut zu verbinden. Griechen und Römer geben ihr gern das Attribut in die Hand, die Hethiter stellen Gottheiten auf Tiere, die zu ihrem Wesen und zu ihrer Erscheinung gehören – eine Tradition, die sich über die Glyptik der Akkad-Zeit bis zum Beginn der sumerischen Hochkultur zurückverfolgen läßt.[34] Bei mesopotamischen Gott-

[31] Etwa an den Decken ramessidischer Königsgräber. Auf dem Boden von Spätzeit-Särgen wird gelegentlich auch die Westgöttin (d. h. Hathor) nackt dargestellt, ein Beispiel befindet sich im Basler Museum für Völkerkunde.

[32] Die Maat hinter dem thronenden Osiris im Grab des Chaemhât (Theben 57, Zeit Amenophis' III.).

[33] Vgl. unten S. 121 f. Zu den Kronen allgemein Bonnet, Reallexikon S. 394 f., und Abu Bakr, Untersuchungen über die altägypt. Kronen (1937), doch fehlt eine spezielle Untersuchung der Götterkronen und ihrer Entwicklung. 48 verschiedene Typen von Götterkronen stellt Rochemonteix, Rec. trav. 6, 1885, 29 ff. mit pl. II zusammen

[34] Für den ältesten Beleg (um 3200 v. Chr.) siehe XXI. Vorläufigen Bericht ... Uruk-Warka (1965), Taf. 19, Siegelabrollung auf einer Tonkugel (Hinweis und Erläuterungen von M. A. Brandes). Zahlreiche Beispiele aus akkad. und altbabylon. Zeit verdanke ich R. Opificius, für Assyrien und Urartu vgl. H. Demircioğlu, Der Gott auf dem Stier (1939), und H.-V. Herrmann, Jahrb. Dt. Archäol. Inst. 81, 1966, 92 ff.

heiten sitzt der menschliche Kopf auf einem Tierleib. In all diesen Kulturbereichen treten die Götter seit der „Vermenschlichung der Mächte“ als Personen in Menschengestalt auf, das tierische, pflanzliche und dingliche Attribut dient der näheren Bestimmung, und es ist für das Wesen der Gottheit gleichgültig, in welcher Form es mit ihr verbunden wird. Ägypten ist auch in dieser Beziehung niemals dogmatisch gewesen, sondern hat sich mehrere Möglichkeiten offengehalten, wobei man die Verbindung des Menschenleibes mit einem Attribut als Kopf als spezifisch ägyptische Lösung ansprechen darf, ohne sie als einzige Möglichkeit mit dem ägyptischen Gottesbild gleichzusetzen.

Für die umgekehrte, in Mesopotamien konsequenter verwirklichte Lösung bietet die Sphinxgestalt das bekannteste ägyptische Beispiel: hier sitzt auf dem Tierleib ein menschlicher Kopf, in extremen Fällen mit den Ohren und der Mähne des Tieres, so daß nur noch das Gesicht menschlich gebildet ist. Auch die bildliche Darstellung einer ägyptischen Seelenvorstellung, des Ba, zeigt diese umgekehrte Mischgestalt; der „Seelenvogel“ (Abb. 13) hat einen Menschenkopf und häufig menschliche Arme, die er zur Funktion des Anbetens oder Wasserschöpfens braucht. Häufiger ist diese Form der Darstellung in der Welt der personifizierten Dinge. Die Hinrichtungsgeräte (*šms*), die dem richtenden Sonnengott und seiner Reisebarke auf der nächtlichen Unterweltsfahrt vorausziehen, tragen einen menschlichen Kopf und geben sich damit als persönliche, selbständige Mächte zu erkennen.[35] Gerade die Unterweltsbücher des Neuen Reiches wimmeln von solchen Personifizierungen. Die Stelen, die den „Feuersee“ im Pfortenbuch umstehen, die Göttergräber in der 7. Stunde des ›Amduat‹ – all diese personhaft erlebten Dinge blicken uns sichtbar mit einem menschlichen Antlitz an. Die Rückseite der Narmerpalette mit dem in gleicher Weise personifizierten Feindland zeigt, daß diese Darstellungsart noch älter als die „gewöhnliche“ Mischform von Menschenleib und Tierkopf ist, daß sie unmittelbar im Prozeß der „Vermenschlichung der Mächte“ wurzelt.

[35] Amduat II 146 mit Nachtrag III 65. Hierher gehört auch der personifizierte Geburtsziegel mit Menschenkopf in den Darstellungen des Totengerichts.

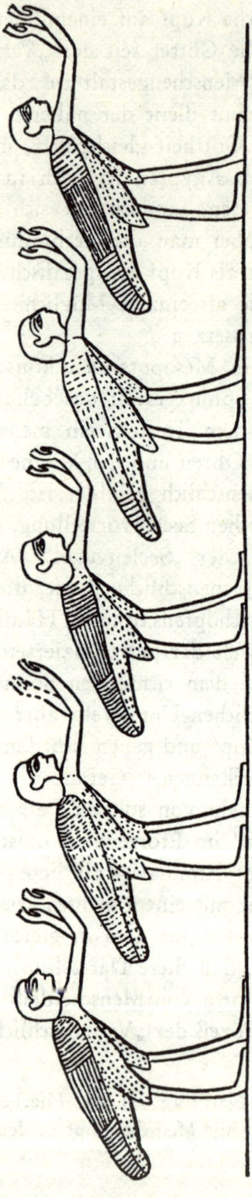

Abb. 13. Seelenvögel.

Aus A. Piankoff und N. Rambova, The Tomb of Ramesses VI = Bollingen Series XL. 1, New York 1954, S. 192, Fig. 55

Wie immer der Ägypter die Kombination wählen mag, die „Mischgestalt“ seiner Götter ist nichts anderes als eine Hieroglyphe, eine Form der „Schreibung“ nicht für den Namen, sondern für Wesen und Funktion der gemeinten Gottheit. Der Ägypter hat keine Scheu, Hieroglyphen als „Götter“ zu bezeichnen[36] und sogar einzelne Schriftzeichen mit bestimmten Gottheiten gleichzusetzen[37]; so entspricht es durchaus seiner Anschauung, wenn wir in den Götterbildern Zeichen einer Meta-Sprache sehen. Wie jede ägyptische Hieroglyphe, sind sie mehr als nur Chiffre oder starres Symbol; die Gottheit kann in ihnen Wohnung nehmen, ihr Kultbild wird in der Regel diese Gestalt zeigen, ihre Priester können durch aufgesetzte Tiermasken in die Rolle der Gottheit eintreten – Lacau hat sogar angenommen, in dieser Tierverkleidung der Priester läge der Ursprung der göttlichen Mischgestalt![38]

Aber all diese Tiere, Pflanzen und Dinge, die mit der Erscheinung der Götter verbunden werden, sagen nichts über die wahre, eigentliche Gestalt einer Gottheit aus. Diese ist nach den Texten „verborgen“ und „geheimnisvoll“, nach den Sargtexten darf nur der wissende Tote die wahre Gottesgestalt schauen.[39] Kein denkender Ägypter wird sich vorgestellt haben, Amun sei in seiner wahren Gestalt ein Mensch mit Widderkopf. Amun ist die göttliche Macht, die neben vielen anderen unter dem Bilde des Widders gesehen werden kann, wie Horus sich im Bilde des Falken, der den Himmel mit seinen Schwingen überspannt, als der zu erkennen gibt, der er ist, oder Anubis im Bilde eines schwarzen Caniden („Schakal“), der sich in der Wüste an den Gräbern zu schaffen macht. Keines dieser Bilder zeigt die *wirkliche* Gestalt einer Gottheit, und keines kann den ganzen Reichtum ihres Wesens erfassen – daher die schwankende Ikonographie ägyptischer Götter, die sich nur selten auf eine verbindliche Form der Darstellung festlegt. Jedes Bild ist ein unvollkommenes Mittel, eine Gottheit überhaupt anschaulich zu machen, sie in ihrer Wesensart zu kennzeichnen und von anderen

36 Urk. I 7, 11; H. Junker, Gîza XI 84 f.

37 E. Winter, Untersuchungen zu den ägypt. Tempelreliefs der griech.-röm. Zeit (1968), S. 76 ff.

38 Sainte Fare Garnot, Aspects de l'Égypte antique (1959), S. 21.

39 CT VI 69 c; 72 d.

zu unterscheiden. Daß hier der Sinn der Mischgestalt liegt, dieser innigen und im ganzen geglückten Verschmelzung von Attribut und menschlich-personaler Erscheinungsweise, hat bereits Lepsius in den Anfängen der Ägyptologie gesehen:

> Ihre [der Götter] Verschiedenheit ist leicht erkannt, theils durch die mannigfaltigen Symbole, die sie auf dem Kopf oder statt des Kopfes zu tragen pflegen, theils durch die stets hinzugefügten Namen.[40]

Vielgestaltigkeit und Pantheismus

Jedes Bild hat eine gewichtige, doch letztlich begrenzt-unvollkommene Aussagekraft über Wesen und Wirklichkeit der dargestellten Gottheit. In dieser Unvollkommenheit wurzelt die Vielgestaltigkeit ägyptischer Götter – ein Phänomen, das ihrer Vielnamigkeit (vgl. S. 77 ff.) analog ist, denn auch ein Name oder Beiname trifft immer nur eine Seite ihres komplexen Wesens. Diese Vielgestaltigkeit macht die Ikonographie ägyptischer Götter oftmals schwierig und verwirrend. Kaum eine von den bedeutenden Gottheiten ist auf eine einzige Gestalt und Erscheinungsform festgelegt. Anubis in seiner Canidengestalt, Thoëris in ihrer Mischform aus Krokodil, Löwe und Nilpferd sind ikonographisch relativ eindeutig bestimmt, aber die übrigen wichtigen Gottheiten sind ihrem beliebten Beinamen „reich an Erscheinungsformen" treu und verhalten sich, nach einem anderen Beinamen[41], als „Herr von Erscheinungsformen", wobei das „Herr"-Sein die Verfügungsgewalt über etwas bedeutet. Parallel dazu weisen Götterbeinamen auf die Fülle der „Gesichter" *(ḥrw)* hin, die den Gottheiten zu Gebote steht; die verschiedensten Götter werden „Vielgesicht" genannt[42]

[40] Über den ersten ägypt. Götterkreis (1851), S. 1 f.

[41] CT V 211 f. von Atum. Weitere Beispiele gibt J. Assmann, Liturg. Lieder S. 216 f. (46); in dem Sonnenhymnus, den Assmann dort übersetzt und erläutert, ist selbst diese „vielgestaltige" Offenbarung des Sonnengottes nur eine von seinen vielen Erscheinungsformen *(ḫprw)*! Ich würde darin, im Gegensatz zu Assmann, eine weitere Steigerung sehen.

[42] Amduat II 119 und weitere Belege (Sargtexte bis Philae) bei L. Kákosy, ZÄS 90, 1963, 67.

oder gelten als „Herr von Gesichtern“[43]. Die Darstellung der Götter zeigt, daß solche Beiworte auf eine gegebene Wirklichkeit anspielen. Die Gottheit zeigt dem Ägypter viele Gesichter und tritt ihm in vielerlei Gestalten entgegen.

So erscheint der Gott Thot als Ibis, Pavian und Mond, aber auch in reiner Menschengestalt oder in einer Mischform aus einzelnen dieser Elemente, die niemals den ganzen Reichtum seines Wesens erschöpfen können. Bei Gottheiten, die sich synkretistisch mit anderen verbinden (oben S. 82 ff.) und dadurch der Gestalt anderer Götter einwohnen, wird die Skala der möglichen Erscheinungsformen noch vielfach größer. Neben seinen eigentlichen Bildgestaltungen als Mensch, Widder und Nilgans leiht Amun sich von Re die Sonnenscheibe, von Min die ithyphallische Gestalt. Und Isis, die noch in hellenistischer Zeit betont als „vielnamig“ wie „vielgestaltig“ gilt, verbirgt ihr Wesen in einer verwirrenden Vielzahl von Attributen und Gestaltwerdungen, von der stillenden Mutter bis hin zu Schlange, Skorpion und Vogel, dazu in den Erscheinungsformen derjenigen Göttinnen, mit denen sie sich synkretistisch verbindet;[44] seit dem Neuen Reich sind Isis und Hathor oft nur durch die Beischrift, nicht mehr durch ihre Ikonographie zu trennen.[45]

„Welch ein Durcheinander!“ möchte man mit Adolf Erman ausrufen. Der eine Schöpfergott „hat sich zu Millionen gemacht“ (unten S. 164), zur differenzierten Fülle der Götterwelt, deren Gestaltungen beliebig austauschbar erscheinen. Nur wenige Götter sind ikonographisch auf eine bestimmte Gestalt festgelegt, und umgekehrt kann ein einzelnes Tier oder ein einzelner Gegenstand Erscheinungsform einer Vielzahl von Gottheiten sein — wie viele Götter und Göttinnen verkörpern sich etwa in der Gestalt des Löwen! Oder in der Sonne, in der man praktisch jede der großen Gottheiten verehren kann, selbst Osiris!

[43] Belege für Sokar (parallel zu „reich an Erscheinungsformen“!) und andere Götter gibt J. C. Goyon, RdE 20, 1968, 89 (4).

[44] Eine Übersicht, die sich erweitern ließe, gibt M. Münster, Untersuchungen zur Göttin Isis (MÄS 11, 1968), S. 201—203.

[45] Münster a. a. O., S. 119 f., doch liegt dabei sicher keine „Willkür“ vor.

In der Sonnenlitanei der 18. Dynastie wird der Sonnengott Re mit den verschiedensten Gottheiten gleichgesetzt. Der erste Herausgeber des Textes, Édouard Naville[46], sieht hier eine pantheistische Auffassung am Werk, und ein „solarer Pantheismus" gehört auch für Breasted zu den Grundzügen der ägyptischen Gottesvorstellung[47]. Für Wiedemann ist nicht nur Amun-Re eine „pantheistische Gottheit", sondern auch Ptah-Sokar-Osiris „ein pantheistisch aufgefaßtes Wesen, das alles beherrscht und umfaßt"[48]. Von einem Pantheismus der Ägypter sprechen van der Leeuw[49], Bonnet[50] und viele andere Autoren neuerer und neuester Zeit; noch das ›Lexikon für Theologie und Kirche‹[51] sieht den ägyptischen „Götter- und Totenkult mit pantheistischen Vorstellungen durchwoben".

Auf den ersten Blick könnte es scheinen, als würden Götter wie Re, Amun oder Ptah in der Vielzahl ihrer Namen und Erscheinungen mit allem Seienden gleichgesetzt. Untersucht man die Phänomene genauer, dann werden die Grenzen deutlich, die ein konsequentes Fortschreiten zum Pantheismus als Allvergöttlichung und „Wesenseinheit Gottes mit allem, was ist"[52] verhindert haben. Die Zahl der Erscheinungsformen ist begrenzt; Amun kann in den

[46] La Litanie du Soleil (1875), S. 6 und 122. Nach seiner ›Religion des anciens égyptiens‹ (1906) tragen die Lehre von Heliopolis (S. 116) und einige Sonnenhymnen (S. 124) pantheistischen Charakter.

[47] Development S. 360, daneben ein „nationaler Pantheismus" S. 312, 357 und 362.

[48] Die Religion der alten Ägypter (1890), S. 139 bzw. 76. Auch sonst spricht W. in diesem Werk öfter von Pantheismus, vor allem S. 166 ff.

[49] Altägyptischer Pantheismus, in: Rudolf-Otto-Ehrung (Aus der Welt der Religion, N. F.) I (1940), S. 16—38. Der Aufsatz ist im wesentlichen eine Erläuterung von Spruch 215 der Pyramidentexte, doch läßt sich der entscheidende Vers 147 b auch anders verstehen, als „Atum (und) jeder Gott", es muß keine Identifizierung gemeint sein.

[50] Reallexikon S. 244, mit gewissen Einschränkungen. Mit Recht weist Mercer, The Religion of Ancient Egypt (1949) S. 308 auf den unkultischen und darin unägyptischen Charakter des Pantheismus hin.

[51] St. Pfürtner in Band 8 (1963), Sp. 27.

[52] So die Definition im ›Lexikon für Theologie und Kirche‹, s. v. Pantheismus.

verschiedensten Formen erscheinen, doch nie als Mond, als Baum oder als Gewässer. Und in aller „Verschmelzung“ geben die ägyptischen Götter ihr selbständiges Wesen nicht auf, wie schon Wiedemann gesehen hat:

> Das Resultat ist eine allgemeine Verschmelzung der Gestalten, die logischer Weise zu einem Pantheismus hätte führen müssen. Dies ist nicht geschehen, da der Ägypter die Individualität der einzelnen Gestalten trotz ihrer Identität nicht opfern wollte.[53]

Wenn also die ägyptische Religion in der Häufung von Erscheinungsformen und Götterverbindungen Phänomene hervorgebracht hat, die an Pantheismus erinnern, so ist diese Verwandtschaft eine zufällige und oberflächliche. Denn der Ägypter hat niemals den Wunsch und Willen zur Allvergöttlichung gehabt. Der ägyptische Schöpfergott offenbart sich auch in seiner Schöpfung, aber er geht nicht in ihr auf. Wenn sich sein Wesen durch neue Gestalten und Beinamen erweitert, so wird es doch nie identisch mit dem „All“, das für den Ägypter ohnehin Bereiche enthält, die nicht göttlich sind. Von einem Pantheismus kann daher, strenggenommen, in der ägyptischen Religion nicht gesprochen werden.

Die Götter in ihrer „wahren“ Erscheinung

Welches ist die wahre Gestalt der Götter, wenn ihre Darstellung – sei es mit Tierkopf oder einem anderen Attribut – kein Abbild ihres Leibes, sondern Umschreibung ihres Wesens, ein Zeichen, Hieroglyphe einer Meta-Sprache ist? Um ihre wahre Gestalt zu kennen, muß man sie gesehen haben. So müssen wir zunächst der Frage nachgehen, wie und in welcher Gestalt sich Gottheiten dem Menschen mitteilen. Die Quellen, die uns darüber berichten, sind literarische Zeugnisse, denn für das „wirkliche“ Aussehen der Götter dürfen wir keine Bildgestaltungen heranziehen; das mag zunächst paradox klingen, ist aber notwendige Folge unserer Einsicht in das Wesen der Gottesdarstellung in Ägypten.

[53] Religion der alten Ägypter S. 139.

Die ägyptischen Götter wandeln nicht unmittelbar auf Erden unter den Menschen, eine Begegnung mit ihnen ist nur in Grenzbereichen möglich, wo Welt der Menschen und Welt der Götter sich berühren – auf einer fernen Insel etwa, wie in der Erzählung vom „Schiffbrüchigen", oder im Traum. Aber wenn man die Texte systematisch durchmustert, wird man auch sonst Beispiele genug für die Schilderung einer Theophanie finden, vor allem in den Hymnen und in der Jenseitsliteratur.

Die Schilderung der Gotteserscheinung im „Schiffbrüchigen"[54] bietet wichtige Einzelheiten und ist auch dadurch bemerkenswert, daß es sich bei der offenbarten Gottheit um eine neue, noch nicht bekannte handelt. Ein ägyptischer Beamter hat bei der Fahrt durch das Rote Meer Schiffbruch erlitten und ist „durch eine Woge des Meeres" auf eine einsame Insel geworfen worden. Dort verbringt er drei Tage, findet pflanzliche und tierische Nahrung im Überfluß und entzündet ein Brandopfer, um den „Göttern" für seine Rettung zu danken. Dann wird es unheimlich, und er berichtet:

> Da hörte ich ein Donnergeräusch und meinte, es sei eine Woge des Meeres; Bäume wurden geknickt, die Erde bebte. Als ich mein Gesicht (wieder) aufdeckte, erkannte ich, daß es eine Schlange war, die herankam. Sie maß 30 Ellen [rund 15 m], und ihr Götterbart war über zwei Ellen [1 m] lang. Ihr Leib war mit Gold überzogen, und ihre Augenbrauen waren aus echtem Lapislazuli.

Der Schlangengott bedroht den Eindringling mit dem Feuertod, und dem Schiffbrüchigen schwinden vor Angst die Sinne. Aber dann erweist sich die Gottheit als freundlich und voll prophetischer Einsicht in die Zukunft. Die materiellen Opfergaben, die der Gerettete dem Schlangengott gelobt, verlacht er, denn er lebt ja im Überfluß, und sein Reich ist nur vorübergehend in dieser Welt: der Schiffbrüchige wird die Insel „niemals wiedersehen, da sie zur Flut werden wird". Was mit ihm dann geschehen wird, sagt der Gott nicht, aber in einer eingeschalteten Erzählung hat er bereits den

[54] Der Text bei A. M. Blackman, Middle-Egyptian Stories (Bibliotheca Aegyptiaca 2, 1932), S. 41 ff. (die unten zitierte Stelle S. 43). Zahlreiche Übersetzungen, z. B. E. Brunner-Traut, Altägypt. Märchen (1963), S. 5 ff.

Untergang seiner 74 „Geschwister" berichtet, den er als einziger überlebt hat. Auch ihn müssen wir als ein sterblich-vergängliches Wesen sehen, und damit mag der einzige Wunsch zusammenhängen, den er dem Schiffbrüchigen auf die Heimreise mitgibt: ihn in Ägypten bekannt zu machen. Dabei wird der Name dieser Gottheit nirgends genannt, er wird auch nur indirekt als ein *nṯr*, „Gott", angesprochen (sonst nur mit dem – im Ägyptischen männlichen – Wort für „Schlange"), aber die Erzählung läßt doch keinen Zweifel daran, daß der Schiffbrüchige in ihm eine Gotteserscheinung sieht, die Offenbarung einer neuen, bisher unbekannten Gottheit in fernen Landen. Die Gestalt, in der sie sich dem Menschen zeigt, ist die eines belebten Kultbildes – aus edelsten Materialien (Gold, Lapislazuli) gebildet und mit Götterattributen (Bart) versehen.

Etwas anderes ist die Selbstmitteilung schon bekannter, vertrauter Götter, wie sie im Traume geschehen kann. Die Tatsache, daß es für den Ägypter Träume „in der Nacht und am Tage" gibt, deutet wohl darauf, daß sein Begriff „Traum" *(rswt)* auch „Vision", ἐπιφάνεια, mit enthält,[55] wie denn das Wort eigentlich „Erwachen" (aus dem Schlaf) bedeutet.

Am bekanntesten sind die königlichen Träume bzw. Visionen aus dem Neuen Reich. Thutmosis IV. legt sich als Prinz, in der Wüste jagend, um die Mittagszeit im Schatten des Großen Sphinx von Gîza zur Ruhe, und der Schlummer „ergreift" ihn. „Da fand er, wie die Majestät dieses herrlichen Gottes mit eigenem Munde redete, so wie ein Vater zu seinem Sohne spricht . . ." Er hört also den Mund des Großen Sphinx reden, der den Ägyptern ja als Harmachis („Horus-im-Horizont"), eine Erscheinungsform des Sonnengottes, galt; aber er sieht offenbar keine besondere Göttergestalt, zumindest ist in der Inschrift (Urk. IV 1542) davon keine Rede.

Noch kürzer sind Traumerscheinungen geschildert, die anderen Königen des Neuen Reiches auf ihren Feldzügen zuteil werden. Dem schlummernden Amenophis II. erscheint „die Majestät dieses herrlichen Gottes" Amun, „um seinem Sohn Stärke zu verleihen"

[55] Dazu F. Daumas, BIFAO 56, 1957, 54 f. Auch wenn man Merikarê Z. 137 anders übersetzt, bleibt die Tatsache von Tag-Träumen bestehen.

(Urk. IV 1306 f.). Ähnlicher Zuspruch wird König Merenptah durch den Gott Ptah, seinen Lieblingsgott, zuteil.[56] Wir lernen in solchen Traumoffenbarungen Handlung und Äußerung, aber nicht die Gestalt der Gottheit kennen. Daß der Ägypter – und nicht nur der König, sondern jedermann – die Gottheit bisweilen im Traum auch schauen konnte, lehrt das Traumbuch des Pap. Chester Beatty III[57] aus der 19. Dynastie. Unter den vielen Erscheinungen, die jemand im Traume sehen kann, steht auch: „Den oberen (oder obersten?) Gott schauen – Gut! Viel Nahrung bedeutet das." Hier handelt der Gott also nicht, sondern wird geschaut – in welcher Gestalt, ist nicht gesagt.

Im ganzen sind die Traumoffenbarungen wenig geeignet, uns Aufschluß über das wahre Aussehen der Götter zu geben, obgleich der Schläfer nach ägyptischer Auffassung, wie sie Adriaan de Buck herausgearbeitet hat,[58] in der Welt der Götter, im Jenseits weilt. Wir müssen, um weiterzukommen und die Angaben aus der Erzählung des Schiffbrüchigen ergänzen zu können, die Texte aufsuchen, die sich unmittelbar mit dem Jenseits und der Erscheinung von Göttern im Totenreich beschäftigen. Dort bewegen wir uns in einer Welt, in der die Götter zu Hause sind (vgl. S. 223), aus der sie nur bei besonderen Gelegenheiten in das irdische Diesseits heraustreten.

Die erste Strophe des berüchtigten „Kannibalenspruches" der Pyramidentexte (Spruch 273) lautet:

Der Himmel ist bewölkt, durcheinandergerüttelt[59] die Sterne.
Es beben die „Bogen", es zittern die Knochen des Erdgottes.
Aber die, die sich bewegen, halten ein, wenn sie den N. gesehen haben,
den mit erscheinender Seele, als einen Gott,
der von seinen Vätern lebt und sich von seinen Müttern nährt.

[56] Vgl. G. Posener, De la divinité du Pharaon (1960), S. 85, und S. Sauneron in: Les songes (Sources orientales 2, 1959), S. 21 f.

[57] Die Stelle recto 2, 14: A. H. Gardiner, Hieratic Papyri in the British Museum, 3rd series (1935) Bd. I S. 12 und Bd. II pl. V. Vgl. auch Posener a. a. O. S. 86.

[58] De godsdienstige opvatting van den slaap (Mededeel. en Verhandel. van het Gezelsch. „Ex Oriente Lux" No. 4, 1939), vor allem S. 29.

[59] Alle neueren Übersetzer, bis zu Faulkner (1969), folgen für *jḥj*

Wie in der Erzählung vom Schiffbrüchigen, kündet ein gewaltiger Aufruhr in der Natur das Erscheinen der Gottheit (hier des verstorbenen Königs) an. Das Beben der Erde oder der Gestirne begleitet auch sonst die Erscheinung von Gottheiten[60] und spiegelt die gewaltige Wirkung, die von ihnen ausgeht – eine Wirkung, die sich der Tote für seine Götterrolle erhofft. Auf dem Sarge der „Gottesgemahlin“ Anchnesneferibrê (6. Jahrh. v. Chr.) tritt die Verstorbene in der Rolle der Göttin Hathor von Dendera als verderbenbringendes Sonnenauge auf, „kein Mensch und kein Land sieht sie ..., wenn sie (aber) gesehen wird, dann ist eine Million Ellen Feuer auf allen ihren Wegen ...“[61]

Zum Nahen Gottes gehört, daß Ungeheures ihn ankündet, und seine Gestalt ist durch die Machtzeichen bestimmt, die ihm zu Gebote stehen und ihn wie eine Aura umgeben. Im genannten „Kannibalenspruch“ gehören sie zur Epiphanie des Verstorbenen:

Die Kas des N. sind um ihn, seine Hemuset zu seinen Füßen.
Seine „Götter“ (d. h. Kronen?) sind auf ihm, seine Uräusschlangen an seinem Scheitel,
die „Leitschlange“ des N. ist an seiner Stirn ...
Die Kräfte (*'wsrw*) des N. sind an ihrem Platz. (Pyr. 396)

dem Übersetzungs-Vorschlag des Wb: „sich verdunkeln?“. Es liegt jedoch ein Partizip pass. des Verbums *ḥwj*, „schlagen, treiben, wogen“, vor, vgl. auch die Schreibung mit „schlagendem Mann“ CT VI 177 b. Möglich wäre auch Roeders Übersetzung „beben“ (Urkunden zur Religion des alten Ägypten, 1915, S. 191). Der Sinn läßt sich am besten mit Schillers „Am Himmel ist geschäftige Bewegung“ wiedergeben.

[60] Die Belege aus den Pyramidentexten bei J. S. Karig, Die Landschaftsdarstellung in den Privatgräbern des Alten Reiches (Diss. Göttingen 1962), S. 146. Vgl. ferner CT II 209 d und VII 252 a, Pfortenbuch II 75, und öfter. Auf die zahllosen Parallelen der Religionsgeschichte – von 1. Kön. 19, 11 f. bis zu Goethe: „Poetische Gedanken über die Höllenfahrt Jesu Christi“ – brauchen wir hier nicht einzugehen.

[61] C. E. Sander-Hansen, Die religiösen Texte auf dem Sarg der Anchnesneferibre (1937), S. 126 Zeile 408–410. Vgl. schon Amduat II 103: Der „geheime Weg des Sokarlandes“ ist „gefüllt mit Feuerflammen aus dem Mund der Isis“.

Im gleichen Spruch verschlingt der König im Jenseits Kronen, um sich ihre Kräfte anzueignen, denn die Attribute sind nicht bloßes äußeres Zeichen, sondern Träger von göttlichen Kräften. Die Gesamtheit dieser Machtzeichen, die zur Gotteserscheinung gehören, schildert Spruch 422 der Pyramidentexte noch ausführlicher:

Dein Ba gehört dir in deinem Innern,
deine Macht gehört dir, um dich herum.
Deine *wrrt*-Krone gehört dir, auf dir,
deine *mjzwt*-Krone gehört dir, auf deiner Schulter.
Dein Gesicht ist vor dir, deine Huldigung ist vor dir.
Das Gottesgeleit ist hinter dir, die Gottesedlen vor dir —
sie rezitieren: „Es kommt ein Gott, es kommt ein Gott ...“!
(Pyr. 753a–754b)

Diese und eine Reihe weiterer Stellen aus Pyramiden- und Sargtexten[62] hat Jan Assmann bereits in seiner Heidelberger Dissertation ›Liturgische Lieder an den Sonnengott‹ zusammengestellt und mit ähnlichen Schilderungen in den Sonnenhymnen des Neuen Reiches verglichen. Immer wird dabei das Gewaltige der göttlichen Erscheinung durch eine Reihung der sichtbaren und unsichtbaren Machtzeichen zum Ausdruck gebracht. Sie tragen die Wirkung, ihre Darstellung deutet auf die Wirkung. Die Attribute, denen wir bei der Darstellung von Göttern begegnet sind, gehören als Machtträger auch zu ihrer wirklichen Erscheinung; aber zu diesen äußeren Zeichen treten Ahnungen, Gefühle und Wirkungen hinzu, die sich der Darstellung entziehen. Auch Glanz und Duft als „mildere“ Zeichen göttlicher Anwesenheit lassen sich nur in den Textzeugnissen greifen.

Als der Gott Amun sich der schlummernden Königin Iahmes naht, um mit ihr die spätere Königin Hatschepsut zu zeugen, da „war der Palast überflutet von Gottesduft“[63]. Der Duft weckt die Königin und ist ihr das erste Anzeichen für die Gegenwart des

[62] Pyr 1089; 1374 f.; CT V 392 e–i.

[63] Urk. IV 220, 5 und Parallele 1714, 16. Die erhaltenen Reliefzyklen um die göttliche Geburt des Königs sind jetzt ausführlich von H. Brunner bearbeitet: Die Geburt des Gottkönigs (ÄgAbh 10, 1964), die betreffende Szene dort S. 35 ff. und zum Duft Gottes der Kommentar S. 51.

Gottes, bevor er, der zunächst die Gestalt ihres Gatten Thutmosis I. angenommen hat, sie seine wahre „Gottesgestalt" *(jrw n nṯr)* schauen läßt.[64] Weitere Einzelheiten erfahren wir nicht, aber so viel wird noch deutlich, daß die Erscheinung des Gottes einen durchdringenden Duft „wie der des (Weihrauch-)Landes Punt" verströmt. Dieser göttliche Duft ist auch sonst reich bezeugt, es ist das „Gottesozon", das Dr. Riemer in Thomas Manns ›Lotte in Weimar‹ um den großen Dichterfürsten spürt. Schon in der ägyptischen Frühzeit führt ein bestimmtes Salböl den Namen „Horusduft"[65], und noch im ptolemäischen Horustempel von Edfu[66] heißt es: „Die Kehle atmet von deinem Duft." Im großen Amunhymnus des Museums in Kairo aus der 18. Dynastie ist der Gott der, „dessen Duft die Götter lieben, wenn er aus Punt kommt"[67], und auch der Verstorbene gelangt als „Osiris" und „Gott" zu göttlichem Wohlgeruch[68]. Allerdings fällt es in den Unterweltsbüchern oft schwer, zwischen dem „Duft" göttlicher Wesen und dem „Gestank" strafender Dämonen zu unterscheiden, da der Ägypter stets nur von *sṯj*, „Geruch", spricht, wörtlich „das Ausströmende".

Neben dem Duft ist es der Glanz, der die Anwesenheit ägyptischer Gottheiten verrät. Als die Königin Hatschepsut die heimkehrende Punt-Expedition empfängt und dabei, „Myrrhen auf allen ihren Gliedern" und göttlichen Wohlgeruch ausströmend (Urk. IV 339, 15 f.), in die Rolle Gottes eintritt,[69] da ist „ihre

[64] Urk. IV 220, 1 und Parallele 1714, 12. In der Terminologie wird deutlich zwischen der wahren und der angenommenen Gestalt unterschieden!

[65] Kaplony, Inschriften I 291.

[66] Edfou I 293 (vgl. Otto, Gott und Mensch S. 150 Nr. 18).

[67] Pap. Bulaq 17, 2, 4: Grébaut, Hymne à Ammon-Ra (1874), S. 6.

[68] Sander-Hansen a. a. O. (Anm. 61), S. 44. Der „gute Geruch" der Seligen wird auch Pfortenbuch II 161 betont, doch geht es hier eher um die Verhinderung des Fäulnisprozesses.

[69] Die Untertanen akklamieren sie „in der Eigenschaft ihres Göttlichseins", wie man den ägyptischen Ausdruck Urk. IV 340, 5 ungefähr umschreiben kann. Es wird also deutlich hervorgehoben, daß sie hier als „Gott" auftritt und agiert, vgl. zum König in der Rolle Gottes auch unten S. 132 f.

Haut vergoldet mit Weißgold und leuchtet, wie es Sterne tun, im Innern der Festhalle, angesichts des ganzen Landes" (ibid. 339, 17ff.). Damit verwandt ist die Vorstellung, seit dem Mittleren Reich zu belegen, daß das „Fleisch" der Götter aus Gold, ihr Leib aus den edelsten Materialien gebildet ist.[70] Golden und glänzend ist auch die Barke, in welcher der Sonnengott dahinfährt[71], und der selige Verstorbene wünscht sich, „eines Leibes" mit der Gottheit und damit des edlen, glänzenden Götterleibes teilhaftig zu werden[72].

Die Gottheit wird nicht nur in ihren Attributen, in Duft, Glanz und Mächtigkeit sichtbar und spürbar, sondern noch mehr in den Wirkungen, die sie im Herzen des Menschen auslöst, in Liebe, Furcht, Schrecken, ehrfürchtigem Schauer, in den Gefühlen, die ihre Anwesenheit begleiten. Wie sich die Gottheit, losgelöst vom Problem ihres objektiven Seins, im Herzen des Menschen ereignet, hat Jan Assmann in seiner schon mehrfach herangezogenen Dissertation am ägyptischen Material mit sicherem Gefühl aufgezeigt.[73] Hier wird die unsichtbare Gottheit als subjektive Realität faßbar, sichtbar aber kann sie den Gläubigen nur in Bildern werden, denn ihre wahre Erscheinung ist ohne feste Konturen, von blendendem Glanz überstrahlt. Dem Ägypter ist es nicht verboten, sich ein Bild der Gottheit zu machen, aber er unterscheidet sorgfältig zwischen diesem Bild und der „wahren Gestalt", die menschlicher Anschauung bis auf seltene Ausnahmen entzogen bleibt. Im Jenseits mag es möglich sein, die wahre Gestalt und damit Gott selbst zu schauen, aber hier auf Erden bleibt der Gläubige auf Bilder und Mittlerwesen angewiesen, lebt er in ungestillter Sehnsucht, die „Vollkommenheit" *(nfrw)* Gottes zu schauen.

70 Belege bei Seibert, Die Charakteristik (ÄgAbh 17, 1967), S. 121 f., und Assmann, Liturg. Lieder S. 81 mit Anm. 16.

71 A. Massart, MDIK 15, 1957, 184 verso V 7.

72 Vgl. Assmann, Liturg. Lieder S. 101 (in Anm. 57 auch Belege zur Mumie als „Gottesleib"!).

73 Vor allem Liturg. Lieder S. 64ff. und 250ff.

Die Gottesbilder und der König

Nach der systematischen Theologie des Neuen Reiches, wie sie z. B. der Leidener Amunhymnus formuliert (IV 16 f.), ist die Gottheit im Himmel, um der Welt zu leuchten,[74] ihr Leib ruht im unterweltlichen Jenseits, und auf Erden unter den Menschen künden die Bilder der Gottheit von ihrer Gegenwart. Auch diese Bilder können als „Leib" der Götter gelten, in den sie „eintreten".[75] Es sind vor allem die Kultbilder, die Tempelstatuen, an denen der tägliche Kult des Gottes zelebriert wurde; aus den kostbarsten Materialien angefertigt, damit sie dem wahren Leib der Gottheit (oben S. 124) so nahe als möglich kommen, sind sie fast alle ein Opfer menschlicher Gier geworden, nur in seltenen Fällen haben sich originale Kultbilder über die Jahrtausende erhalten. Für gewöhnlich hatte das Kultbild an der Unsichtbarkeit der Gottheit Anteil; im dunklen Allerheiligsten aufgestellt, war es nur dem diensttuenden Priester des Tempels zugänglich, der täglich das Ritual an ihm und vor ihm zelebrierte. An den großen Festen wurde das tragbare Gottesbild auf den Schultern der Priester in die Öffentlichkeit hinausgetragen (Abb. 14) und ist damit, Orakel erteilend, dem Menschen und seinen Anliegen erreichbar; auch bei diesen Prozessionen aber blieb es, nach den Darstellungen zu urteilen, unsichtbar im verhüllten Schrein[76]. Gott zu schauen, blieb selbst *im Bild* eine besondere Gnade, die nur dem diensttuenden Priester täglich zuteil wird, wenn er den Schrein des Götterbildes geöffnet hat.[77]

Wie in einem Kultbild aus Stein, Metall oder Holz, kann die Gottheit auch im Leib eines Tieres Wohnung nehmen. Das bekannteste Beispiel eines solchen lebenden Kultbildes ist der Apis-Stier

[74] Urk. IV 1676 von Amun.

[75] H. Junker, Die Götterlehre von Memphis (APAW 1939 Nr. 23), S. 65.

[76] Eine Ausnahme macht das unverhüllte Kultbild Amenophis' I. in Theben-West: J. Černý in R. A. Parker, A Saite Oracle Papyrus from Thebes (1962), S. 42 f.

[77] Vgl. das Kapitel „Gott schauen" im täglichen Ritual, nach Öffnung des Schreines: Moret, Rituel S. 55 f. Belege für das „Schauen" Gottes im Totenreich Amduat II 16 f. und III 59.

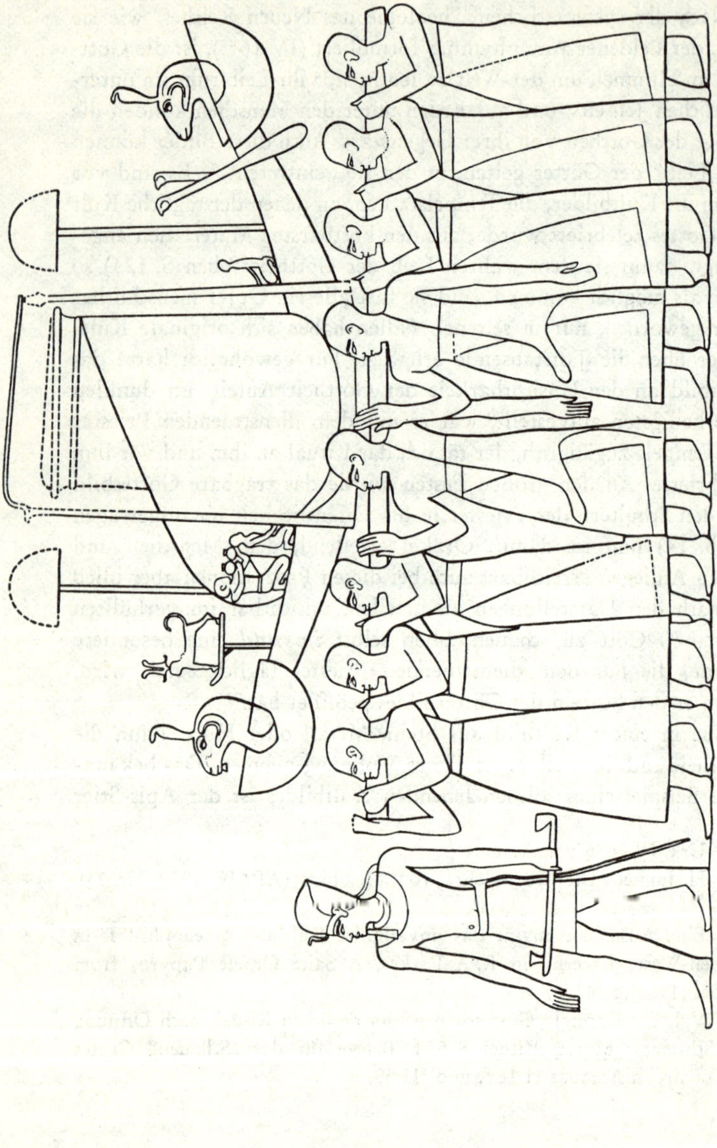

Abb. 14. Prozession eines Götterbildes.
Aus A. Piankoff und N. Rambova, Mythological Papyri = Bollingen Series XL. 3, New York 1957, S. 18, Fig. 1

in Memphis, schon in der Frühzeit als besondere Gottheit, später als Verkörperung des Gottes Ptah verehrt. Hier sehen wir, wie bei anderen Stierkulten Ägyptens,[78] die Verehrung eines *einzelnen* Exemplars, während man von „Tierkult“ erst bei der Verehrung *aller* Exemplare einer Gattung sprechen kann.

Im Tierkult stoßen wir, wie bei den Namen und Erscheinungsformen, erneut auf die Fähigkeit ägyptischer Götter, ihr Sein nahezu unbegrenzt zu erweitern – nicht nur in *einem* Ibis oder Krokodil, sondern in *allen* Ibissen, *allen* Krokodilen zu erscheinen. Diese Vervielfältigung bestätigt eine Tendenz, die wir in der ägyptischen Gottesvorstellung schon mehrfach angetroffen haben; doch auch sie führt zu keinem Pantheismus, denn es sind nur bestimmte Tierarten, die einer Gottheit zugeordnet werden, dazu oft auf einen einzelnen Ort der Verehrung beschränkt. Die Vervielfältigung in sichtbaren Bildern macht die Gottheit für den Gläubigen verfügbarer und anschaulicher, bringt sie in eine irdische Nähe, in der sie dem Anliegen des Einzelnen erreichbarer ist. Daher ist der Tierkult ein Bestandteil der Volksfrömmigkeit, in mancher Hinsicht mit dem Reliquienkult zu vergleichen und dessen Auswüchse teilend. Wir brauchen auf die Phänomene der Tierverehrung in Ägypten nicht näher einzugehen,[79] denn sie lehren uns in ihrer konsequenten, erst spät verwirklichten Form nur ein Mißverständnis, kein Verständnis der ägyptischen Gottesvorstellung. Das einzelne Tier *ist* nicht die Gottheit, sondern dient ihr als Aufenthalt, weist auf sie hin, ist ihr Bild und Gefäß. So erklärt es sich, daß ägyptische Gottheiten trotz unzähliger Tierverkörperungen nur selten Tiernamen tragen (oben S. 73 f.), denn ihr Wesen geht in diesen Verkörperungen nicht auf.

Für den schlichten Beter aus dem Volk mögen Bild und Gottheit ineinanderfließen, er mag in jedem Ibis dem Gott Thot persönlich begegnen, aber die Theologie der Priester hat, in wechselnden

[78] E. Otto, Beiträge zur Geschichte der Stierkulte in Ägypten (UGAÄ 13, 1938); S. Morenz, Rote Stiere — Unbeachtetes zu Buchis und Mnevis, in: Ägyptolog. Studien (Festschrift H. Grapow, 1955), S. 238—243; A. Hermann, Der letzte Apisstier, JAC 3, 1960, 34—50.

[79] Siehe E. Hornung, Die Bedeutung des Tieres im alten Ägypten, StG 20, 1967, 69—84 (mit der älteren Literatur).

Formulierungen, stets sorgfältig zwischen Tier und Gottheit unterschieden. Für sie bleibt das Tier ein vordergründiges Zeichen, ein Mittler zwischen Mensch und Gott. Als „Sprecher" oder „Herold" des Gottes können die heiligen Stiere Orakel erteilen, durch die sich die Gottheit in ihrem Willen offenbart. Alle heiligen Tiere gelten als Ba einer Gottheit,[80] als sichtbare Manifestation einer unsichtbaren Macht, wie der Wind als Ba des Luftgottes Schu und die sichtbare Sonne als Ba des Sonnengottes gilt. Noch für Celsus sind sie, am Ende der heidnischen Zeit Ägyptens, heilige Zeichen der Gottheit, *aenigmata*.

Als „Bild Gottes" gelten auch Menschen, und zwar nach seltenen, aber deutlichen Belegen sogar *alle* Menschen. In den Erzählungen des Pap. Westcar wird ja sogar der Verbrecher, der zum Tode verurteilt ist, noch zum „heiligen Vieh" Gottes gerechnet! In der „Lehre für Merikarê" aus der Ersten Zwischenzeit (um 2060 v. Chr.) heißt es von diesem „Vieh Gottes", den Menschen: „seine Bilder sind sie, die aus seinem Leibe hervorgegangen sind" (Z. 132), und für den Lehrer Anii gilt am Ende der 18. Dynastie: „Die Menschen sind Ebenbilder Gottes in ihrem Brauch, einen Mann mit seiner Antwort zu hören. Nicht der Weise allein ist sein Ebenbild, während die Menge wie lauter Vieh wäre ..."[81] So können sich alle Menschen entweder von Geburt als Gotteskinder (bei Merikarê), oder durch ihr Handeln als Gottesbilder erweisen; der Wissende gilt dem Ägypter auch sonst als „Ebenbild Gottes"[82], der Sohn als „Bild" seines Vaters[83], womit keine bloße äußere Ähnlichkeit, sondern innerste Verwandtschaft im Handeln, im Wesen und im Rang gemeint ist.

Sohn und Bild des Schöpfergottes ist aber in erster Linie der regierende König, fast alle ägyptischen Aussagen über den Menschen

[80] Morenz, Religion S. 165 f.; E. Otto, Saeculum 14, 1963, 259 f.

[81] A. Volten, Studien zum Weisheitsbuch des Anii (1937), S. 161 ff.

[82] Amduat I 22, 2 f. und III Vers 13; Anii X 15. Zu den verschiedenen ägyptischen Bild-Begriffen und ihrer Unterscheidung vgl. meinen Beitrag ›Der Mensch als „Bild Gottes" in Ägypten‹, in: O. Loretz, Die Gottebenbildlichkeit des Menschen (1967), S. 123—156.

[83] Urk. IV 1383, 11 in der Inschrift über die Einsetzung des Wesirs Useramun, vgl. Loretz a. a. O. S. 152 mit Anm. 46.

als „Bild Gottes" beziehen sich auf ihn. Seit der 4. Dynastie, also seit dem Bau der großen Pyramiden von Gîza, gilt er als „Sohn" des Sonnengottes, im Laufe des Mittleren Reiches und der Zweiten Zwischenzeit bildet sich die neue Definition vom König als „Bild" der gleichen Gottheit heraus. Was damit gemeint ist, habe ich an anderer Stelle ausführlich dargelegt.[84] Entscheidend ist für den Ägypter nicht die äußere Ähnlichkeit des Königs mit einer bestimmten Gottheit, an die man denken könnte, wenn Tutanchamun Statuen des Gottes Amun seine eigenen jugendlichen Züge verleiht. Zur Ähnlichkeit in der Erscheinung tritt die Ähnlichkeit im Handeln, durch die der König „wie Month (der Kriegsgott)" oder „wie sein Vater Amun-Re" wirkt. Alle Ähnlichkeiten münden in eine umfassende Wesensverwandtschaft, die den König mit *allen* Gottheiten verbindet, so daß er kurzweg „Bild der Götter"[85] heißen kann; daher nimmt der Ägypter keinen Anstoß, wenn sich auch die Königin Hatschepsut als „Bild" des männlichen Gottes Amun-Re bezeichnet.[86].

Für gewöhnlich ist der König, wie das Kultbild eines Gottes im Tempel, in der Abgeschiedenheit seines Palastes verborgen. Aber wenn er heraustritt und seinen Untertanen „erscheint", wird er für die staunende und jubelnde Welt zum *deus praesens*, läßt er sie die Gegenwart des Schöpfergottes spüren und wiederholt dessen Taten. Denn das, was er tut, ist „nicht Menschenwerk", sein Wort ist „der Ausspruch eines Gottes selbst".[87]

Der Gott, den man vor allen anderen in der Erscheinung des Königs wiedererkennt, ist der Sonnengott Re, der Schöpfer und Erhalter der Welt. „Du bist Re", rufen hohe Beamte des Neuen Reiches dem König zu,[88] und schon im Mittleren Reich heißt es von Amenemhât III. (1844–1797 v. Chr.): „Re ist er, durch dessen

[84] Der Mensch als „Bild Gottes" in Ägypten (siehe Anm. 82).

[85] Urk. IV 276, 15 und 2045, 2.

[86] Ibid. 244, 14 (der Bild-Begriff im Femininum!).

[87] Ibid. 1236, 2 bzw. 165, 13 — beides Aussagen über Thutmosis III.

[88] Usersatet zu Amenophis II.: R. A. Caminos, Shrines of Ibrim (1968), S. 70 mit pl. 28 Zeile 9; Haremhab zu Tutanchamun: R. Hari, Horemheb (1965), pl. XIX Zeile 4 (Leidener Grabwand).

Strahlen man sieht"[89]; ein Jahrhundert später wird Pharao als „Re der Fremdländer"[90] bezeichnet, im Neuen Reich als „Re der Könige" und „Re der Herrscher"[91]. Ramses II. ist „Abbild des Re, die Welt erleuchtend wie die Sonnenscheibe"[92], und sein Nachfolger Merenptah ist „Sonnenscheibe der Menschen, welche die Finsternis von Ägypten vertreibt"[93]. Die Grenzen zwischen Abbild, Vergleich und Identifizierung scheinen uns unscharf, eine Erscheinung „wie Re" wird unversehens zu einer Erscheinung „als Re". Von Amenophis III. heißt es, daß „jede seiner Statuen einer Erscheinungsform der Majestät des Re entspricht" (Urk. IV 1724, 14); gerade von diesem König – und später von Ramses II. – kennen wir eine Reihe von Königsstatuen, denen schon zu Lebzeiten des Herrschers kultische Verehrung dargebracht wurde.[94] Einige der Statuen Ramses' II. führen den Namen „Ramses-Meriamun-der-Gott" und scheinen damit, wie der ganze Statuenkult, auf eine Vergöttlichung des lebenden Herrschers hinzudeuten. Aber im Gegensatz zu seinen Statuen gilt der König selbst nicht als „Erscheinungsform" *(ḫprw)* des Sonnengottes, mag er auch als „Bild" des Gottes bezeichnet werden; er empfängt zu Lebzeiten keinen Kult, unterscheidet sich also darin von einem wirklichen Kultbild oder einem heiligen Tier.

Damit läßt sich die Frage nicht länger umgehen, wie es um die Göttlichkeit Pharaos steht – eine Frage, die von A. Moret, Du

[89] M. Kamal, ASAE 40, 1940, 215 (Stele des Sehetepibre, Zeile 12).

[90] Auf Siegeln der 13. Dyn. aus Byblos: H. Goedicke, MDIK 19, 1963, 1 ff.; W. F. Albright, BASOR 176, 1964, 44 f.

[91] Belege gab ich StG 18, 1965, 76 mit Anm. 42, dort auch weitere „solare" Beinamen; zu ergänzen wäre der König als „Re der Neunbogen" (d. h. aller Völker) seit Haremhab (R. Hari, Horemheb pl. LI und LIII) und Thutmosis III. als „Sonnenscheibe aller Länder" (Urk. IV 887, 16).

[92] G. Legrain, Statues et statuettes de rois et de particuliers II (1909), S. 9.

[93] Pap. Anastasi II 5, 7 f. (Gardiner, Late-Egyptian Miscellanies S. 15).

[94] Das Material ausführlich bei L. Habachi, Features of the Deification of Ramesses II (ADIK 5, 1969).

caractère religieux de la royauté pharaonique (1902), bis zu G. Posener, De la divinité du Pharaon (1960), die verschiedensten Antworten gefunden hat. Ist Pharao selbst ein Gott, ist er nur metaphorisch ein „Sonnenkönig", ist er zweigeteilten Wesens, halb Mensch, halb Gott? Es wäre vermessen und würde den Rahmen dieser Untersuchung sprengen, wenn wir der vielschichtigen Problematik ägyptischer Königsideologie an dieser Stelle nachgehen wollten. Wir fragen nach Wesen und Erscheinung ägyptischer Götter und beschränken uns auf diesen Aspekt des Königtums. Auch von der – meist späten – Vergöttlichung nichtköniglicher Personen soll hier nicht gesprochen werden.

Titel und Prädikate des Königs scheinen darauf hinzuweisen, daß Pharao höchstselbst ein Gott ist. „Vollkommener Gott" *(nṯr-nfr)* heißt er in seiner offiziellen Titulatur, im frühen Alten Reich sogar „Größter Gott"[95] und in der Spätzeit einmal, reichlich anachronistisch, „Größer als die Götter"[96]. Dazu kommen die konkreten Anrufe als Sonnengott, auf die schon hingewiesen wurde, und die entsprechenden Bezeichnungen des Königs als Horus, Month, Chnum, Sachmet usw. Die Götter gelten als seine „Brüder"[97], und oft ist man im Zweifel, ob die Bezeichnung *nṯr* in einem Text den König oder eine „echte" Gottheit meint. So ist es begreiflich, daß Pharao noch bis in jüngste Veröffentlichungen hinein als Gott oder „Gottkönig" oder zumindest als „Inkarnation" einer Gottheit betrachtet wird.

Aber der ägyptische König ist trotz allem keine Gottheit. Wie sehr er sich in seinen Eigenschaften und seinem Wirken von den Göttern unterscheidet und sich ihnen unterordnet, hat Georges Posener in der genannten Arbeit gezeigt – selbst wenn man zugibt, daß allzu menschliche Züge, wie sie der « roi des contes » Poseners trägt, auch den Göttern des Mythos anhaften können und daß

[95] Snofru und einige seiner Nachfolger in Sinai-Inschriften, vielleicht als Vorläufer des späteren *nṯr-nfr:* D. Wildung, Die Rolle ägypt. Könige im Bewußtsein ihrer Nachwelt I (= MÄS 17, 1969), S. 112.

[96] E. Otto, Die biographischen Inschriften der ägypt. Spätzeit (1954), S. 135 (Inschrift 4, 22. Dyn.).

[97] Pyr 28 c und öfter, aber wohl immer vom verstorbenen König.

Posener den König an einem vielleicht zu idealen Gottesbild mißt.[98] Die Unterordnung des Königs unter die Gottheit hat Siegfried Morenz als einen jahrtausendelangen, folgerichtigen Prozeß herausgearbeitet und als „Heraufkunft des transzendenten Gottes" gesehen (vgl. S. 184 ff.). Und ergänzend konnte auf Feinheiten der Terminologie hingewiesen werden, welche die Göttlichkeit des Königs und ihre Grenzen genauer bestimmen.[99] Schon für den Ägypter war diese Göttlichkeit Pharaos ein Problem, das er mit immer neuen Formeln und Definitionen zu lösen suchte. Er wußte, daß keine schlichte Identität zwischen dem König und dem Gott Horus oder zwischen König und Sonnengott besteht. Bereits in der 4. Dynastie zeigt die berühmte Dioritstatue des Chephren den König, der von seiner Titulatur her als „Horus im Palast" gilt, im Schutze des himmlischen Horus, und der gleiche König ordnet sich als „Sohn des Re" dem Sonnengott unter.

Die ausführlicheren Textquellen, die mit der Ersten Zwischenzeit einsetzen, zeigen die Göttlichkeit Pharaos in deutlicheren Umrissen. Der König ist zwar „im Ei", also von Geburt an, zur Herrschaft bestimmt, aber nicht von Geburt an göttlich.[100] Er erwirbt seine Göttlichkeit erst durch die Riten der Thronbesteigung, von diesem Augenblick an kommt sie ihm ex officio zu. „Erscheine als Gott", ruft Amenemhât I. (1991–1962 v. Chr.) in seiner postumen „Lehre" seinem Nachfolger Sesostris I. zu, und dieser sagt in einer Bauinschrift: „Ich bin als Horus gekommen, als ich herangereift war."[101]

[98] Vgl. die Besprechungen von H. Kees, OLZ 57, 1962, 476–478 und J. G. Griffiths, JEA 49, 1963, 189–192.

[99] H. Goedicke, Die Stellung des Königs im Alten Reich (ÄgAbh 2, 1960); E. Hornung, Geschichte als Fest (1966), S. 23 ff.

[100] Der Mythos von der göttlichen Geburt Pharaos (vgl. Anm. 63) ist kein Widerspruch dagegen, da hier stets die Geburt des bereits regierenden Königs dargestellt wird.

[101] A. de Buck in: Studia Aegyptiaca I (= Analecta Orientalia 17, 1938), S. 50 (I 14). In der gleichen Berliner Lederhandschrift antworten die Hofbeamten „ihrem Gott", d. h. dem König (II 1)! Zu weiteren Bezeichnungen des Königs als „Gott" oder „göttlich" vgl. jetzt auch E. Blumenthal, Untersuchungen zum ägypt. Königtum des Mittleren Reiches I (ASAW 61 Heft 1, 1970), S. 94 ff.

So kleidet sich der König mit dem Ornat, den er bei seiner Thronbesteigung anlegt, in die Rolle des Schöpfergottes und sichert sich durch eine Fülle von Riten und Machtzeichen die Wirkensmacht der Götter. In dieser Rolle kommen ihm alle Bezeichnungen und Beiworte zu, die Göttern gebühren. Pharao ist nicht Gott, aber solange noch ein Rest der ursprünglichen Wirklichkeit des Königtums in Ägypten lebendig bleibt, ist er ein Zeugnis für die wirkende Mächtigkeit des Schöpfergottes in dieser Welt.

Fünftes Kapitel

EIGENSCHAFTEN DER GÖTTER

Jede Gottheit ist für den Gläubigen eine gesonderte Gestalt mit unverwechselbaren Zügen gewesen, also auch mit bestimmten Wesenszügen, die sie mit keiner anderen Gottheit teilt. Für unsere Frage nach der ägyptischen Gottesvorstellung werden solche besonderen Eigenschaften einzelner Götter weniger bedeutsam sein als diejenigen Eigenschaften, die allen Göttern gemeinsam sind und damit bezeugen, was ein Gott in den Horizonten ägyptischer Betrachtung gewesen ist.

Unter den gemeinsamen Eigenschaften hebt sich eine Gruppe heraus, welche die Götter in eine befremdliche Abhängigkeit von Zeit und Vergänglichkeit bringt. Die ägyptischen Götter haben einen Anfang in der Zeit und ein Ende in ihr. Sie werden geboren oder geschaffen, sie wandeln sich in der Zeit, sie altern und sterben, und sie werden eines Tages nicht mehr sein. Das sind Eigenschaften, die unserer vertrauten Vorstellung darüber, was und wie ein Gott zu sein habe, schroff zuwiderlaufen und einer näheren Betrachtung bedürfen.

Herkunft und Entstehung

Daß Götter geboren werden, paßt noch am besten in unseren gewohnten Vorstellungskreis. Mythen aller Völker berichten von der natürlichen oder übernatürlichen Entstehung der Götter. Die großen Götter Griechenlands sind zwar unsterblich, aber nicht ungezeugt, mag sich ihre Geburt auch auf übernatürliche Weise vollziehen. Welcher Zauber umgibt die Geburt der Aphrodite Anadyomene, der Schaumgeborenen! Athena tritt aus dem Haupte des Zeus, Hermes stiehlt als Neugeborener die Rinder seines Bruders Apollon.

Der reichhaltigste und schönste Mythos um Geburt und Jugend eines Gottes, den Ägypten hervorgebracht hat, ist mit der Gestalt des Horusknaben verbunden. Da er die Zuordnung des Horus zu Osiris, die Unterordnung des älteren falkengestaltigen Himmelsgottes unter den jüngeren anthropomorphen Osiris voraussetzt, gehört dieser Mythos sicher nicht zu den ältesten des Niltales, ist aber schon in den Pyramidentexten in vielen Anspielungen deutlich.[1] In Harsiêse, „Horus-Sohn-der-Isis", und Harpokrates, „Horus-das-Kind", gewinnt dieser jugendliche, von Isis geborene und aufgezogene Horus eigene, spezifische Gottesgestalten. Harpokrates wird in der hellenistischen Zeit mit Eros gleichgesetzt, wobei das *tertium comparationis* nicht die Funktion der beiden Götter, sondern ihr Kindsein ist. Im Mythos hören wir von einer Zeit, „als Horus ein Kind war"; damals bestand sein Schlachtopfer noch aus Schweinen, während diese Tiere später verfemt worden sind.[2] Horus wäre demnach kein ewiges Kind, sondern einem Alterungsprozeß in der Zeit unterworfen.

Postum empfängt Isis diesen Horus von ihrem Bruder-Gatten Osiris, als Geierweibchen über dem Leichnam des ermordeten Gottes schwebend.[3] Schon im Leib seiner Mutter wird er von den Göttern geschützt (CT sp. 148), bis er im Deltaort Chemmis zur Welt kommt (Pyr. 1703) und „in der Einsamkeit, man weiß nicht wo" (Louvre C 286), gut versteckt im Sumpfdickicht des Nildeltas aufgezogen wird. (Abb. 15) Die Zauberkunst seiner Mutter Isis schützt ihn vor den Nachstellungen seines Widersachers Seth und rettet ihn vor bösen Tieren; Nephthys und die Kronengöttinnen Uto und Nechbet umsorgen ihn als Ammen und Wärterinnen. Als er herangewachsen ist, zieht er in die Welt hinaus, um den Kampf um das Erbe seines Vaters zu führen, bis er nach mancherlei Kämpfen über seinen ewigen Widersacher Seth triumphiert und von dem

[1] Zur Kindheit des Horus jetzt M. Münster, Untersuchungen zur Göttin Isis (= MÄS 11, 1968), S. 5—12, vor allem nach Spruch 148 der Sargtexte.

[2] Münster a. a. O. S. 11 f. mit Anm. 164.

[3] Seit dem Neuen Reich öfter dargestellt, Beispiele bei E. Otto, Osiris und Amun (1966), Taf. 17—20. Vgl. ferner E. Otto, Eine Darstellung der „Osiris-Mysterien" in Theben, in: Festschrift für Siegfried Schott (1968), S. 99—105 mit Taf. IV. Die postume Zeugung wird schon Pyr 632 und 1635 f. vorausgesetzt, als Ort der Empfängnis gibt CT IV 37 g „Buto" (im Delta) an.

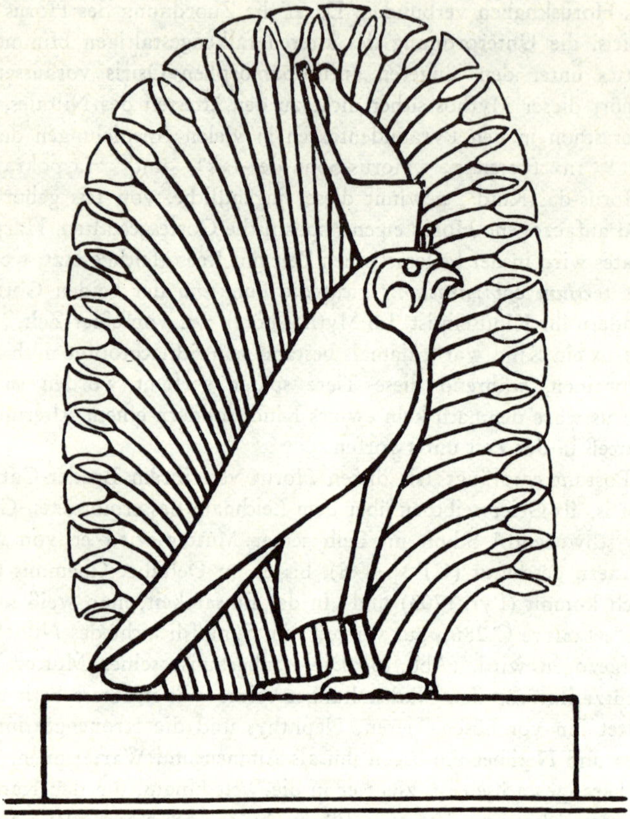

Abb. 15. Horus im Sumpfdickicht.
Aus G. Roeder, Mythen und Legenden um Ägyptische Gottheiten und Pharaonen, Zürich 1960, S. 158, Abb. 32

Göttergerichtshof in Heliopolis feierlich im Erbe seines Vaters bestätigt wird.

In dieser Ausführlichkeit, mit dieser Freude am konkreten Detail wird in Ägypten kein zweites Mal über Geburt, Heranwachsen und Jugend einer Gottheit berichtet. Anspielungen darauf, daß die Götter insgesamt oder einzelne Gottheiten „geboren" *(msj)* sind, finden sich dagegen in Fülle, und die Ikonographie ägyptischer

Götter zeigt uns neben Horus noch weitere kindliche oder jugendliche Götter: den Mondgott Chons mit der „Jugendlocke", den Sonnengott als „Kind auf der Blume", (Abb. 16) dazu die „Kinder" des Horus selbst.

Abb. 16. Das Sonnenkind auf dem Urlotos.
Aus H. Bonnet in: Bilderatlas zur Religionsgeschichte, 2.—4. Lieferung: Ägyptische Religion, Leipzig 1924, Abb. 8

Im System der „Neunheit" von Heliopolis (vgl. S. 217 f.) lassen sich fünf aufeinanderfolgende Generationen von Gottheiten greifen; sie reichen vom Urgott Atum über das erste, noch ungeschlechtlich entstandene Götterpaar Schu und Tefnut zu den Gottheiten von Himmel (Nut) und Erde (Geb) und weiter zu deren vier Kindern Osiris, Seth, Isis und Nephthys. Mit Horus als Sohn des Osiris und der Isis, der in der alten Zeit jedoch nicht zur schematischen „Neunheit" gehört, erreichen wir die fünfte Generation, und wir könnten mit den vier „Horussöhnen" sogar noch eine sechste anfügen. Aber die konkrete Generationenfolge ist für den Ägypter nicht entscheidend, sie ist veränderlich – Schu und Tefnut können als Eltern des Osiris auftreten, Seth als Bruder des Osiris wie des Horus. Wichtig ist allein das Prinzip, das Pantheon genealogisch zu ordnen (vgl. S. 213 ff.).

Neben den Göttinnen der Mythologie, die bestimmte andere Gottheiten „geboren" haben, finden wir die Vorstellung einer „Göttermutter", welche die Götter insgesamt gebiert. So führt die Himmelsgöttin Nut, die nach den Pyramidentexten die Sonne und nach den Sargtexten auch den Mond gebiert,[4] im Neuen Reich und in der Spätzeit den häufigen Beinamen „Welche die Götter geboren hat". Man denkt dabei an die Gestirne, die täglich von der Himmelsgöttin „geboren" und wieder „verschlungen" werden – eine Vorstellung, die dazu führt, die Göttin Nut als Mutterschwein abzubilden.[5] An die Gestirne denken auch die Pyramidentexte (§ 1382e), wenn sie sich den Osten des Himmels als ständigen Geburtsort der „Götter" vorstellen. Wenn man dagegen die Göttin Neith in späten Texten als „Gottesmutter" bezeichnet, denkt man vermutlich an die Rolle, die sie seit langer Zeit als Mutter des Sobek und des Re gespielt hat, so wie auch Isis als Mutter des Horus kurzweg „Gottesmutter" genannt wird.[6] Gerade das Beispiel der Isis zeigt aber, wie diese Mutter-Rolle ausgeweitet wird, so daß die Göttin schon im Neuen Reich „Mutter aller Götter" genannt werden kann.[7] In diesem Fall sind mit „Götter" nicht nur die Gestirne, sondern tatsächlich *alle* Gottheiten gemeint.

[4] Sonne: Pyr 1688 b; 1835; CT II 38 c; III 398 a; VI 270 a. – Mond: CT III 379 b.

[5] H. Grapow, Die Himmelsgöttin Nut als Mutterschwein, ZÄS 71, 1935, 45–47. Der Text aus dem Osireion jetzt bei O. Neugebauer und R. A. Parker, Egyptian Astron. Texts I (1960), S. 67 ff.

[6] Belege für Neith, Hathor und Isis gab H. Ranke, MDIK 12, 1943, 119 (b). Zu Mutter-Bezeichnungen der Isis siehe M. Münster, Untersuchungen (wie Anm. 1) S. 205 f.

[7] Ein ramessidischer Beleg bei M. Münster a. a. O. S. 205, zu späteren Zeugnissen (auch für Mut und Hathor) vgl. J. Bergman, Ich bin Isis (1968), S. 132 f.

Der Vorstellung einer universalen „Göttermutter" entspricht die Vorstellung eines „Göttervaters", dem alle anderen Gottheiten ihr Entstehen verdanken. Im Neuen Reich scheint die verbreitete Formel zu entstehen, die zunächst den Gott Amun, bald auch weitere Götter wie Ptah und Horus als „Vater der Väter aller Götter" bezeichnet. Erstmals im Kairoer Amunhymnus vor der Amarnazeit belegt, wird die Formel bis zu den demotischen Papyri verwendet und in etwas abgewandelter Form von den Ägyptern auch den Hauptgöttern ihrer asiatischen Nachbarn beigelegt.[8] Noch verbreiteter als diese gesteigerte Form ist der Beiname „Vater der Götter", den außer den genannten Göttern noch Atum, Geb und Schu tragen,[9] also Gottheiten, die an der Schöpfung wesentlichen Anteil haben; seit dem Mittleren Reich ist dieser Beiname besonders eng mit dem Urgott Nun verbunden,[10] einer Gestaltwerdung des Urgewässers, aus dem ja alle Götter entstanden sind. Echnaton nennt seinen Gott Aton als Ur- und Schöpfergott sogar „Mutter und Vater dessen, was du geschaffen hast"[11] – eine konsequente Bezeichnung des ältesten Gottes, der noch ohne weibliche Mithilfe die ersten Gottheiten ins Leben ruft!

Der regierende König ruft die Götter als seine „Väter", die Göttinnen als seine „Mütter" an, erst nach seinem Tod darf er sie als „Geschwister" begrüßen. Über ihnen allen steht ein uranfänglicher, universaler „Göttervater", der alle Wesen geschaffen hat. Doch selbst dieser Urvater ist nicht unentstanden, ist nicht von Ewigkeit her anwesend, sondern entsteht bei der Schöpfung; so formuliert es ein später Text aus dem Ptolemäertempel in Edfu.[12]

[8] Belege bei J. Zandee, Hymnen aan Amon (OMRO 28, 1947), S. 93; W. Helck, NAWG 1965 Nr. 9 und Assmann, Liturg. Lieder S. 327 mit Anm. 62.

[9] Zandee a. a. O. S. 93 f.

[10] CT IV 188/189 c, weitere Belege bei Heerma van Voss, De Oudste Versie van Dodenboek 17 a (1963), S. 51 Anm. 42. Der Beiname begegnet öfter auch für Hapi, den Gott der Nilüberschwemmung.

[11] M. Sandman, Texts from the Time of Akhenaten (Bibl. Aegyptiaca 8, 1938), S. 12. Eine Parallele aus der 26. Dyn. bei H. Ranke, MDIK 12, 1943, 126 (53).

[12] Edfou I 498, 16.

Nach anderen Zeugnissen ist er bereits im Urozean vor der Schöpfung anwesend,[13] in ihm „von selbst“ entstanden, um das Schöpfungswerk durchzuführen und das Werden der Welt in Gang zu bringen. Der älteste Gott, mit dem sich der verstorbene König in den Pyramidentexten identifiziert, ist „von seinem Vater Amun geformt“ worden, als weder Himmel noch Erde, weder Menschen noch Götter entstanden waren (Pyr. 1466), und für das Berliner Amunritual des Neuen Reiches ist die Schöpfungszeit eine Zeit, „als noch kein Gott entstanden und noch nicht der Name irgendeines Dinges ersonnen war“ [14]. Die Welt vor der Schöpfung ist demnach eine götterlose Welt, in ihr entsteht auf geheimnisvolle Weise – „von selbst, ohne daß er geboren wurde“ [15] – ein erster Urgott, der dann die übrigen Gottheiten und den gesamten Kosmos ins Leben ruft.

Hier ist nicht der Ort, diesen Vorgang der Weltschöpfung und der Entstehung der Götter im einzelnen zu schildern, das ergäbe ein umfangreiches Kapitel über ägyptische Schöpfungsmythen[16]. Doch ob der Schöpfer das erste differenzierte Götterpaar durch Masturbation aus seinem Samen oder durch das Schöpferwort aus seiner geistigen Vorstellung entstehen läßt, ob er es auf eine nicht näher bezeichnete Art und Weise „formt“ *(msj)* und damit den Lebensprozeß von Zeugung, Geburt und Tod in Gang setzt – kennzeichnend ist für ägyptische Gottesvorstellung die scheinbar paradoxe Aussage, daß Gott die Götter geschaffen habe. Diese Aussage ist seit den Pyramidentexten so vielfach zu belegen, daß wir uns auf eine kleine Auswahl von Zitaten beschränken können.

In den Hymnen des Neuen Reiches stoßen wir beim Preis des Schöpfergottes immer wieder auf das Beiwort „Der die Götter

[13] Besonders deutlich Urk. VIII 117 von Ptah, weitere Belege gab ich StG 18, 1965, 73.

[14] Moret, Rituel S. 129.

[15] Deckeninschrift im Grab Theben 59 (von Re-Harachte; eigene Abschrift).

[16] Die beste neuere Zusammenfassung gaben S. Sauneron und J. Yoyotte in: La naissance du monde (Sources Orientales I, 1959), S. 17–91 (deutsche Ausgabe 1964: Die Schöpfungsmythen).

geschaffen hat" *(jrjw-nṯrw)*[17], das in dieser Form bis zu den Tempeltexten der griechisch-römischen Zeit Ägyptens erhalten bleibt[18]. Verwandt ist die Aussage des täglichen Tempelrituals im Neuen Reich, wonach Amun „alle Götter geformt" hat.[19] In der älteren Zeit erscheinen in diesen Formeln nur die Götter, erst relativ spät werden Götter und Menschen in Parallele gesetzt, wird der Schöpfer als der gepriesen, „Der alles, was ist, geschaffen hat, der die Menschen baute und die Götter schuf"[20] oder „Der die Götter geformt hat und die Menschen entstehen ließ"[21]. Doch bereits in den Sargtexten haben alle Wesen ihren Ursprung im Schöpfergott, wie es der berühmte „Monolog des Allherrn" verkündet: „Ich habe die Götter entstehen lassen aus meinem Schweiß, aber die Menschen aus den Tränen meines Auges."[22] Hier wird die Herkunft der Wesen differenziert – der „Schweiß" Gottes ist eine Bezeichnung für den Wohlgeruch, der von ihm ausströmt und den wir als kennzeichnend für die Anwesenheit eines Gottes bereits kennengelernt haben (oben S. 123); überdies gilt auch der Wohlgeruch beim Götterkult, der Weihrauch, als „Gottesschweiß"[23]. Daß die Menschen aus

[17] Kairoer Amunhymnus 2, 7; J. Zandee, JEOL 16, 1964, 61 Zeile 6 und ibid. 18, 1965, 258.

[18] H. Junker und E. Winter, Das Geburtshaus des Tempels der Isis in Philae (1965), S. 37 (16) von Chnum. Für eine ähnliche Spätzeit-Formel mit *qm'w-nṯrw* vgl. H. de Meulenaere, JEOL 20, 1968, 3 Anm. 12.

[19] Moret, Rituel S. 127 Zeile 5 und ähnlich ibid. S. 133 Zeile 2. Die gleiche Aussage wird im „Denkmal Memphitischer Theologie" (Zeile 59: H. Junker, Die Götterlehre S. 65) von Ptah gemacht! Belege aus dem Tempel von Edfu für die „Formung" der Götter gibt Reymond, CdE 40, 1965, 64 f.

[20] J. Spiegel, ASAE 40, 1940, 258 Zeile 5 (20. Dyn.). Ähnlich É. Drioton, ASAE 44, 1944, 118 (ptolem.).

[21] Edfou VI 16, 4.

[22] CT VII 464 f. Nach dem Kairoer Amunhymnus 6, 3 (ed. Grébaut S. 16) entstehen die Götter aus dem Ausspruch, die Menschen aus dem Auge des Schöpfers (ibid. 4, 2: „Er befahl, und es entstanden die Götter"). Vgl. zum Fortleben dieser Differenzierung Otto, Gott und Mensch S. 58 und zur späteren Übertragung der Tränen-Entstehung auf die Götter Nelson, JNES 8, 1949, 342 Fig. 40 Zeile 14 f.

[23] Wb I 582, 8–9.

den „Tränen“ und damit aus dem Auge des Schöpfers entstehen, beruht auf einem Wortspiel zwischen den Wörtern für „Mensch“ und „Träne“. Wie jedes ägyptische Wortspiel, öffnet auch dieses den Blick in tiefe Zusammenhänge, zeigt uns die „Stimmigkeit“ der Welt, die sich in der Sprache spiegelt. Blitzartig wird unsere zwiespältige Herkunft aufgehellt – „wir kommen alle aus seinem Auge“ [24], aus dem weinenden Gottesauge, das von vorübergehender Blindheit getrübt war. „Weinen mußte ich wegen des Wütens gegen mich. Die Menschen gehören der Blindheit, die hinter mir ist“, spricht Nun als Urgott in den Sargtexten (CT VI 344). Gott hat die Trübung seines Auges wieder überwunden, aber den Menschen hat ihre Herkunft das Schicksal mitgegeben, niemals am klaren Götterblick teilzuhaben, ihnen ist in allem, was sie schauen, denken und tun, Trübung beschieden. Wird uns an diesem Bild, aus der Seelentiefe der frühen Menschheit aufgestiegen, nicht die Unzulänglichkeit auch der exaktesten Abstammungstheorie schmerzlich bewußt? –

Die Aussage, ein Gott habe die Götter geschaffen, ist immer wieder, neben den schon behandelten Argumenten, zum Erweis eines angeblichen ägyptischen Monotheismus herangezogen worden, doch zu Unrecht. Denn dieser götterschaffende Gott, dem der gesamte Kosmos sein Dasein verdankt, ist kein bestimmter Gott hinter und über allen Göttern, sondern von Fall zu Fall der jeweilige Schöpfergott; es kann Ptah, es kann Re, Amun oder Atum sein – im Grunde jeder Gott, der als Schöpfer verehrt wird. Eine allzu vordergründige Ausdeutung der verschiedenartigen Belege, wie sie die monotheistische Deutung darstellt, müßte in der Aporie enden, daß die Götter sich gegenseitig geschaffen haben – Ptah alle Götter, also auch Re; Re alle Götter, also auch Ptah – und so fort. Es ist klar, daß der Ägypter nicht in so engen Bahnen gedacht hat. Nach seiner Überzeugung gehört es zum Wesen eines Schöpfergottes – wer immer es sei –, daß er alles Seiende geschaffen hat; „dem Herrn, der alles, was ist, geschaffen hat,“ weiht Thutmosis IV. seine Denkmäler.[25] So muß er auch die Götter geschaffen haben, die nach

[24] So die Formulierung in einem ramessidischen Hymnus: A. Erman, ZÄS 38, 1900, 28 Zeile 2.

[25] Urk. IV 1540, 16.

ägyptischer Ontologie ja Mächte des Seins sind (unten S. 166 ff.). Daß er alle Götter geschaffen habe, ist ein Prädikat, das dem Schöpfergott seinem Wesen nach zusteht und das zugleich eine wichtige ontologische Aussage über die Götter enthält: sie haben einen Anfang, der mit dem Beginn der geordneten Welt zusammenfällt.

Einzig für die Urgötter und für den Schöpfergott selbst ist dieser Anfang nicht genau festgelegt; sie haben ihre Wurzeln im Zeitlosen vor der Schöpfung und werfen damit für den Ägypter wie für uns Probleme auf, mit denen wir uns noch auseinandersetzen müssen (vgl. S. 165). Der Ägypter löst die Frage auf paradoxe Art, indem er z. B. in den Sargtexten Horus von Isis geboren sein läßt, „als Isis noch nicht entstanden war“ [26], oder von Isis selbst sagt, sie sei „älter als ihre Mutter“ [27].

Für alle übrigen Götter aber gilt die klare Definition, daß ihr Dasein einen Anfang hat, daß sie einstmals geboren oder geschaffen wurden. Entspricht dieser Geburt der Tod, diesem Anfang mit der Zeit ein Ende mit ihr? Das sind die Fragen, denen wir im nächsten Abschnitt nachgehen müssen.

Altern und Sterben

Das Beispiel des ermordeten Osiris hat die Religionsforschung früh mit der Tatsache vertraut gemacht, daß ägyptische Götter sterblich sein können. In die Vorstellung, welche man sich von den Eigenschaften einer Gottheit machte, wollte dieses Phänomen schlecht passen – Götter hatten eigentlich unsterblich zu sein. So ist das Phänomen des Göttertodes für Victor von Strauß und Torney ganz schlicht „ein Räthsel“:

Ein Räthsel giebt der Tod des Usiri auf; nicht die Vorgänge dabei, über welche das Erforderliche bereits beigebracht wurde, sondern der Tod selbst als der Tod eines Gottes, wie er in der ägyptischen Göttersage nicht

[26] CT IV 76c, vgl. zur Stelle Münster, Untersuchungen (wie Anm. 1), S. 10.

[27] J. Bergman, Ich bin Isis (1968), S. 280. Im „Denkmal Memphitischer Theologie“ erhält der sonst unentstandene Schöpfergott Atum Ptah-Nun und Ptah-Naunet als Elternpaar (Zeile 50 f.).

zum zweiten Male vorkommt ... es fragt sich, wie die Vorstellung von der Beschaffenheit eines Gottes sein mußte, wenn er sterben ... und bestattet werden konnte.[28]

Nur ein Jahr später (1890) versucht Wiedemann eine Erklärung, die noch vor zwanzig Jahren in Mercer einen Vertreter fand: daß die Götter nach dem Bilde des Menschen geformt sind und daher, neben anderen Beschränkungen, auch der Sterblichkeit unterliegen:

Aber auch die Götter unterschieden sich in nichts vom Menschen, ihr Leben war zwar länger, aber auch ihm machte der Tod ein Ende, ihre Macht war größer, aber doch beschränkt. In allen Vorstellungskreisen ist dem Ägypter der Mensch und der Mensch allein das Maß aller Dinge.[29]

Wir können uns mit dieser allzumenschlichen Erklärung, die schon der Antike vertraut war, nicht zufriedengeben; doch hat Wiedemann im Gegensatz zu von Strauß und Torney bereits gesehen, daß sich die Sterblichkeit ägyptischer Götter nicht auf Osiris beschränkt, und damit das Problem in seiner ganzen Schärfe gestellt. Darin folgt ihm Gerardus van der Leeuw, aber er stößt bereits zur ontologischen Begründung vor:

Alles, ook het goddelijke, is eindig, in zooverre het sterft, maar oneindig ook weer, in zooverre het herleeft.[30]

Das Seiende, ob göttlich oder nicht, besitzt demnach eine unerbittliche Grenze, die aber – so van der Leeuw – nicht endgültig ist, sondern im Wiederaufleben immer wieder durchbrochen wird. Wir werden prüfen müssen, ob diese Sicht ägyptischer Ontologie zutreffend ist, ob wir nicht zumindest im eschatologischen Bereich doch auf eine Grenze stoßen, die unübersteigbar ist, auf einen letzten und endgültigen Horizont des Seins. Doch zunächst ist zu fragen, ob die Aussage von der Sterblichkeit der Götter tatsächlich, wie es den Anschein hat, im Prinzip für alle ägyptischen Götter gilt – im Prinzip deshalb, weil wir bei der Vielzahl von Gott-

[28] Der altägypt. Götterglaube I (1889), S. 91.

[29] Die Religion der alten Ägypter, S. 91. Vgl. S. A. B. Mercer, Religion of Ancient Egypt (1949), S. 302.

[30] Godsvoorstellingen S. 124.

heiten nicht für jede einzelne einen entsprechenden Beleg erwarten dürfen.

Der gewaltsame Tod des Osiris ist so geläufig, daß wir uns Belege dafür mit gutem Gewissen sparen können. Doch sind diese Belege kennzeichnend für die Zurückhaltung, mit welcher der Ägypter über den Tod von Göttern berichtet. Man spricht vom Grab und vom Wiederaufleben des Osiris und zeigt beides sogar in bildlicher Darstellung, man spielt darauf an, was seine Feinde gegen ihn „getan" haben, erwähnt seine „Todesmattigkeit" und die Totenklage seiner Schwestern Isis und Nephthys – aber niemals sprechen Texte der pharaonischen Zeit davon, daß Osiris gestorben sei! Auch beim kultischen Nachvollzug des Osirismythos, bei den Abydos-Feiern, bleibt dieses Detail des Mythos, der gewaltsame Tod des Gottes, im Dunkel. Diese Zurückhaltung, vom Sterben eines Gottes in direkten Wendungen zu sprechen, werden wir immer wieder antreffen, um welchen Gott es sich auch handeln mag; denn Wort oder gar Bild würden das Geschehen fixieren, ja verewigen. Es ist für ägyptische Geisteshaltung undenkbar, die Ermordung oder Zerstückelung des Osiris durch Seth im Bilde darzustellen und diesem Geschehen damit eine erhöhte, vermehrte Wirklichkeit zu verleihen. So bleiben wir auf Anspielungen angewiesen, die aber deutlich genug sind; gerade für Osiris klärt uns der Bericht Plutarchs, frei von ägyptischer Zurückhaltung, auch über Einzelheiten des grausamen Geschehens auf. Ein Jahrhundert vor ihm erwähnt Diodor (I 22) ein Begräbnis der Isis.

Daß der Sonnengott nach seiner langen, ermüdenden Tagesfahrt abends ein „Greis" wird, ist seit der 19. Dynastie Bestandteil einer geläufigen Formel, in welcher der abendliche „Greis" dem morgendlichen, neugeborenen „Kind" gegenübergestellt wird.[31] Zugleich – schon im späten Neuen Reich – scheut man sich nicht, dieses Motiv auch in die bildliche Darstellung aufzunehmen und den Sonnengott in Relief oder Malerei als „müden", schwer auf seinen Stab gebeugten „Greis" in der Sonnenscheibe oder in seiner Barke

[31] Wb II 313, 12. Dazu Medinet Habu VI pl. 420 (Atum als „Greis, der im Nun ist") und zum Berliner Ptah-Hymnus W. Wolf, ZÄS 64, 1929, 34 f.

zu zeigen,[32] in deutlichem Gegensatz zu älteren Bildern, die uns einen aufrechtstehenden, ungebeugten Mann mit Widderkopf als abendlich-nächtliche Erscheinungsform des Sonnengottes vor Augen stellen.

Neben dieser täglichen Alterung der Sonne steht eine säkulare, die sich in Äonen vollzieht und in zwei ägyptischen Mythen mehr oder weniger drastisch beschrieben wird. Das „Buch von der Himmelskuh", das seine überlieferte Form während der Amarnazeit gefunden hat,[33] schildert einen alt und matt gewordenen Sonnengott, dessen Zustand die schlechten Menschen zur Auflehnung herausfordert. „Seine Majestät (d. h. der Sonnengott Re) aber war alt geworden, seine Knochen silbern, sein Fleisch golden und sein Haar echter Lapislazuli" – Beschreibung eines kostbaren Götterbildes, aber zugleich elegante Umschreibung für die völlige Verknöcherung des gealterten Gottes. Dieser Altersprozeß des Schöpfers bedroht die Weltordnung und öffnet den feindlichen Mächten einen Weg zu schädlichem Wirken, zu Umsturz und Verwirrung. Das Problem, das sich hier stellt, wird im Mythos gelöst. Das feurige Sonnenauge, als Göttin gesehen, zieht zum Schutz der göttlichen Ordnung gegen die Widersacher aus, kann aber durch Rauschtrank in seiner Wut bezähmt werden. Der Sonnengott zieht sich aus der Weltregierung in den fernsten Himmel zurück und setzt den Mondgott Thot als seinen Stellvertreter ein; er sorgt also, in einem Akt eigener Entsagung, für die legale Weitergabe der Macht, durch die sich die Ordnung festigen kann – politisch immer noch ein Vorbild, das selten verwirklicht wird!

In der mythischen Erzählung von der „List der Isis", die wir bereits als Quelle für die Hierarchie der Gottesnamen herangezogen haben (oben S. 78), wird der altersschwache Zustand des Sonnengottes mit ramessidischer Respektlosigkeit und Drastik geschildert: Speichel tropft aus seinem zitternden Greisenmund zur Erde und

[32] Zwei Belege Amduat II 21, dazu noch A. Piankoff und N. Rambova, Mythological Papyri No. 24 und einige besonders deutliche Belege aus ptolem. Zeit, die ich J. Assmann verdanke (Brugsch, Thesaurus I 57 und ZÄS 5, 1867, 21ff.; Edfou III pl. 73).

[33] Das älteste erhaltene Exemplar steht auf einem der vergoldeten Schreine Tutanchamuns.

gibt der listigen Isis die Materie, aus der sie die peinigende Schlange formt und mit ihrer Hilfe den gealterten Weltherrscher zur Preisgabe seines geheimsten Namens zwingt. Hier, wie im „Buch von der Himmelskuh", vollzieht sich der Altersprozeß im Irgendwann des Mythos und mag als Vorwand dienen, Unvollkommenheiten der gegenwärtigen Weltordnung zu erklären; die Gegenwart wird ja schon in den Sargtexten als eine schlimme und doch verheißungsvolle Zeit empfunden, in der Osiris begraben wird, aber zugleich sein Sohn Horus die Zügel der Weltregierung übernimmt – er, als Sonnengott Re, ist das „Morgen", Osiris das „Gestern".[34] Im Turiner Königspapyrus der 19. Dynastie wird diese begrenzte Zeit, die sogar göttlicher Herrschaft gegeben ist, aus der Unbestimmtheit des Mythos in die zeitliche Festlegung der geschichtlichen Welt geholt. Vor den Regierungszeiten irdischer Könige erscheinen, nach Jahren festgelegt, zu Beginn des Papyrus die Regierungszeiten wechselnder Götter: des Ptah, Re, Schu, Geb, Osiris usw. Jedem weist der Papyrus eine lange, aber begrenzte Zeitspanne zu, nach welcher die Herrschaft an einen anderen Gott übergeht.[35]

Wir wissen nicht, ob der ägyptische Götterglaube von Anfang an damit gerechnet hat, daß die Götter der Zeit und damit auch Alter und Tod unterworfen sind, daß ihre Existenz begrenzt ist. Das Bild des göttlichen, aber alternden und sterbenden Königs, das ihm als Analogon vor Augen stand, sollte diese Annahme wahrscheinlich machen; doch die Belege, die wir bisher kennengelernt haben, reichen nicht vor den Ausklang der Amarnazeit (um 1340 v. Chr.) zurück. Auch die Vorstellung, daß der Gott Thot als Schreiber und Archivar der Götter und als Berechner der Zeit, der „Jahre, Monate, Tage, Stunden und Augenblicke berechnet"[36], nicht allein den Menschen, sondern auch den Göttern eine feste „Lebenszeit" berechnet und zuweist, kann erst im Neuen Reich belegt werden.[37]

[34] CT IV 192/193 bc.

[35] A. H. Gardiner, The Royal Canon of Turin (1959), pl. I. Die „Regierungsdauer" von Göttern gibt auch Manetho an.

[36] G. Posener, Catalogue des ostraca hiérat. littér. de Deir el Médineh I (1938) No. 1080 Zeile 1 f.

[37] Zahlreiche Belege, meist aus ptolemäischer Zeit, bei P. Boylan, Thoth (1922) S. 84 und 193 und G. Posener, Annuaire du Collège de France 63

Doch verwendet schon ein Zauberspruch aus dem „Zweiwegebuch" des Mittleren Reiches[38] die Möglichkeit, der Sonnengott Re könne sterben, als Drohung.

In den Unterweltsbüchern des Neuen Reiches ist das Sterben und tägliche Wiederaufleben des Sonnengottes eine beherrschende Vorstellung und zugleich Verheißung, daß alle seligen Verstorbenen durch ihren Tod in ein neues, verjüngtes Leben eintreten. Das ›Amduat‹, von Thutmosis I. bis zur Amarnazeit der einzige religiöse Text der Königsgräber, schildert die allnächtliche Begegnung des Sonnengottes mit seinem Leichnam. Die Illustrationen zur 6. Nachtstunde zeigen drei Gräber, in denen die einzelnen Teile des Sonnenskarabäus bestattet sind; feuerspeiende Schlangen bewachen sie, und das Schöpferwort des Gottes weckt den dreigeteilten Leichnam aus seinem Todesschlaf.[39] Im Register darunter umringelt eine fünfköpfige Schlange den „Leichnam des Chepri", der zugleich als Leichnam des Osiris gilt.[40] Denn der gestorbene, in die Unterwelt hinabgesunkene Sonnengott wird, wie alles Sterbliche, zu einem „Osiris", tritt in Rolle, Wesen und Gestalt dieses Gottes ein, der für das Todesschicksal beispielhaft bleibt. Wie den Verstorbenen, kommt daher auch dem unterweltlichen Re die *jm'ḫ*-Qualität („Ehrwürdigkeit") zu.[41]

Neben den Stätten des Sonnenleichnams weist das ›Amduat‹ noch die Gräber vieler anderer Gottheiten auf, vor allem in der 7. und 8. Nachtstunde. In der Spätzeit zeigt man Grabstätten von Göttern auch auf Erden – in Theben sogar Gräber der acht Urgötter[42], die als Unentstandene eigentlich in die todlose Welt vor der Schöpfung hinabreichen, aber durch die konsequente Weiterentwicklung

(1962/63), 301 f.; vgl. auch die vorige Anmerkung. Als Mondgott tritt auch Chons in die gleiche Rolle ein: Bonnet, Reallexikon S. 141.

[38] CT VII 419 b, zur Stelle H. Kees, Totenglauben und Jenseitsvorstellungen ²S. 299.

[39] Amduat II 115 f. Die Göttin 430 ist wohl Isis, vgl. dazu das „Schloß der Gottesanbeterin (= Isis!)" bei J. Vandier, Papyrus Jumilhac S. 76–78.

[40] Amduat II 119 und 123 f.

[41] Ibid. I 195 f. und II 187.

[42] K. Sethe, Amun und die acht Urgötter §§ 102–104.

der Sterblichkeits-Vorstellung unter das Todesschicksal *aller* Gottheiten fallen. Der 18. oberägyptische Gau kennt eine ganze Nekropole mit Göttergräbern[43], auch für Edfu und Hermopolis sind Göttergrabstätten bezeugt[44].

Hier bestätigt sich der äußere Eindruck der Todesbezogenheit Ägyptens: es scheint tatsächlich ein Land zu sein, wo – in der Kennzeichnung Thomas Manns[45] – die Toten Götter und die Götter Tote sind. „Götter" ist seit alter Zeit eine gebräuchliche Bezeichnung für die Bewohner des Totenreiches, seit der 11. Dynastie wird die Nekropole ausdrücklich als der Ort bezeichnet, an dem sich die Götter befinden.[46] Der 17. Spruch des Totenbuches spricht davon, daß jeder Gott auf Veranlassung des Re (der selber sterblich ist!) in den Westen hinabsteigen muß, also in das Totenreich.[47]. Daß man in Aussagen dieser Art nicht nur die seligen Verstorbenen als „Götter" meint, zeigen Formulierungen des Neuen Reiches, die Götter und Menschen in Parallele setzen und davon sprechen, daß beide in das Reich des Osiris hinabmüssen.[48] Im Spruch 154 des Totenbuches wird das Todesgeschick, als „Verwesen" und „Vergehen" umschrieben, für „jeden Gott, jede Göttin, alles Vieh und alles Gewürm" in Anspruch genommen,[49] in ähnlicher Formulierung

[43] J. Vandier, Papyrus Jumilhac S. 126 und 139.

[44] Edfu: Ph. Derchain, Pap. Salt 825, S. 102. Zu Hermopolis (Grab des Thot) siehe F. Zimmermann, Die ägypt. Religion (wie Kap. I Anm. 1) S. 61, der sich mit einer „euhemeristischen" Erklärung zufriedengibt. Vgl. ferner Th. Hopfner, Plutarch über Isis und Osiris I (1940), S. 161 f.; M. Alliot, Le culte d'Horus à Edfou II (1954), S. 513 ff., und S. Sauneron, Esna V (1962), S. 329 f.

[45] Joseph und seine Brüder, S. 1085 der zweibänd. Ausgabe bei S. Fischer (1956), am Ende des Kapitels „Dreifacher Austausch".

[46] Belege Amduat II 7 und III 59. Die Stele aus Ballas jetzt bei H. G. Fischer, Inscriptions from the Coptite Nome (1964), No. 45.

[47] Urk. V 14.

[48] A. H. Gardiner, Late-Egyptian Stories 58, 11 f.

[49] Zur Stelle bereits C. E. Sander-Hansen, Der Begriff des Todes bei den Ägyptern (1942), S. 8, und Morenz, Religion S. 25. Doch erstrebt der Tote nicht die „Unvergänglichkeit" (so Morenz), sondern die Unverwesbarkeit.

auch zu Beginn des Pfortenbuches – dort hat der Sonnengott als Schöpfer „Menschen, Götter, alles Vieh und alles Gewürm, ... die er geschaffen hat“, wieder „fortgenommen“ und ihnen die „verborgenen Plätze“ (der Unterwelt) zugewiesen.[50] Wie im Totenbuch 17, ist auch hier der Schöpfer der Welt nicht nur für das Entstehen, sondern auch für das Vergehen aller Wesen verantwortlich, ohne selber unvergänglich zu sein; gerade das Pfortenbuch zeigt in eindrucksvollen Bildern seinen nächtlichen Aufenthalt im Totenreich.

Gibt es im Gegensatz zu dieser allgemeinen Vergänglichkeit auch unsterbliche Götter? Hans Bonnet hat für den Gott Seth, also gerade für den Mörder des Osiris, Unsterblichkeit in Anspruch genommen;[51] er stützt sich dabei auf eine Stelle der Pyramidentexte (§ 1453), an welcher der verstorbene König so wie Seth seinem Todesdatum entkommen will: „NN ist seinem Todestag entkommen, wie Seth seinem Todestag entkommen ist; NN ist seinen Todes-Halbmonaten entkommen, wie Seth seinen Todes-Halbmonaten entkommen ist; NN ist seinen Todesmonaten entkommen, wie Seth seinen Todesmonaten entkommen ist; NN ist seinem Todesjahr entkommen, wie Seth seinem Todesjahr entkommen ist.“ Mit diesem eindeutigen Beleg verbindet Bonnet als weiteres Indiz die göttliche Verheißung an Königin Hatschepsut, ihr würden außer dem „Anteil des Horus“ auch „die Jahre des Seth“ gegeben, als eine Zeitspanne von besonderer Länge;[52] und schließlich stellt er in diesen Zusammenhang noch die Unbesiegbarkeit des Seth, die neben seiner Gewalttätigkeit dem Zauberer als willkommener magischer Zwang dient, um auch ungesetzliche Ziele zu erreichen.[53]

Als wirklicher Beleg für erstrebte Unsterblichkeit kann nur die zitierte Stelle aus den Pyramidentexten gewertet werden. Die

[50] Ch. Maystre und A. Piankoff, Le Livre des Portes I 16 f.

[51] Reallexikon S. 714.

[52] Urk. IV 244, 16 f. Eine Parallele aus dem Mittl. Reich bei H. Schäfer, Griffith Studies (1932), S. 428.

[53] Dafür gibt Th. Hopfner, ArOr 3, 1931, 131 ff. zahlreiche Belege aus griech.-röm. Zeit.

„Jahre des Seth“ dagegen meinen, worauf Westendorf[54] hinweist, „Regierungszeit voller Kraft und Fruchtbarkeit, die zwar ‚Millionen an Jahren‘ beträgt, aber letztlich doch in der Zeit begrenzt bleibt“. Und Herman te Velde weist auf mumienförmige Darstellungen des Seth hin,[55] die sich seit der 19. Dynastie mehrfach belegen lassen und damit auch diesen zwielichtigen Gott in die Sterblichkeit aller Wesen einbeziehen. Dem entspricht, daß Seth einen Anfang hat, selbst wenn seine Geburt nicht ohne Makel ist und darin wieder seine zwielichtige, dem Sein wie dem Nichtsein angehörende Natur offenbart: gewaltsam bricht er aus seiner Mutter aus und stiftet vom ersten Tag seiner Existenz an Unheil.[56]

Seth, der in der Wüste und in anderen Randgebieten der Welt sein Reich hat, steht in seiner Existenz an der Grenze zwischen Vergänglichkeit und Unvergänglichkeit. Diese Grenze trennt aber zugleich Ordnung und Chaos, Sein und Nichtsein. Apophis, der ewige Götterfeind, (Abb. 17) gehört nicht dem Sein an[57] und ist zugleich ohne Anfang und Ende. Nur der jüngste Tempel Ägyptens, der von Esna, gibt einen Hinweis auf die Entstehung des Apophis, indem er ihn etymologisch als den „Ausgespuckten“ deutet und aus dem Speichel der Göttin Neith im Urgewässer entstehen läßt.[58] In der älteren Zeit aber scheint seine Existenz weder Anfang noch Ende zu kennen. Schon bei der Schöpfung der Welt ist er da und muß vom Schöpfergott zum ersten Mal überwunden und aus dem gestalteten Sein vertrieben werden.[59] Von da an kreuzt er immer wieder feindlich den Weg des Sonnengottes und bedroht in der

[54] ZÄS 92, 1966, 141.

[55] Seth, God of Confusion (1967), S. 104 Anm. 6.

[56] Ibid. S. 27 f. Im Neuen Reich gilt sein Geburtstag als „Beginn des Streites“!

[57] Seine „Vernichtung“ wird schon im Amduat und im Pfortenbuch erwähnt (vgl. auch Anm. 60), im späteren Apophisbuch (Pap. Bremner-Rhind) noch reicher ausgemalt. Nach der Fluchformel einer ptolem. Stele in Leiden soll der Grabschänder wie Apophis „nicht sein“: H. de Meulenaere, Orientalia Gandensia 3, 1966, 101 ff., Zeile 15.

[58] S. Sauneron, Mélanges Mariette S. 235 f. und Esna V 265.

[59] Indirekt aus Urk. V 7, 1 f. erschlossen, wo die mit Apophis eng verbundenen *msw-bdšt* auf dem „Urhügel“ vernichtet werden.

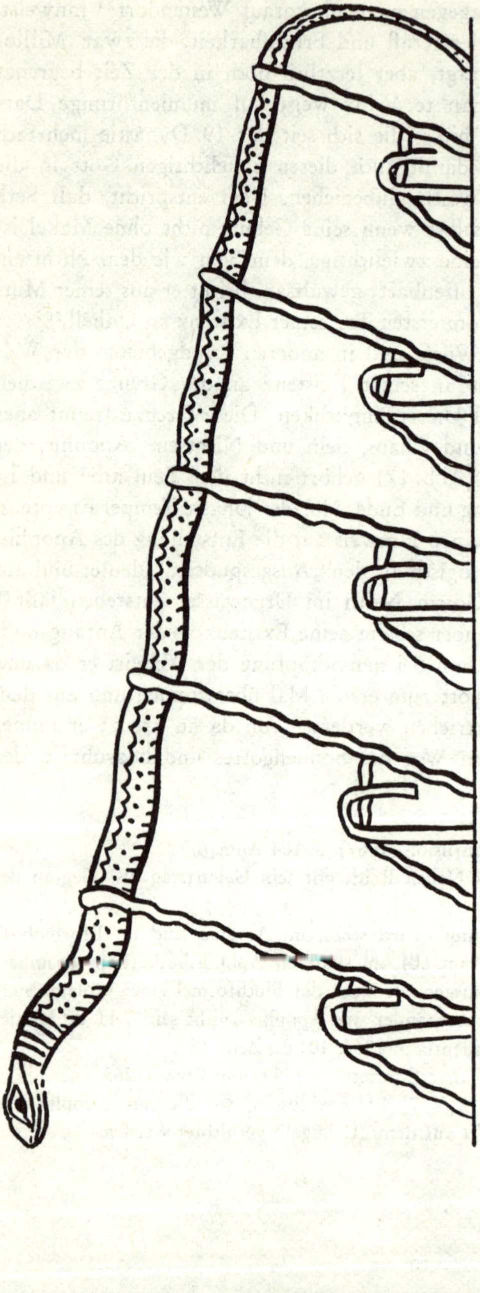

Abb. 17. Apophis, gefesselt.
Aus A. Piankoff und N. Rambova, The Tomb of Ramesses VI = Bollingen Series XL. 1, New York 1954, S. 218, Fig. 71

Unterwelt die Verstorbenen; täglich und nächtlich muß er durch wirksame Zauber von der Sonnenbarke abgewehrt werden, wird sein Leib von Messern Glied für Glied zerstückelt, wird er verbrannt und „vernichtet" – er ist „der Vernichtete" schlechthin![60] –, aber er ist immer wieder da, in seiner Wirklichkeit nicht auszulöschen. Besonders eindrucksvoll zeigt das eine Szene im Pfortenbuch (II 54 ff.). Dort tritt Apophis, wie immer, als Schlange auf, aber aus den Windungen seines Schlangenleibes ragen zwölf Menschenköpfe; es sind, wie uns der beigeschriebene Text lehrt, die Köpfe derer, die er verschlungen hat. Nun wird, auf das Machtwort des vorüberziehenden Sonnengottes hin, der Spieß umgekehrt: die Köpfe treten aus den Windungen heraus und „fressen" den Schlangenleib auf, „so daß er zugrunde geht" und Apophis „vernichtet" ist. Aber sobald der Sonnengott vorbeigegangen ist, „treten die Köpfe (wieder) ein in ihre Windung" – die sie gerade eben „gefressen" hatten! Der Schlangenleib des Feindes ist unzerstörbar und nur für einen Augenblick in seiner Bedrohlichkeit ausgeschaltet. Zwar ist auch der Sonnengott, sind auch die anderen Götter immer wieder da, aber doch auf andere Weise, im Wechsel von Tod und Wiederaufleben, nicht in der starren Dauer, die dem Apophis als einer Chaosmacht eigen ist.

Denn die Götter sterben zwar, wie die Menschen, aber sie sind nicht tot. Ihr Sein (und Sein überhaupt!) ist nicht starre Dauer, sondern ständige Erneuerung. „Tote" werden seit alter Zeit nur die Verdammten, die im Totengericht Verurteilten, werden nur *feindliche* Mächte genannt;[61] Totsein ist identisch mit Nichtsein. Siegfried Morenz hat darauf hingewiesen, „daß für den Ägypter eine beständige Regeneration zur Dauer hinzugehörte"[62]. Die seligen Verstorbenen und die Götter verjüngen sich durch ihren Tod, regenerieren sich an den Ursprüngen ihrer Existenz.

Daß der Ägypter seit sehr alter Zeit in der Verjüngung und Regeneration den eigentlichen Sinn des Todes erblickt hat, bezeugt

[60] Pfortenbuch III 16.

[61] E. Hornung, Altägypt. Höllenvorstellungen (ASAW 59, Heft 3, 1968), S. 35.

[62] Asiatica (Festschrift Weller, 1954), S. 420.

eine Fülle von textlichen, seit dem Neuen Reich auch von bildlichen Aussagen.[63] „Du schläfst, damit du erwachst. Du stirbst, damit du lebst" – so formulieren die Pyramidentexte (§ 1975 b) in archaischer Kürze diese Hoffnung, und schon in dieser ältesten Spruchsammlung wird der Verstorbene in der Rolle des Horus zu einem „kleinen Kind, dessen Finger in seinem Mund ist" (§ 664 a). In den Sargtexten ist er „ein verjüngter Gott, den der Schöne Westen (das Totenreich) geboren hat" (I 88 b), und er erneuert („wiederholt") „das Leben nach dem Sterben, wie Atum, allezeit" (V 291 k). Indem der König für die Grabausstattung seiner Beamten sorgt, ermöglicht er ihnen, sich als „Ehrwürdige" (Verstorbene) zu „verjüngen" (Lied auf Sesostris III.[64]), und auch der altersschwache Sinuhe erhofft sich vom „Fortgehen" ins Jenseits eine „Verjüngung des Leibes" (B 167 f.).

Zu Beginn des Neuen Reiches hat das ›Amduat‹ diese alte und verbreitete Vorstellung in eine neue, bildhaft-eindrucksvolle Form gekleidet.[65] Als „Alte, Greise, Altersschwache und Ergraute" treten der Sonnengott und sein unübersehbares Gefolge von Göttern und seligen Toten in der letzten Nachtstunde in den Leib einer riesigen, 1300 Ellen langen Schlange ein, um sie verjüngt als „Kleine Kinder" zu verlassen. Diese Schlange, die sie vom Schwanz zum Maul durchwandern, heißt „Weltumringler"[66] – es ist die anschaulich gemachte, weltumspannende Grenze zwischen Welt und Nichtwelt, zwischen Sein und Nichtsein. Regeneration ist nicht in der geordnet-begrenzten Welt möglich, sie kann sich nur vollziehen, indem das Alt-Verbrauchte hinabtaucht in das Unbegrenzte, das die Schöpfung umgibt, in die auflösend-heilenden Kräfte des Urozeans Nun. Aus ihm wird der Sonnengott in seiner Barke jeden Morgen emporgehoben, wie es das Schlußbild des Pfortenbuchs zeigt; in ihm verjüngt sich der Schläfer, und die Verstorbenen rufen in einem ramessidischen Hymnus dem Sonnengott zu, daß auch sie sich durch

[63] Eine Auswahl, die sich leicht vermehren ließe, Amduat II 193–195.

[64] H. Grapow, MIO 1, 1953, 198 Vers 8.

[65] Amduat II 188 ff., mit den Namen Nr. 857–868.

[66] So, besser als die Übersetzung Amduat II 178, mit L. Kákosy, OrAnt 3, 1964, 15 ff.

den Eintritt in den Nun verjüngen, ja daß sie ihr bisheriges Wesen „ablösen“ und ein anderes „anlegen“,[67] wie die Schlange ihre Haut. Kein Wunder, daß dieses Umgreifende und zugleich Verjüngende im ›Amduat‹ als Schlange gesehen wird! Doch es gibt für diesen geheimnisvollen Vorgang vielerlei Bilder, die einander nicht ausschließen: die verjüngende Nachtfahrt der Sonne kann sich im Leib der Himmelsgöttin abspielen[68] oder im Leib eines riesigen Krokodils[69]. In vielen Texten[70] wird das morgendliche „Aufwachen“ von Göttern und heiligen Gegenständen geschildert – die ganze Welt geht aus nächtlichem Chaos verjüngt hervor.

Regeneration ist auch zeitlich nur außerhalb der geordneten Schöpfungswelt möglich. Um sich zu verjüngen, also den Ablauf der Zeit umzukehren, muß man vorübergehend aus der Zeit hinaustreten und sieht sich am Anbeginn der zeitlichen Welt, in der Schöpfung oder gar in der Welt vor der Schöpfung, die keine Zeit kennt. Daher ist die morgendliche Neugeburt eine Wiederholung der Schöpfung und vollzieht sich unter Mithilfe der Urgötter, die am Anbeginn der Welt die Sonne zum „ersten Mal“ aus ihrer Mitte hervorgehen ließen;[71] so kann der Sonnenaufgang geradezu „Erstes Mal“ genannt werden, wie die Weltschöpfung[72]. Im Höhlenbuch verkündet der Sonnengott den Unterweltlichen: „Seht, ich trete ein in die Welt, aus der ich hervorgegangen bin, ich lasse mich nieder auf der Stätte meiner ersten Geburt“[73]; er kehrt also zurück in die Welt vor der Schöpfung, aus der er beim „Ersten Mal“ hervorging und immer wieder hervorgeht. Auch nach einem späten

[67] Pap. Chester Beatty IV 11, 8 f.: A. H. Gardiner, Hieratic Papyri in the Brit. Museum, 3rd series (1935), S. 34 mit pl. 17. Die Übersetzung ist nicht ganz sicher, da das Objekt des ersten Verbums zerstört ist, doch dürfte der Sinn feststehen.

[68] A. Piankoff, Le livre du jour et de la nuit (1942) und öfter.

[69] E. Brunner-Traut in: Festschrift für Siegfried Schott (1968), S. 32 ff.

[70] Siehe Assmann, Liturg. Lieder S. 183 mit Anm. 76.

[71] Amduat II 191 und später oft.

[72] O. Neugebauer und R. A. Parker, Egyptian Astron. Texts I (1960), Text H.

[73] A. Piankoff, Le Livre des Quererts (1946), pl. 15, 3 ff.

Libationsspruch[74] kehren die alternden Götter an ihren Ursprungsort, zur urzeitlichen Schöpfung zurück, „wo sie lebten, klein waren und zu Jünglingen wurden".

Die Vorstellung, daß die Götter sich täglich erneuern müssen, wird selbst in Amarna nicht aufgegeben; der Aton, einziger Gott Echnatons, wird „täglich am Himmel (neu) geboren"[75], geht also durch den Kreislauf von Tod und Neugeburt, den die alten Götter durchlaufen. In dieser Sicht, in der Verjüngung und Erneuerung nur durch den Tod möglich sind, entfällt das Befremdliche an der Sterblichkeit ägyptischer Götter. Sie gibt ihnen die Möglichkeit, immer wieder jung zu werden und der Abnutzung, die alle Zeit mit sich bringt, zu entfliehen. Es könnte scheinen, als seien die Götter Ägyptens zwar sterblich und selbst nach dem Zeugnis Plutarchs „nicht unvergänglich", aber letztlich, in ihrer zyklischen Erneuerung, doch ewig, immer-werdend; heißt es vom Sonnengott Re ja auch: „der sich verjüngt Tag für Tag, ohne sein Ende zu erreichen"[76]. Damit schiene die Schwierigkeit beseitigt, welche die Vorstellung von vergänglichen Göttern unserem Verständnis bereitet. Aber so einfach dürfen wir uns die Lösung nicht machen, denn in Texten verschiedener Epochen begegnen uns Aussagen, die mit einem letzten, endgültigen Zeithorizont der Götter rechnen, mit einer Art „Götterdämmerung", die der „ewigen" Erneuerung ein Ende setzt.

Mit einer reichen Dokumentation dieser Entgötterung am Ende der Zeiten dürfen wir nicht rechnen. Der Ägypter macht von eschatologischen Aussagen sparsamsten Gebrauch: da sie die bestehende Ordnung in Frage stellen, sind sie selber nicht „in Ordnung" und werden besser vermieden, da man sonst das glücklich gebannte Chaos wieder beschwört. Wir dürfen daher annehmen, daß in Ägypten das Bewußtsein einer möglichen götterlosen Zeit viel tiefer verwurzelt war, als es die wenigen deutlichen Aussagen erkennen lassen. Eine Redensart wie *m ḏrw nṯrw*, „im Bereich der

[74] H. Junker, Die Stundenwachen in den Osirismysterien (1910), S. 87.

[75] M. Sandman, Texts from the Time of Akhenaten S. 14, allerdings nur in einer Version. Vgl. zu dieser Vorstellung in Amarna auch G. Fecht, ZÄS 94, 1967, 42 mit Anm. 30.

[76] Pap. Berlin 3049, 9, 3.

Götter", im Sinne von „solange die Götter da sind" findet sich erst in ptolemäischen Tempeltexten[77], im übrigen ist die Eschatologie vor allem Domäne der Zaubersprüche.

Die Sargtexte, in denen ein Zauberspruch mit dem Tod des Sonnengottes rechnet (oben S. 148), geben uns in einem berühmten Spruch (1130) des Zweiwegebuches die erste klare Aussage über das Ende aller Zeit. Der anonyme „Allherr", mit dem Atum gemeint ist, spricht dort zur Mannschaft der Sonnenbarke: „Ich habe Millionen von Jahren gemacht zu etwas zwischen mir und jenem ‚Müdherzigen', dem Sohne des Geb (d. h.: Osiris!). Dann aber werde ich mit ihm zusammen wohnen an einer einzigen Stelle. Die Hügel werden zu Städten, die Städte werden zu Hügeln werden, und ein Haus wird das andere zerstören." (CT VII 467f.) Nach den „Millionen Jahren" der differenzierten Schöpfungszeit wird also das Tohuwabohu vor der Schöpfung wiederhergestellt; nur der Urgott (Atum) und Osiris bleiben übrig, räumlich und zeitlich nicht mehr differenziert (an *einer* Stelle).

Noch deutlicher schildert der jüngere Spruch 175 des Totenbuches diesen Endzustand: „Die Welt wird zum Urozean (Nun) werden, zur Urflut wie bei ihrem Anbeginn. Ich (Atum) bin es, der übrigbleiben wird, zusammen mit Osiris, nachdem ich mich in eine andere Schlange verwandelt habe, welche die Menschen nicht kennen und die Götter nicht sehen." Denn es wird bei diesem Weltende keine Menschen und Götter mehr geben, wie aus einer ptolemäischen Parallele dieses Spruches, die E. Otto kürzlich in den Texten des Opet-Tempels entdeckt hat, deutlich hervorgeht[78]: „es gibt keinen Gott, es gibt keine Göttin, die sich in eine andere Schlange verwandeln (könnten)" – oder, um es mit den umschreibenden Worten E. Ottos zu sagen: „Der verwandelte Urgott ist allein und hat keine Zeugen seiner Existenz mehr."[79] Nur er und Osiris können sich in die bleibende Urgestalt der Schlange zurückverwandeln, also in die gleiche Gestalt – oder besser: Gestaltlosigkeit –, die auch der ewige Götterfeind Apophis als Chaos-

[77] Wb V 586, 4.
[78] E. Otto, CdE 37, 1962, 251–255.
[79] Ibid. S. 253.

Abb. 18. Das Sonnenkind im Uroboros.
Aus A. Piankoff und N. Rambova, Mythological Papyri = Bollingen Series XL. 3, New York 1957, S. 22, Fig. 3

macht besitzt und die im *Uroboros* als weltumringendes, regenerierendes Nichtsein gesehen wird. Diese Schlange bleibt, aber die Welt, die sie umschließt, versinkt im Urgewässer, geht mit den Göttern und mit allen Wesen im wörtlichsten Sinne „zu Grunde", der Zustand vor der Schöpfung ist wiederhergestellt.

Anspielungen auf eine Aufhebung der Schöpfung und Wiederkehr des anfänglichen Chaos finden sich öfter in Zaubertexten. Als letztes Mittel und sicher in der Hoffnung, es niemals einsetzen zu müssen, droht der Zaubernde mit dem Weltuntergang und beschwört damit makabre Parallelen zum Atomzeitalter:

Wenn Der auf dem Wasser (das Krokodil!) sein Maul öffnet,
wenn er mit seinen beiden Armen zuckt,
dann lasse ich die Erde in das Urgewässer hinabfallen,
und der Süden wird zum Norden,
und die Erde kehrt sich um.[80]

Götterlose Zeit kann es nicht nur beim Ende der Welt, sondern als Interregnum auch mitten in der geschichtlichen Zeit geben. Für Königin Hatschepsut haben die verhaßten Hyksos „ohne Re" und damit gesetzlos regiert,[81] und Tutanchamun sieht vor seiner Thronbesteigung eine Zeit, in der Götter und Göttinnen Ägypten fernbleiben, auf kein Flehen antworten und „das Geschaffene zerstören".[82] Auch die Israelstele des Merenptah spricht davon, daß der Sonnengott Re sich „Ägypten wieder zugewendet hat"[83], nachdem die Schrecken des Libyer-Einfalls überwunden sind. Hier geht es allerdings um eine vorübergehende, durch die Thronbesteigung eines neuen Königs aufgehobene Entfernung der Götter aus dem Diesseits, die mit der „Götterdämmerung" am Ende aller Zeit nur in der Form der Aussage vergleichbar ist.

Es ist deutlich geworden, daß die ägyptischen Götter tatsächlich, wie Plutarch behauptet, „weder ungezeugt noch unvergänglich" sind. Sie haben einen Anfang mit der Zeit, werden geboren oder geschaffen, sind stetem Wandel unterworfen, sie altern und sterben und sinken am Ende der Zeit in den chaotischen Urzustand der Welt zurück. Die Begrenztheit, die sich hier als eine zeitliche gezeigt hat, gehört auch in anderer Hinsicht zum Wesen der ägyptischen Götter.

[80] H. O. Lange, Der magische Papyrus Harris (1927), S. 57. Zu weiteren Drohungen dieser Art vgl. vor allem S. Schott, Altägypt. Vorstellungen vom Weltende, Analecta Biblica 12, 1959, 319—330, und L. Kákosy, Schöpfung und Weltuntergang in der ägypt. Religion, Acta Antiqua Acad. Scient. Hungar. 11, 1963, 17—30.

[81] Urk. IV 390, 9 = JEA 32, 1946, pl. VI Zeile 38.

[82] Urk. IV 2027, 15—20.

[83] Zeile 25: K. A. Kitchen, Ramesside Inscriptions IV 18 f., ähnliche Wendungen auch zu Beginn der Inschrift.

Begrenztheit göttlichen Wirkens und göttlicher Macht

Daß „die Götter nicht allmächtig“ sind, findet sich als Aussage in dieser schlichten Form erst auf einem Grabstein aus dem römischen Ägypten.[84] Aber das Phänomen ist wesentlich älter und zeigt sich an vielen Einzelzügen göttlichen Wesens.

Nur wenige Götter Ägyptens wirken über einen geographisch eng umgrenzten Bereich hinaus. Meist gilt ihre „Zuständigkeit“ nur für eine Stadt, einen Gau oder eine Weltregion, und ihre Wirksamkeit nimmt proportional der Entfernung von ihrem Kultzentrum ab. So kommt es, daß der Reisende zu den Gottheiten desjenigen Gebietes betet, in dem er sich gerade befindet,[85] daß der Expeditionsleiter sich in den Schutz von Gottheiten stellt, die für die Wüstenpfade und die Bergwerke oder Steinbrüche der Wüste zuständig sind; die Gottheiten seiner Heimatstadt können ihm in der Ferne wenig nützen. Daraus erklärt sich auch die Bedeutung, die nubische, asiatische und libysche Götter für den Ägypter gewinnen, der die Grenzen seines Landes überschreitet. Die Pharaonen des Mittleren wie des Neuen Reiches verehren in den nubischen und asiatischen Provinzen ihres Reiches die dort wirkenden Gottheiten, etwa den Dedwen in Nubien, der nördlich von Assuân nahezu bedeutungslos ist.[86] So können Zweifel darüber entstehen, welcher Gott für ein bestimmtes Gebiet oder einen bestimmten Vorgang verantwortlich ist; in solchen Fällen greift man gern auf die allgemeinste Gottesbezeichnung *nṯr* zurück, wie das Beispiel des Sinuhe zeigt.

Wirkung in größere Ferne ermöglicht ein transportables Gottesbild, wie es der Mitannikönig Tuschratta dem kranken Pharao Amenophis III. zusendet. Hier handelt es sich um die vorderasiatische Ischtar von Ninive, während die Bilder ägyptischer Gottheiten nach unserer bisherigen Kenntnis kaum auf so weite Reise

[84] J. Schwartz, ASAE 50, 1950, 409 Zeile 9.

[85] T. E. Peet, Annals of Archaeology and Anthropology (Liverpool) 17, 1930, 89 f.

[86] Ph. Derchain, CdE 37, 1962, 266. Vgl. jetzt auch E. Otto, Anerkennung und Ablehnung fremder Kulte in der ägypt. Welt, Saeculum 19, 1968, 330—343.

gehen; historisch verbürgt ist nur das Bild des Amun-des-Weges, das der thebanische Beamte Wenamun um 1070 nach Byblos mitnimmt. Die Götterbilder können jedoch bei Festprozessionen eine Strecke über Land reisen, gegenseitige „Besuche" von Göttern sind häufig belegt.[87]

Im Neuen Reich, also in der Zeit ägyptischer Weltmachtgeltung, verbinden sich mit der Gestalt des Sonnengottes universalere Tendenzen, welche die bisherigen, enggezogenen räumlichen Grenzen sprengen. Nun werden auch die Fremdvölker in den Wirkungskreis des ägyptischen Schöpfergottes einbezogen: er hat sie, wie die ganze Welt, geschaffen und erhält sie am Leben. Echnaton schildert im Großen Atonhymnus, wie er ihre Sprache und ihr Wesen unterschieden hat und für ihren Lebensunterhalt sorgt. Im Pfortenbuch, das am Ende der Amarnazeit entstanden ist, wirken diese „kosmopolitischen" Gedanken weiter. Dort wird die ganze Menschheit – vertreten durch die vier „Rassen" der „Menschen" (d. h. Ägypter), Asiaten, Nubier und Libyer – im unterweltlichen Jenseits dargestellt. Horus begrüßt sie kollektiv als „Vieh des (Sonnengottes) Re" und verheißt ihnen das selige Dasein im Jenseits – nun ist der Schöpfer ein Hirte, der die ganze Menschheit als seine Herde, sein „Vieh", weidet.[88] Es ist nur konsequent, wenn seine Wirkung weit über Ägypten hinausgreift und dem bedrängten Ramses II. in der Schlacht von Kadesch siegverleihend zu Hilfe eilt:

Ich bete an den Enden der Fremdländer,
doch meine Stimme geht in Theben um.
Ich fand, daß Amun gekommen ist, als ich zu ihm rief;
er gab mir seine Hand, und ich jubelte.[89]

Das klingt nach Überwindung von Raum und Zeit, nach Transzendenz der Gottheit, und andere Zeugnisse des späten Neuen Reiches weisen in die gleiche Richtung: Amun „hört die Gebete dessen, der zu ihm ruft; er kommt in einem Augenblick *('t)* von

[87] A. H. Gardiner, JEA 39, 1953, 22 mit Anm. 1.

[88] F. Hintze, ZÄS 78, 1942, 55 f.; D. Müller, Der gute Hirte, ZÄS 86, 1961, 126–144.

[89] Ch. Kuentz, La bataille de Qadech (1934), S. 252 f.

ferne zu dem, der ihn ruft“ [90], und für den gleichen Gott „ist jeder Tag ein Augenblick bei dir; er schwindet dahin, wenn du (als Sonne) untergehst“ (Hymnus des Suti und Hor) [91].

Alle drei Textstellen, die wir hier angeführt haben, hat bereits S. Morenz als Zeugnis für Transzendenz „in jener herkömmlich-allgemeinen Weise . . ., die auf eine Transzendierung von Zeit und Raum hinzielt“ aufgefaßt.[92] Doch will uns scheinen, daß hier nur eine Relativierung von Raum und Zeit vorliegt. Die Götter denken und wirken in größeren Dimensionen. Ihre Herrschaft vor Beginn der Geschichte, wie sie der Turiner Königspapyrus und Manetho mit konkreten Jahresangaben überliefern, ist ungleich länger als die jedes historischen Königs – aber sie ist eine begrenzte, zählbare Größe. Auch die Zeit im Jenseits wird nach anderen Maßen gemessen, die Jenseitsrichter „sehen die Lebenszeit als eine Stunde an“ (Merikarê) [93], ohne damit aus den Kategorien von Raum und Zeit hinauszutreten; das Pfortenbuch führt uns sichtbar vor Augen, wie aus dem unerschöpflichen, als Schlange gesehenen Vorrat an Zeit den jenseitigen Wesen eine konkrete „Lebenszeit“ *(ʿḥʿw)* zugewiesen wird. (I 280 ff.)

Wir werden auf die „Transzendenz“ der Götter, wie Morenz sie versteht, ausführlicher einzugehen haben (S. 186). Hier ging es zunächst darum, eine „echte“ Transzendenz, die Raum und Zeit übersteigt, für Ägypten auszuschließen. Dafür sei abschließend noch je ein Zeugnis für Ober- und Unterwelt angeführt. Ein kosmologischer Text des Neuen Reiches, der zeitlich in engster Nachbarschaft zum Kadesch-Gebet Ramses' II. steht, spricht davon, daß „die ferne Gegend des Himmels in der Urfinsternis ist; nicht kennt man ihre Grenzen gegen Süd, Nord, West und Ost. Diese (die Himmelsrichtungen) sind im Urwasser befestigt wie ‚Träge‘ . . . Nicht ist ihr Land . . . Göttern und Geistern bekannt. Dort sind keine Lichtstrahlen, und es erstreckt sich unter jeden Ort . . .“ [94]

[90] Leidener Amunhymnus (vgl. S. 45 Anm. 65) III 17.

[91] Urk. IV 1944, 13.

[92] Heraufkunft S. 6 f.

[93] A. Volten, Zwei altägypt. politische Schriften (1945), S. 26 (Zeile 55).

[94] Pap. Carlsberg I, II 20 ff., letzte Bearbeitung in O. Neugebauer und R. A. Parker, Egyptian Astron. Texts I (1960), S. 52 f.

Jenseits der Bahn des Sonnengottes liegt demnach das finster-wäßrige Reich vor der Schöpfung, durch Urozean und Urfinsternis gekennzeichnet, in dem die Himmelsrichtungen aufgehoben („träge") sind, das keine Grenzen kennt, das den Strahlen der Sonne und allen Göttern unerreichbar ist. Diese Grenze, im kosmologischen Text am Himmel aufgezeigt, umschließt auch die Unterwelt. Dort müssen die Verdammten in Bereichen hausen, die der Sonnengott auf seiner nächtlichen Fahrt nicht berührt, die nie von einem Lichtstrahl erhellt werden, in die selbst die Stimme des Schöpfergottes nicht eindringt. So erscheint die Finsternis – zumeist als „Urfinsternis" vor und um die Schöpfung verstanden – ganz allgemein als Grenze der geordneten Welt, an der auch die Herrschaft des Königs endet.[95]

Diese äußerste Grenze ist sogar für den Allschöpfer nicht transparent. Er heißt seit den Sargtexten häufig *nb-r-ḏr*[96], was wir mit „Allherr" übersetzen, was aber wörtlich „Herr-bis-ans-Ende" bedeutet und damit wieder die Vorstellung einer Grenze einschließt, wie sie seinem Schöpferwort in der Unterwelt gesetzt ist.

Grenzen sind auch für die Macht und das Wissen der Götter gegeben, selbst der mächtigste Schöpfergott besitzt keine „Allmacht" in strengem Sinne. In der Erzählung, die wir kennengelernt haben (S. 78), durchschaut er die List der Isis nicht und scheint machtlos gegen die Schlange, die sie zu seiner Pein erschaffen hat. Doch auch sie, die kundigste und zauberreichste aller Götter,[97] kennt den geheimsten Namen des Schöpfers nicht, obgleich „Gott jeden Namen kennt", wie es in der Lehre für Merikarê (Z. 138) heißt. So ist die Grenze im Prinzip immer da, aber in der Götterwelt sehr, sehr fern gedacht. Die Götter wohnen in anderen Dimensionen und haben ein vielfach gesteigertes, aber nicht unendliches Dasein. Unzählige Augen und Ohren erhöhen ihre Sinnesmacht[98] und setzen sie in wirkungsvollen Gegensatz zum Götter-

[95] Für Belege vgl. E. Hornung, StG 18, 1965, 78, und Amduat II 7 f.

[96] CT VI 131 jk, parallel zu *nb-tm*, „Herr von allem"; ferner CT I 251 a.

[97] Vgl. M. Münster, Untersuchungen zur Göttin Isis, S. 196.

[98] Beispiele aus der Spätzeit bei S. Sauneron, BIFAO 62, 1964, 31. Allsehend und allhörend ist der Sonnengott schon im Neuen Reich:

feind Apophis, der seiner Sinnesorgane beraubt, dem Hören und Sehen vergangen ist.[99] Der Sonnenwidder der Spätzeit besitzt nicht nur vier Köpfe, sondern ist ausgestattet „mit 777 Ohren, mit Millionen von Millionen Augen, mit hunderttausend Hörnern" (Urk. VI 75), also mit unabsehbar gesteigerten Möglichkeiten.

Differenziertheit

Die Begrenztheit der Götter in Zeit, Raum, Macht und Wissen, der wir in zahlreichen Textzeugnissen begegnet sind, hat als gemeinsamen Nenner die Differenziertheit; und diese Grundeigenschaft alles Seienden verbietet es, den Göttern absolute Eigenschaften, unbegrenzte Existenz beizulegen. Wir werden bei der Betrachtung ägyptischer Ontologie im nächsten Abschnitt dieses Phänomen noch tiefer fassen können, zunächst wollen wir es in weiteren Bereichen genauer aufzeigen.

Die Differenziertheit der Götter prägt sich ja bereits in ihrer Vielzahl aus. Das Wesen des Urgottes ist es, zunächst Einer, aber dann, mit der Schöpfung und der mit ihr verbundenen Differenzierung, Viele zu sein. „Der Eine, der sich zu Millionen gemacht hat," ist im Neuen Reich ein häufiger Beiname des Schöpfers, der dieses Phänomen aufzeigt.[100] Die „Millionen", die ungeheure und unabsehbare, aber nicht unendliche Vielzahl – das ist die Realität der Schöpfungswelt, des Seienden. Diese Einsicht wird noch in den ptolemäischen Tempeltexten bewahrt, welche die alte Aussage in neuen Formulierungen auf den Gott Amun anwenden; er ist „die Million der Millionen in seinem Namen", und seine Stadt Theben kann man als „Behälter *(hn)* der Million" bezeichnen, d. h. als Gefäß für den vielfach differenzierten Amun.[101] Daß nicht beliebige Wesen oder Erscheinungsformen, sondern wirklich

J. Zandee, JEOL 18, 1965, 264. Verkörperung dieser Fähigkeit ist später der mit Augen bedeckte « Bes panthée ».

[99] E. Hornung, Altägypt. Höllenvorstellungen S. 14 mit Anm. 12.

[100] Für das Neue Reich vgl. G. Fecht, ZÄS 94, 1967, 33 Anm. 7, und J. Zandee, 18, 1965, 255 f., für die Spätzeit K. Sethe, Amun § 200.

[101] Sethe a. a. O. § 200 f. und É. Drioton, ASAE 44, 1944, 127 (c), wo

„Millionen von Göttern" gemeint sind, wird im Tempel von Edfu ausdrücklich gesagt.[102] Und wenn im gleichen Gebäude (Mammisi) des Tempels von Philae einmal Amun, ein anderes Mal aber Ptah-Tenen mit dem alten Beiwort „Der (sich zu) Millionen macht" bedacht werden,[103] zeigt sich wieder, daß diese Eigenschaft ganz allgemein dem Schöpfergott zukommt, welchen Namen er auch tragen mag. Offenbar wird es nicht als logischer Widerspruch empfunden, daß sich in den „Millionen" das eine Mal Amun, das andere Mal Ptah offenbart; hier ist auch kein „Pantheismus" am Werk (vgl. S. 116 f.), sondern Einsicht in die notwendige, vielgestaltige Differenziertheit der Welt, die sie dem Schöpfergott verdankt.

Zur räumlichen, zeitlichen und gestaltlichen Differenzierung tritt die geschlechtliche. Eine Gottheit ist, wie alle Wesen, entweder männlich oder weiblich; die Vermischung beider Geschlechter bleibt im wesentlichen auf den Urgott, den Einen, beschränkt und ist damit ein Kennzeichen der undifferenzierten Einheit vor der Schöpfung. Der Schöpfer ist androgyn[104], mann-weiblich, „Vater der Väter und Mutter der Mütter"[105] oder Mutter-Vater, wie Echnaton seinen Gott Aton nennt (oben S. 139) und wie er, nach der einleuchtenden Deutung von M. Pillet und W. Westendorf[106], auch sich selbst als Repräsentant des Schöpfergottes versteht; davon zeugen die nackten, aber geschlechtslosen Kolosse des Königs aus Karnak. Aber der Schöpfungsvorgang besteht gerade darin, daß aus dem geschlechtslos-einen Urgott ein geschlechtlich differenziertes Götterpaar hervorgeht, Schu und Tefnut, das aus sich wieder geschlechtlich differenzierte Paare erzeugt und damit Zeugung und Geburt in Gang setzt. Daher gehört es zu den Eigenschaften der Welt vor der Schöpfung, daß in ihr „das Gebären noch nicht ent-

primär an die Gottheit Ḥeḥ gedacht wird, aber die „Million" zumindest als Nebensinn mitgegeben ist.

[102] Edfou III 34.

[103] H. Junker und E. Winter, Das Geburtshaus (vgl. Anm. 18) 49, 27 von Amun, 29, 8 von Ptah-Tenen.

[104] S. Sauneron, Mélanges Mariette S. 244 Anm. 1. Zahlreiche Hinweise zur Androgynität in Ägypten gab J. Leclant, Syria 37, 1960, 7 f.

[105] So Ptah-Tenen in Philae: H. Junker und E. Winter a. a. O. 29, 9.

[106] Mélanges Mariette (1961), S. 91, bzw. Pantheon 21, 1963, 269—277.

standen war“ [107] und die älteste Gottheit „von selbst“ entstehen muß. In seiner Rolle als Urgott kann sich der Tote schon in den Sargtexten (I 344c) als ungeboren betrachten.

Der Ursprung der gestalteten Welt in einem Vorgang des Differenzierens, der Trennung ursprünglich vereinter Elemente, durchzieht als Leitgedanke die ägyptischen Schöpfungsvorstellungen. Himmel und Erde, ursprünglich vereint, werden von Schu getrennt, das Licht tritt aus der Finsternis, das Land taucht aus dem Urgewässer auf, der Schöpfer „unterschied *(wpj)* das Wesen des Einen von dem des Anderen“ [108] und teilte so jedem Wesen seine unverwechselbare Eigenart mit. Daher die überraschende Aussage des 261. Sargspruches, daß Hike, der Gott des Zaubers, vom „Einherrn“ geschaffen wurde, „als noch nicht zwei Dinge in dieser Welt entstanden waren“ (CT III 383a) – mit anderen Worten heißt das: als es noch keine Differenzierung gab.

Um das Wesen, das Entstehen und Vergehen ägyptischer Götter, um das eigentümliche Phänomen ihrer Begrenztheit, um die Differenziertheit dieser Götterwelt zu verstehen, bedarf es der Beschäftigung mit ägyptischer Ontologie. Dies soll im folgenden Exkurs geschehen, wobei ich vom ungedruckten Text meiner Basler Antrittsvorlesung (18. 2. 1969) über ›Ägyptens Auseinandersetzung mit dem Nichtsein‹ ausgehe.

EXKURS

Die ontologischen Grundlagen

Der Ägypter, der vor dem Totengericht Rechenschaft über seine irdischen Taten ablegen muß, kleidet seine Rechtfertigung in die Form verneinender Aussagen, in das berühmte „Negative Bekenntnis“ des 125. Spruches im Totenbuch. Zu diesen verneinenden Aussagen gehört der Satz: „Ich kenne das Nichtseiende nicht“ [109].

[107] S. Schott, RdE 19, 1967, 99 (Inschr. des Udjahorresnet).

[108] Kairoer Amunhymnus 4, 3 (ed. Grébaut S. 11). Vgl. bereits die „Trennung“ der Berge Pyr 2064!

[109] Ch. Maystre, Les déclarations d'innocence (1937), S. 26.

Wenn er vom Totengericht als ein seliger, gerechtfertigter Verstorbener anerkannt ist und in die Gefilde des Jenseits entlassen wird, führt sein Weg an vielen gefährlichen Orten vorbei, darunter an einem Tor: „Das die Nichtseienden verschlingt“ [110].

Und gelangt er schließlich zu Osiris, dem Herrscher der Toten, dann steht er einer Gottheit gegenüber, die einer von vielen Beinamen als einen Gott bezeichnet: „Zu dem das kommt, was ist, und das, was nicht ist“ [111].

Das sind drei beliebige Beispiele aus einer Fülle von Textstellen, an denen der Ägypter von Nichtseiendem spricht. Was meint er damit? Man hat die Schwierigkeiten einer Interpretation bisher übergangen, indem man sich mit der bloßen Übersetzung „Nichtsein“ (bzw. „Nichtseiendes“) begnügte und bestenfalls in einer Fußnote anmerkte, es handle sich um das „Noch-nicht-Seiende“, das vorerst als Möglichkeit da sei; und damit mochte es sein Bewenden haben. Aber das „Nichtseiende“ z. B., das von dem erwähnten Jenseitstor verschlungen werden soll, ist etwas, was der Möglichkeit, zu sein, gerade beraubt wird, ist endgültiges und unwiderrufliches Nichtsein; noch bei vielen anderen Gelegenheiten, (wenn z. B. der König seine Feinde zu „Nichtseienden“ macht), führt uns die Interpretation als Noch-nicht-Seiendes nicht weiter, mag sie auch eine der vielen Eigenschaften ägyptischen Nichtseins treffen.

Die Frage ist also offen, zumal der bisher einzige Versuch einer Auseinandersetzung [112] in der Aporie einer „Identität von Sein und Nichts“ endet. Wenn wir die Frage aufgreifen, sind wir uns der begrifflichen Schwierigkeit wohl bewußt, denn hinter jedem

110 Pfortenbuch I 79.

111 J. Spiegel, Welt des Orients 2, 1959, 401; J. Assmann, Liturg. Lieder S. 240 mit Anm. 63. Die gleiche Aussage für den heiligen Ort Abydos: Spiegel a. a. O. S. 403 Anm. 1. Amun wie Osiris gelten als „Herr des Seienden, dem das Nichtseiende gehört“: Bakir, ASAE 42, 1943, 86 (Zeile 4) bzw. Fakhry, ASAE 42, 466 (Zeile 12) — beide Belege aus dem Neuen Reich, während die erste Formel auf das Mittl. Reich zurückgeht.

112 Ph. Derchain, Zijn en niet-zijn volgens de Egyptische filosofie, dialoog 2, 1962, 171—189.

Beschwören des Nichtseins steht die ganze Problematik neuzeitlicher Ontologie. Die Gefahr ist nahe, daß wir der Philosophie ins Handwerk pfuschen. Doch können wir von der Philosophie keine begriffliche Klärung unseres Anliegens erwarten, ehe wir die Aussagen unserer Quellen aufgedeckt, philologisch geprüft und in ihrem gedanklichen Gehalt deutlich gemacht haben; dann erst wird die begriffliche Prüfung ägyptischer Ontologie und gegebenenfalls ihre Einordnung in den geschichtlichen Gang der „Beschauung des Seienden als Seiendes", in die Philosophiegeschichte, möglich sein. Wir lassen daher auch die Frage offen, ob wir korrekter vom „Nichtsein" oder vom „Nichtseienden" sprechen, und bitten, auftretende Inkonsequenz zu entschuldigen; ganz gewiß werden wir weder vom „Sein des Seienden" noch vom „Nichten des Nichts" sprechen – das wäre Ägypten gegenüber unangemessen. Philologisch stehen wir auf sicherem Boden, denn ägyptische Begriffe wie *tm wnn* oder *nn wn* sind klare Verneinungen des Zeitwortes „sein" – das eine Mal durch ein Negativverb, das andere Mal durch eine Partikel; dazu kommt noch das negative Relativadjektiv *(jwtj/jwtt)* und seine Substantivierung, die wörtlich nur „das, was nicht ist" oder „das Nichtseiende" bedeuten kann. Überdies differenziert der Ägypter genau zwischen Zeitwörtern wie „sein", „werden" und „leben". Was aber meint der Ägypter, wenn er vom „Nichtseienden" spricht?

Nichtseiendes, als solches unsichtbar und unfaßbar, läßt sich überall dort aufsuchen, wo Seiendes fehlt, in zeitlicher Hinsicht also vor der Schöpfung. Daß Seiendes – jegliches Seiende! – geschaffen ist und damit einen Anfang hat, wird in ägyptischen Texten aller Epochen oft genug gesagt. Selbst der Schöpfergott, der alles Seiende geschaffen hat und daher – auch in ägyptischer Sicht! – selber ungeschaffen sein muß, ist nicht unentstanden; er ist, wie es in häufigen Beinamen der weltschöpfenden Gottheiten und insbesondere des Sonnengottes heißt, „von selber entstanden" (oben S. 140) oder hat „das Entstehen begonnen". Er hat einen Anfang, und jenseits dieses Anfangs gibt es weder Seiendes noch Entstandenes, sondern einzig einen Zustand des Nichtvorhandenseins, der durch Verneinung umschrieben wird. Hier drängen sich als Parallele sogleich Schilderungen des Enuma eliš, des Rigveda und vieler anderer Schöpfungsberichte der Menschheit auf, aber wir wollen die Blickrichtung unserer Betrachtung nicht durch vorschnelles Vergleichen von den ägyptischen Vorstellungen ablenken, um die es hier geht.

Zur Beschreibung des Zustandes, der vor der Schöpfung geherrscht hat, steht der ägyptischen Sprache eine besondere negative Verbalform zu Gebote, das *n sḏmt. f*, zu übersetzen durch „als noch nicht . . . war". H. Grapow hat 1931 in einem bedeutsamen Aufsatz (›Die Welt vor der Schöpfung‹[113]) zusammengestellt, welche Gegebenheiten der Schöpfungswelt auf diese Weise verneint werden; der Katalog läßt sich heute noch etwas erweitern und darf als Ausgangspunkt für den Versuch dienen, das ägyptische „Nichtsein" näher zu bestimmen.

Verneint wird die Räumlichkeit der Welt – Himmel und Erde sind noch nicht entstanden, und die „Hochhebung des Schu" hat noch nicht stattgefunden, d. h., der Luftgott Schu hat Himmel und Erde noch nicht getrennt, indem er beim Schöpfungsvorgang den Himmel über die Erde hochhebt. Die Urelemente ruhen ungetrennt beieinander und geben keinen Raum frei, in welchem der Schöpfergott stehen, die Schöpfung ent-stehen könnte. Eine jüngere Variante fügt zu Himmel und Erde noch die Unterwelt hinzu[114] – auch sie, das Reich der Toten, existiert noch nicht. Und nach einem anderen, relativ jungen Text hat der Schöpfergott noch keinen Ort gefunden, an dem er stehen könnte[115] – eine eindrucksvoll geraffte Verneinung jeglicher Räumlichkeit!

Es existiert kein Raum, es gibt auch keine lebenden Wesen, die ihn bewohnen, Götter wie Menschen sind noch nicht entstanden[116] – wieder eine Vorstellung, die bereits den ältesten einschlägigen Texten angehört. Jüngere Anspielungen auf die Schöpfung setzen vor ihr einen Zustand voraus, als „nicht der

[113] ZÄS 67, 34—38, zugleich mit Parallelen aus außerägypt. Schöpfungsmythen. Vgl. auch H. Donner, ZÄS 82, 1957, 9 zu Prov. Sal. 8.

[114] Urk. VIII 34 Nr. 42.

[115] Pap. Bremner-Rhind 26, 23 und 28, 24.

[116] Pyr 1466; Grab des Paser (Grapow a. a. O. S. 36). Dazu noch CT IV 101 h: „als die Wesensart der Götter noch nicht gemacht war", und CT VI 281 a—c für konkrete Gottheiten.

Name irgendeines Dinges verkündet war“ [117], und weisen damit auf das Wort des Schöpfergottes hin, das alle Wesen und Dinge ins Sein ruft. Indirekt ist damit gesagt (und wir finden auch anderswo Bestätigung dafür) [118], daß es im Zustand vor der Schöpfung „kein Ding“, also auch keine unbeseelte Materie gibt, denn das Namenlose *ist* nicht.

Es gibt – wie könnte es angesichts der völligen Abwesenheit von Leben anders sein! – auch keinen Tod,[119] aber es ist doch bezeichnend für die ägyptische Begründung des Seienden, daß bereits die Pyramidentexte des 3. Jahrtausends v. Chr. im Phänomen des Todes ein notwendiges Produkt der Schöpfung sehen; hier wurzelt der Gedanke, daß selbst die Götter sterblich sind. Vor der Schöpfung gibt es auch keine Geburt, die ältesten Gottheiten entstehen auf ungeschlechtliche Weise, und mit dem rhythmischen Wechsel von Tag und Nacht fehlt die Zeit überhaupt, die der Ägypter eindeutig dem Seienden zurechnet (vgl. S. 178).

Die bisher betrachteten Verneinungen, die den Zustand des Nichtseins vor der Schöpfung kennzeichnen, bleiben im Rahmen dessen, was uns aus anderen Kulturen geläufig ist. Ungewohnter klingt schon die alte Aussage, daß in diesem Zustand „noch kein Streit entstanden“ war,[120] gemeint als konkrete Anspielung auf den Streit des Horus und Seth, also auf die Gestalten und Gegebenheiten des Mythos, zugleich aber, weitaus allgemeiner, als Verneinung jeglicher Auseinandersetzung, ja jeglicher Bewegung, wie sie auch in der positiven Kennzeichnung jenes Zustandes als eines „trägen“ (unten S. 171) enthalten ist; es gibt nichts, was sich bewegen, nichts, was in Auseinandersetzung treten könnte, absolute Ruhe herrscht.

Und dann die überraschende Feststellung, es habe „noch nicht zwei Dinge gegeben“ [121], scheinbar unnötige Wiederholung, da es

[117] Pap. Berlin 3055, 16, 3 f.

[118] Grapow a. a. O. S. 36 f. (Philae). Nach Pap. Bremner-Rhind 28, 23 gab es „keine Form *(ḫprw)*“.

[119] Pyr 1466. Nach einem jüngeren Text gibt es im Urozean Nun keinen Tod: S. Schott, Die Reinigung Pharaos (NAWG 1957 Nr. 3), S. 55.

[120] Pyr 1040 und 1463.

[121] CT II 396 b und III 383 a.

ja „überhaupt kein Ding" gab. Aber mit dieser Aussage setzt der Ägypter vor die Schöpfung ausdrücklich eine Einheit, die nicht in zwei Dinge differenziert werden kann, wie er den Schöpfergott gern den „Einen, der sich zu Millionen machte" (siehe S. 164), nennt. „Zwei Dinge" und „Millionen" meinen hier die Grenzen des gleichen Phänomens: der Differenziertheit des Seienden, die für das Nichtseiende verneint wird. Das Nichtsein ist Eines und undifferenziert. Zwischen ihm und dem Sein steht vermittelnd und trennend der Weltschöpfer als der anfänglich Eine, der aus dem Nichtsein hervortritt und den „Anfang" des Entstehens setzt, indem er sich zur Vielheit der „Millionen" differenziert, zur Fülle des Seins, zur Fülle der Götter.

Hier stoßen wir auf den gedanklichen Grund des ägyptischen Polytheismus: Göttliches muß, sofern es seiend ist, differenziert sein. Wo ägyptisches Denken eine Einheit im Seienden meint, bedient es sich sprachlich des Duals oder des Nebeneinanderstellens zweier komplementärer Begriffe: Ägypten als die „Beiden Länder" oder als „Ober- und Unterägypten", der Raum als „Himmel und Erde", die Zeit als *nḥḥ* und *ḏt*, alles überhaupt Denkbare als „Seiendes und Nichtseiendes".

Doch genug der negativen Bestimmungen des Nichtseins! Der Ägypter hat darüber hinaus einige wenige, aber kennzeichnende positive Bestimmungen des Zustandes vor der Schöpfung gegeben. In der Hauptsache sind es zwei Elemente, welche den nichtseienden Zustand ausmachen: das unbegrenzte Wasser, die Urflut (ägyptisch Nun), und die lichtundurchlässige Urfinsternis (ägyptisch Kekuzemau). Dazu kommen die Trägheit, die abgründige Tiefe und die Grenzenlosigkeit des Urzustandes, aber das sind eigentlich nur umrahmende Bestimmungen, die sich aus den beiden Urelementen ergeben.[122] Daß Urflut und Urfinsternis den Zustand vor der Schöpfung ausmachen, gehört der ältesten für uns greifbaren Schicht ägyptischer Schöpfungsvorstellungen an und ist der Alten Welt so einleuchtend erschienen, daß noch die christliche Gnosis

[122] Zur Trägheit siehe CT II 33 f. und V 166 (vom Urgott, wie Pap. Bremner-Rhind 28, 24), sowie V 312 (vom Nun, wie öfter); zu den übrigen Kategorien E. Hornung, ZÄS 81, 1956, 29 ff.

diese Vorstellung übernimmt und sie mit der griechischen Idee des Chaos verbindet.[123]

Bis jetzt haben wir fast nur mythische Bilder kennengelernt, wie sie auch anderen Kulturen vertraut sind. Ägyptische Ontologie gründet auf der Einsicht, daß sich das Nichtseiende nicht einfach in Seiendes verwandelt und damit abgetan ist. Durch die Schöpfung ist das, was vor ihr war, nicht aufgehoben; neben der Summe des Seins bleibt ein unendlicher Rest, der niemals in Sein verwandelt wird. Die Elemente, die den Zustand vor der Schöpfung ausmachen – Urflut, Finsternis, Trägheit, Verneinung –, sind für die Schöpfungswelt in doppelter Weise anwesend. Zum einen als letzte Grenze oder als Bereich jenseits aller Grenzen, auf den man stößt, wenn man über die Begrenztheit des Seienden hinausgeht; zum anderen innerhalb der geordneten Schöpfung, mitten unter uns. Auf Nichtseiendes als unübersteigbare Grenze, an der das Wirken der Götter und des Königs endet, wurde schon hingewiesen (oben S. 162f.). Ein astronomischer Text zeigte es am Himmel auf, jenseits der Sonnenbahn, die Unterweltsbücher in der Tiefe. Im 175. Spruch des Totenbuches gilt die Unterwelt als „ganz tief, ganz finster, ganz endlos“. Dort öffnet sich ein wäßrig-finsterer Abgrund, der als Höllenrachen die Sünder verschlingt.[124] Wer dorthin, ins Bodenlose fällt, der „ist nicht“, wie es ausdrücklich heißt, der ist zu einem „Nichtseienden“ geworden, nachdem der Spruch des Totengerichts ihn der Vernichtung überantwortet hat.

In dieser abgründigen Tiefe hausen auch die Götterfeinde, voran Apophis, der täglich sein Schlangenhaupt dem Sonnengott entgegenstreckt und immer wieder ins Nichtsein vertrieben werden muß. Die Schlangengestalt, die diesem Erzfeind eignet, hat für den Ägypter eine besondere Affinität zum Nichtsein. Der Urgott, der das Sein überdauert, verwandelt sich am Ende der Zeit in eine Schlange (vgl. S. 157), und seit der Amarnazeit gestaltet der Ägypter

[123] Vgl. die Nachweise, die ich StG 18, 1965, 74 gegeben habe. Das gnostische Zitat, wonach das Chaos des Anbeginnes Finsternis und „grundloses Wasser“ war, jetzt bei A. Böhlig und P. Labib, Die koptisch-gnostische Schrift ohne Titel (1962), S. 36ff.

[124] Hierzu und zum folgenden E. Hornung, Altägypt. Höllenvorstellungen S. 31ff.

die in sich zurückgekrümmte Schlange namens „Schwanz-im-Maul", die in der römischen Zeit zum Uroboros, zum „Schwanzverschlinger" wird.[125] Im geschlossenen Kreis des Schlangenleibes wird das allseitig (Abb. 18) und lückenlos die Welt umschließende Nichtsein zur Anschauung gebracht — soweit es überhaupt möglich scheint. Dieses Bild war noch für die spätere Antike so überzeugend symbolkräftig, daß die gnostischen Schriften und gnostisch beeinflußten magischen Gemmen davon reichen Gebrauch machen und den Uroboros immer noch für die weltumringende „äußere Finsternis" setzen, also letztlich für das Nichtseiende oder, was auf das gleiche hinauswill, für den äußersten Umkreis der Welt.[126]

Ein verwandtes Bild treffen wir in den Unterweltsbüchern des Neuen Reiches an — eine Schlange, aus der auf geheimnisvolle, rätselhafte Weise eine Stunde nach der anderen „geboren" und, wenn sie abgelaufen ist, wieder „verschlungen" wird, in der sich also das Unabsehbare und Abgründige der Zeit verkörpert.[127] Dieser äußerste Umkreis des Seienden, den der Ägypter im Bild der „Ringelschlange"[128] anschaulich macht, ist räumlich wie zeitlich zu verstehen. Die in sich zurückgekrümmte Schlange umschließt eine vierdimensionale, endliche Welt — die ja auch in der sphärischen Modellvorstellung der modernen Physik in sich gekrümmt ist; der Uroboros scheint das einzige Symbol, diese Krümmung anschaulich zu machen.

[125] Zuerst auf dem 2. Schrein Tutanchamuns: A. Piankoff, JEA 35, 1949, 113 Fig. 1, und ders., The Shrines of Tut-Ankh-Amon pl. 48. Einen Vorläufer kann man in der „Vielgesicht"-Schlange des ›Amduat‹ (Nr. 458) erblicken. Zur Verbreitung des Motivs vgl. B. H. Stricker, De grote zeeslang (1953), und L. Kákosy, OrAnt 3, 1964, 15—25.

[126] Pistis Sophia Kap. 126. Vgl. auch die Schlange, welche die „Höhle des Aion umfaßt", bei Claudian, De cons. Stil. II 424 ff. (dazu Ph. Derchain, A propos de Claudien, ZÄS 81, 1956, 4—6).

[127] Die älteste Darstellung Amduat II 175 f. (lies *ḏt* dort als „Zeit"!), in der 11. Nachtstunde, dazu mehrere Darstellungen im Pfortenbuch. Auch die älteste Darstellung des Uroboros (vgl. Anm. 125) bezeichnet ihn als *jmn-wnwt*, „Der die Stunden verbirgt", also als die Zeit-Schlange!

[128] So *(mḥn)* lautet der älteste Name des Uroboros, später von „Schwanz-im-Maul" *(sd-m-rꜣ)* abgelöst.

Wir wiederholen und ergänzen: in seiner räumlichen wie in seiner zeitlichen Erstreckung ist das Seiende für den Ägypter allseitig in die Uferlosigkeit des Nichtseienden eingebettet; dieses aber macht an den Grenzen des Seins nicht halt, sondern durchdringt die ganze Schöpfung. Der astronomisch-kosmologische Text, den wir bereits zitiert haben (S. 162), spricht davon, daß „die ferne Gegend des Himmels in der Urfinsternis" ist und daß diese Welt, „in der die Finsternis ist" (das Nichtsein also!), „sich unter jeden Ort erstreckt", mithin allgegenwärtig ist. Kein Wunder, daß der Ägypter auf Schritt und Tritt auf Nichtseiendes stößt! Wenn er eine Baugrube hinabführt, erinnert ihn das Grundwasser an den Zustand vor der Schöpfung, und er schüttet Sand zu einem neuen „Urhügel" auf, damit aus dem Urgewässer, das im Grundwasser gegenwärtig ist, Seiendes emporsteige.[129] Auch die alljährlich wiederkehrende Überschwemmung bringt das zeitlose Nichtsein in die Schöpfung zurück, „die Erde wird zum Nun", wie es in einem Text aus äthiopischer Zeit heißt.[130] Sogar der belebende Lufthauch „geht aus dem Nun hervor"[131], und allnächtlich ist die Finsternis wieder da, die auch für den Ägypter „anfangs alles war"; sie „macht die Gesichter unkenntlich"[132], sie verwischt alle Gestaltung, schmilzt die Seinsformen vorübergehend ein. Der Schläfer, der „wie tot" daliegt, weilt im Urozean Nun, wie A. de Buck in seiner Arbeit über die ägyptische Auffassung des Schlafes gezeigt hat;[133] aus dieser letzten Tiefe steigt die Welt der Träume. Wenn bereits der Schlaf ein vorübergehendes Hinabtauchen in die Welttiefe bedeutet, dann erst recht der Tod, der am brutalsten an die Grenze des Seins erinnert, auch wenn er selbst diese Grenze nicht ist.

[129] A. Moret, Du caractère religieux de la royauté pharaonique (1902), S. 134; Edfou VIII 237; Karnak-Nord IV (FIFAO 25, 1954), S. 11 mit Anm. 7.

[130] Macadam, The Temples of Kawa I (1955), S. 25. Die Vorstellung ist schon im Neuen Reich greifbar: Leidener Amunhymnus Kap. 600 und A. Erman, ZÄS 38, 1900, 24.

[131] N. de G. Davies, The Tomb of Huy (1926), pl. XXXVIII C, Zeile 3.

[132] A. Erman, ZÄS 38, 1900, 27.

[133] Vgl. oben S. 120 Anm. 58.

So könnten wir unsere Wanderung durch die ägyptische Landschaft des Seins fortsetzen und würden allerorten auf die Gegenwart von Nichtseiendem stoßen, auch und vor allem in der Wüste mit ihren Fabeltieren, die es nicht gibt. Doch wir eilen weiter zu unserem eigentlichen Anliegen. Wo das Nichtsein, wenn überhaupt, nur an den fernsten Horizonten des Seins gegenwärtig ist, wo es vor der Schöpfung vorausgesetzt wird und vielleicht einmal am Ende der Zeiten wieder da sein wird, da ist es kaum mehr als ein abstraktes Problem, Gelegenheit zu Spekulationen im leeren Raum. Wenn die Astronomie uns lehrt, daß die Welt in vier Milliarden Jahren nicht mehr sein wird, dann läßt uns das kalt und ist nicht geeignet, unser Leben zu ändern – der Horizont ist zu fern. Wo aber, wie in Ägypten, Nichtseiendes allezeit und allerorten als anwesend empfunden wird, da ist die Auseinandersetzung mit ihm keine nur gedanklich-abstrakte, sondern ergreift den ganzen Menschen.

Die Auseinandersetzung, zu der das Nichtsein als ständig anwesende Realität den Ägypter herausfordert, hat zwei Gesichter: ein feindliches und ein regenerierendes, fruchtbares.

Die feindliche Auseinandersetzung geschieht mit den Mächten, die dem Nichtsein außerhalb der Schöpfung angehören, aber in die Schöpfung einbrechen und aus ihr vertrieben werden müssen. Das ist Aufgabe des Königs und der Götter. Ramses II. führt u. a. den Beinamen „Der die rebellischen Fremdländer zu Nichtseienden macht“ [134], und von vielen anderen Königen wird in ähnlicher Weise ausgesagt, daß sie die „rebellischen“, also unloyalen Fremdvölker zu „Nichtseienden“ oder zu „Unentstandenen“ machen – es genügt nicht, sie zu töten, denn aus Tod entspringt für den Ägypter neues Leben, sie müssen aus dem Sein vertrieben werden. Diese Forderung gilt nicht nur für die politischen Feinde Ägyptens und seines Königs. Jeder, der die gesetzten Grenzen der Ordnung überschreitet, entfernt sich aus dem Sein und fällt, wenn er im Überschreiten verharrt, in die Abgründigkeit des Nichtseins. Daher kommt es in den Höllenregionen der ägyptischen Unterwelt nicht

[134] J. Yoyotte, Kêmi 10, 1949, pl. VII Zeile 2 und Kêmi 11, 1950, pl. VII Zeile 4; ähnlich K. A. Kitchen, JEA 50, 1964, 52 fig. 3.

darauf an, die verdammten Sünder zu quälen, sondern ihre Existenz in der ominösen „Vernichtungsstätte“ auszulöschen.

Nun verstehen wir das zu Anfang zitierte „Negative Bekenntnis“ im Totengericht besser. „Ich kenne nicht das Nichtseiende“, sagt der Verstorbene, der geprüft wird, und damit erweist er sich als jemand, der in den Grenzen der Ordnung und damit des Seins geblieben ist, der die gesetzten Grenzen nicht überschritten hat; so bringt er die Voraussetzung mit sich, auch jenseits der Todesschwelle und der mit ihr verbundenen Gefahr am Leben, ein Seiender zu bleiben. In den Sargtexten heißt es ganz ähnlich vom seligen Toten: „Sein Abscheu ist das Nichtseiende *(jwtt)*, er hat das Ungeordnete *(jsft)* nicht gesehen“ (CT VI 136k), wobei „Abscheu“ *(bwt)* auch das meint, was kultisch verboten, was *Tabu* ist. Und da Osiris als Totenherrscher Herr der Seligen wie der Verdammten ist, preist man ihn als einen Gott, „zu dem das kommt, was ist, und das, was nicht ist“.

Aber daneben steht die andere Seite des Nichtseins, die fruchtbare, erneuernde, verjüngende! Täglich taucht die Sonne zurück in den Urozean, täglich umfängt er – im Schlaf – alle Wesen. Er reinigt und belebt, das morgendliche Wiederauftauchen aus dem Nun ist im wahrsten Sinne eine Neugeburt, in der die Welt für einen Augenblick wieder die Vollkommenheit erlangt, die sie bei ihrer Schöpfung besessen hat. In jährlichem Zyklus taucht auch das Fruchtland des Niltales wieder in die Urflut – in Gestalt der Nilüberschwemmung, die „das Seiende belebt“, ihm frische Kräfte und Fruchtbarkeit zuführt. Jegliches Seiende nutzt sich ab und bedarf der Regeneration, die nur aus einer vorübergehenden Verneinung und Aufhebung des Seins entspringen kann – hier begründet der Ägypter die positive, ja tief notwendige Bedeutung dessen, was er Nichtsein nennt, und was alles andere als nichtig ist!

Auch der Tod kann für den Ägypter das lebendige Sein nur vorübergehend in Frage stellen oder gar aufheben. Er bedeutet stets extreme Gefahr der Seinsauslöschung, der man mit ebenso extremer Sicherung begegnen muß; so wird der Aufwand begreiflich, den der Ägypter mit Mumifizierung, Begräbnis und Beigaben der Verstorbenen treibt. Aber in einer anderen Sicht, die schon ausführlich belegt wurde (oben S. 153 ff.), bedeutet der Tod ihm Verjüngung, Erneuerung alles Bestehenden, Tor zu einem gesteigerten Leben im Jenseits. Damit offenbart gerade der Tod die Zweiwertigkeit des Nichtseins, das für den Ägypter nicht nur eine Realität, sondern sogar eine positive und unbedingt notwendige Realität sein kann. Nur durch Nichtseiendes wird Schöpfung möglich, und so sind vor allem die Götter und der König auf Nichtseiendes angewiesen, um ihr Schöpfungswerk immer wieder zu erneuern und damit vor starrer Endgültigkeit zu bewahren.

Das Sein, wie der Ägypter es sieht, ist auf stetige Regeneration aus den Tiefen des Nichtseins angewiesen, nur so kann es sich als lebendiges Sein behaupten. Aber wehe ihm, wenn es darüber das Negative, Auflösende, Tödliche des Nichtseins aus den Augen verliert! Sterben – dessen war sich der Ägypter bewußt – muß jedes als Person erfahrene Seiende, auch die Götter; aber tot, im Sinne eines andauernden Zustandes, ist nur Nichtseiendes, wie er ausdrücklich sagt. Indem er Distanz und Gleichgewicht wahrt, verfällt der Ägyter weder dem Nihilismus noch der selbstauflösenden Hingabe an die Unbegrenztheit und Allmöglichkeit des Nichtseins; beide Haltungen bedeuten ja eine Entwertung des Seins und eine Fixierung auf das hin, was nicht ist. Mit vollem Recht hat man schon öfter hervorgehoben, daß sich in Ägypten keine Spur einer Mystik findet. Nie ist der Ägypter der Versuchung erlegen, im Transzendieren des Seins Erlösung von aller Unvollkommenheit, Erlöschen, Aufgehen im All oder Einswerden mit ihm zu finden. Er bleibt aktiv, oft erschreckend nüchtern für unser Gefühl, jegliche Ekstasis scheint ihm fremd. Das Nichtsein ist ihm der unerschöpfliche, unverwirklichte Urstoff, das *Pleroma*, aus dem er schöpft, das ihn herausfordert, unentwegt Seiendes zu schaffen.

Dies war der Auftrag, den die ägyptische Gesellschaft ihrem höchsten Repräsentanten, dem König, anvertraut hat: Unfertiges zu vollenden, Fertiges schöpferisch umzugestalten, Seiendes zu bewahren – nicht als status quo, sondern dynamisch, ja revolutionär in fortwährender Umgestaltung und Verbesserung. Die Idee der permanenten Revolution ist nicht so neu, wie sie aussieht oder sich ausgibt, sie gehört zum Urbestand der Menschheit, und sie hat, in Ägypten zumindest, eine ontologische Wurzel: die Einsicht nämlich, daß Endgültigkeit (als Erstarrung!) nur dem Nichtseienden gebührt. Seiendes aber ist immer auf dem Weg!

Der ägyptische Begriff des Nichtseins schließt Bereiche mit ein (denken wir an den Schläfer im Nun oder daran, daß für den Ägypter auch der Wein von dort kommt,[135] also ein Bote des Nichtseins ist!), die wir als Unbewußtes bezeichnen würden, er umgreift jeden Zustand der Anarchie und des Ungeformten. Man könnte sagen, „Nichtsein“ bezeichne in Ägypten ganz allgemein das Ungeformte, Undifferenzierte, Ungegliederte und Unbegrenzte; positiv gesagt: das Allmögliche, Absolute und Endgültige. Ihm gegenüber ist das Sein klar bestimmt und gegliedert durch Grenzen und Unterscheidungen. Es kann geordnet und erfahren werden: es gibt Lehrbücher („Onomastika“), die „alles Seiende zu kennen“ lehren – natürlich in Auswahl![136]

Aus der Begrenztheit und der raum-zeitlichen Gliederung folgen Endlichkeit und Vergänglichkeit des Geschaffenen, es ist eine Insel oder eine „Episode“ (Th. Mann), „zwischen Nichts und Nichts“. Es hat Dauer, aber es gibt kein ewiges Sein – das wäre ein Widerspruch in sich selbst. Die beiden ägyptischen Begriffe *(nḥḥ* und *ḏt)*, die wir mit „Ewigkeit“ übersetzen, bedeuten in Wahrheit zusammengenommen die *Zeit*, die dem Sein gegeben ist; daher definiert die einzige direkte Erklärung, die wir haben, das Sein als *nḥḥ* und *ḏt*[137].

Die Bedeutung ägyptischer Seinsbewältigung liegt nicht allein darin, daß hier zum ersten Male in der Menschheitsgeschichte (bereits im 3. Jahrtausend v. Chr.!) die gedankliche Grundlegung einer Ontologie versucht worden ist, sondern noch mehr in der praktischen Brauchbarkeit der gefundenen Grundlage. Der Ägypter hat kein abstraktes Gedankenschema konstruiert, er ist selbst in seiner Ontologie pragmatisch geblieben und hat mit Begriffen gearbeitet, mit denen er *leben* konnte, die sein eigenes Sein getragen

[135] H. P. Blok, Acta Orientalia 8, 1930, 200 (Libationskrug im Louvre).

[136] A. H. Gardiner, Ancient Egyptian Onomastica (1947).

[137] CT IV 198 ff., vgl. im übrigen E. Hornung, Zum ägypt. Ewigkeitsbegriff, FuF 39, 1965, 334–336. Diese gesamte „Zeit“ – nicht die „Ewigkeit“! – gilt als „Lebenszeit“ der Götter.

haben. Kaum eine andere Kultur hat das Nichtsein und seine schöpferische Potenz so vollkommen in ihr Leben integriert wie die ägyptische, hat so das Nichtseiende bejaht, ohne ihm anheimzufallen. Aus dieser Quelle mag der Ägypter die Leistungsfähigkeit, die Ausgeglichenheit, das sichere Gefühl für Maß und Grenze der Dinge geschöpft haben, die uns in all seinen Äußerungen entgegentreten und erst im Kontrast mit seiner zeitlichen und räumlichen Umwelt voll deutlich werden. Der Ernst, den Hölderlin an den „Brüdern in Aegyptos" rühmt, die Strenge, die ägyptische Formensprache stets auszuzeichnen scheint – sie können darüber nicht hinwegtäuschen, daß der Ägypter ein volles, in Festen überschäumendes Dasein gelebt hat, obwohl (oder gerade weil) ihm der begrenzende Horizont dieses Daseins stets gegenwärtig war. Er kannte die Regel, daß eine lebendige, humane Ordnung nur dann zu verwirklichen ist, wenn sie ein gehöriges Stück Unordnung mit einbezieht, wenn sie auch dem Nichtseienden *in* uns und *um* uns gerecht wird.

Der lange Exkurs war notwendig, um den Hintergrund aufzuzeigen, auf dem die zunächst fremdartigen Eigenschaften ägyptischer Gottheiten begreiflich werden. Jetzt verstehen wir besser, weshalb der Ägypter – von Ansätzen in der Amarnazeit abgesehen – nie ein abgeschlossenes theologisches Gebäude errichtet, nie das Wesen einer Gottheit endgültig fixiert hat. Jede dogmatische Festlegung entfernt sich vom Sein und muß notwendig mit der Wirklichkeit in Konflikt geraten.

Daß seine Götter *sind*, bedeutet für den Ägypter, daß sie auch der Begrenzung und Differenzierung unterliegen, die das Sein auszeichnet. Der Eine und Undifferenzierte des Anfangs hat sich durch sein Schöpfungswerk selber differenziert, „zu Millionen gemacht", der Mensch kann ihm nur in der Vielheit der geschaffenen, vergänglichen und wandelbaren Götter begegnen. In ihnen tritt dem Ägypter Seiendes entgegen, das keiner Transzendenz bedarf, um als das Größte und Vollkommenste zu gelten, um einzig und unvergleichlich zu sein.

Die Einzigartigkeit Gottes

„Einziger Gott, ohne seinesgleichen" – dieser oft belegte Anruf ägyptischer Götter klingt so monotheistisch als möglich. Aber wie nahezu jeder Gott Ägyptens der „Größte" sein kann (S. 181 ff.), so auch der „Einzige"; selbst die Dumpalme[138] und die asiatische Göttin Qadschu[139] werden als „Einziger Gott" bzw. „ohne ihresgleichen" angerufen. Das selbständige Gottesprädikat „Einziger" begegnet schon in der Frühzeit,[140] und in den Pyramidentexten (§ 483) ist der Gott Nefertem „ohne seinesgleichen"[141].

Der scheinbare logische Widerspruch zwischen dem Beinamen „Einziger" und den vielen Gottheiten, die ihn tragen, ist leicht zu lösen. Durch erweiterte und präzisierte Fassungen des Beinamens macht der Ägypter uns deutlich, was gemeint ist: die Einzigartigkeit, die dem Göttlichen zukommt. Jeder ägyptische Gott ist „einzig in seiner Art"[142] und hat neben sich keinen, der ihm gleicht. Im täglichen Gottesdienst muß der Priester vor der angebeteten Gottheit bekennen: „Ich habe dein Wesen nicht dem eines anderen Gottes gleichgemacht."[143] Trotz Vielnamigkeit, Vielgestaltigkeit und Synkretismus legt der Ägypter Wert darauf, jeder seiner Gottesgestalten die Einzigartigkeit zu erhalten. Das hat mit monotheistischen Vorstellungen oder „Tendenzen" nichts zu tun, sondern verhindert die unterschiedslose Gleichsetzung von Göttern.

Nur durch einen radikalen Umschlag des Denkens nimmt das Prädikat „einzig" unter Echnaton die Bedeutung an, die wir mit ihm verbinden; nun ist es der wahrhaft einzige Gott Aton, der keine anderen Götter neben sich duldet. Außerhalb dieser kurzen Episode dürfen wir „einzig" nur dort wörtlich nehmen, wo der

[138] I. Wallert, Die Palmen im Alten Ägypten (MÄS 1, 1962), S. 134.

[139] Stele Turin 170 (eigene Abschrift).

[140] Kaplony, Inschriften I 431 f.

[141] L. Christophe, ASAE 51, 1951, 349 mit Anm. 1 gibt Beispiele dieses Prädikates für die Göttinnen Mut, Maat und Sachmet.

[142] J. Sainte Fare Garnot in: Les sagesses du Proche-Orient ancien (1963), S. 189 f., mit Hinweis auf Wb III 216, 4 ff. Für weitere Belege vgl. E. Edel, ZÄS 79, 1954, 76.

[143] Moret, Rituel S. 59.

im Anfang einzige Schöpfergott gemeint ist, „der sich (durch seine Schöpfung) zu Millionen macht" (vgl. S. 164).

Die absolute Einheit Gottes findet der Ägypter nur jenseits der Schöpfung, im flüchtigen Übergang vom Nichtsein zum Sein. Mit dem Schöpfungswerk des ersten und zunächst einzigen Gottes wird die Einheit von der differenzierten Fülle abgelöst, in der jede Gottesgestalt, den vielen gemeinsamen Wesenszügen zum Trotz, einzigartig und unvergleichlich ist.

Gottes Größe und Transzendenz

Das islamische Allâhu akbar, „Gott ist der Größte", gilt sinngemäß schon im alten Ägypten, und eine ganze Reihe von Beiworten ägyptischer Götter weist auf diese Eigenschaft der Größe hin. Da die ägyptische Sprache keine besondere Form für den Superlativ kennt, meint das Adjektiv „groß" sicherlich in vielen Fällen unsere Steigerung „größter"; das „große Haus" – der Königstitel, der uns in der Form Pharao geläufig ist – ist als „das größte Haus" zu verstehen und entsprechend der „Große Gott" der Inschriften als der „Größte Gott".

Verschiedene Umschreibungen drücken den Superlativ unmißverständlich aus, etwa in der Formel „Größter Gott der großen Götter", die in der 21. Dynastie für Chons belegt ist.[144] Der Gott Thot steigert sich im Laufe der Spätzeit vom „Zweimalgroßen"[145] zum „Dreimalgroßen"[146], zum Hermes Trismegistos.

Bezeichnend für die ägyptische Gottesvorstellung ist, daß der Beiname „Größter Gott" den verschiedensten Göttern beigelegt wird, oft genug im gleichen Text. In den Pyramidentexten erschei-

[144] Edwards, Hieratic Papyri in the Brit. Museum IV (1960), pl. XXIX Zeile 111 f. „Größer als jeder Gott" heißt Amun schon in der 18. Dyn.: S. Sauneron, ASAE 52, 1952, 146 Zeile 2.

[145] Seit der 26. Dyn.: G. R. Hughes, JNES 17, 1958, 8.

[146] In Dendera (I 30 und II 104) und in Tuna el-Gebel (V. Girgis, MDIK 20, 1965, 121). Zum ältesten sicheren Beleg (ca. 165 v. Chr., Saqqâra) für die Gleichung Thot = Hermes Trismegistos vgl. jetzt Skeat und Turner, JEA 54, 1968, 207 f.

nen der Sonnengott häufig, der selige Tote an zwei Stellen als „Größter Gott“[147], in den Unterweltsbüchern des Neuen Reiches ist „Größter Gott“ oder „dieser große Gott“ die übliche Bezeichnung des Sonnengottes Re. In der gleichen Textgruppe aber werden auch Osiris, Atum, Anubis, Horus Mechentienirti und geflügelte Schlangenwesen mit dem Attribut „Größter Gott“ versehen.[148]

Die wirklich „großen“ Götter Ägyptens führen alle diesen Beinamen: außer Re und seinen verschiedenen Erscheinungsformen (Harachte, Atum, Chepri usw.), außer Osiris und Amun auch Anubis[149], Ptah[150], Thot[151] und manche andere[152]. Selbst Götter mit nur lokaler Bedeutung erhalten den Beinamen, der sie als „Größten“ unter den Göttern ausweisen soll: der Löwengott Mahes[153], Soknopaios[154] im Fajûm und die lokalen Erscheinungsformen des Horus[155], dazu die Gottheiten, die beim Jubiläumsfest des Königs (Sedfest) auftreten,[156] und vergöttlichte Könige[157].

[147] Belege bei J. C. Goyon, Le Papyrus du Louvre N. 3279 (1966), S. 61 f. Anm. 8.

[148] Amduat Nr. 285 und 394 mit Beischriften, die übrigen Belege im Höhlenbuch (A. Piankoff, Le Livre des Quererts).

[149] Mehrfach im Grab des Haremhab im Tal der Könige, dazu in Abydos (Ghazouli, ASAE 58, 1964, 130 Fig. 17), im Höhlenbuch und öfter.

[150] Ptah-Sokar-Osiris schon in der 12. Dynastie: A. Fakhry, Monuments of Sneferu Bd. II Teil 2 (1961), S. 67 Fig. 388.

[151] R. Hari, Horemheb et la reine Moutnedjemet (1965), S. 373 (Gebel Adda in Nubien, 18. Dyn.).

[152] Geb: A. Piankoff, ASAE 49, 1949, 135 (21. Dyn.); Seth: W. Barta, MDIK 20, 1965, 100 (19. Dyn.); Chnum: R. Hari, Horemheb S. 372 (18. Dyn.); Nefertem: ibid. pl. LVIII; Harsiêse: ibid. pl. LIX; Reschef: L. Habachi, ASAE 52, 1954, 541, und J. Janssen, CdE 25, 1950, 210 Fig. 18 (beide ramessid.); Amset: W. F. Reineke, Forschungen und Berichte (Berlin) 8, 1967, 62 f. (20./21. Dyn.).

[153] Edwards, Hieratic Papyri (wie Anm. 144), pl. XIX Zeile 59 (21. Dyn.).

[154] E. Winter, NAWG 1967 Nr. 3, S. 68 (ptolem.).

[155] Horus von Bak, eine nubische Lokalform: J. Černý, JEA 33, 1947, 55 Nr. 38.

[156] E. Uphill, JNES 24, 1965, 375.

[157] Vgl. oben S. 131 mit Anm. 95.

Für Göttinnen gibt es kein entsprechendes Beiwort, doch läßt sich der Beiname „die Große“ (oder wieder „Größte“?) für Isis[158], Sachmet[159] und die Kataraktengöttin Satet[160] belegen. Sicher gibt es noch viele andere Beispiele – das Material, das hier in den Anmerkungen ausgebreitet ist, wurde aus Veröffentlichungen der jüngsten Zeit notiert und kann ohne Zweifel bedeutend vermehrt und noch auf andere Gottheiten ausgedehnt werden.

Die Tatsache, daß faktisch jeder Gott als der „Größte“ unter allen Göttern gelten kann, sollte davor warnen, den „Größten Gott“ als eine eigene Gestalt von den anderen Gottheiten zu isolieren. Wir begegnen hier dem gleichen Phänomen wie bei der Aussage, ein Gott habe alle anderen geschaffen, oder bei der Bezeichnung eines Gottes in den Lehren als *nṯr*. Stets sind wir dabei auf die konkreten bekannten Gottheiten des ägyptischen Pantheons, niemals auf einen Super-Gott hinter den Göttern gestoßen.

Und doch hat Hermann Junker, einer der bedeutendsten und vielseitigsten Ägyptologen seiner Generation, durch Jahrzehnte hindurch versucht, den „Größten“ *(Wr)* als eine eigene Gottesgestalt, als den ursprünglichen, universalen Welt- und Himmelsgott zu isolieren. Eine ausführliche Begründung seiner Theorie gab Junker zunächst 1934 im 2. Band seiner großen Gîza-Veröffentlichung[161], und in seinen späteren Büchern hat er diesen Gedanken immer wieder vertreten, wenn auch in deutlich abgeschwächter Form.[162] In seiner letzten Stellungnahme sieht er im „Größten“ nur noch die „ursprüngliche Bezeichnung“ des späteren Atum[163] und berücksichtigt damit die Unmöglichkeit, für den „Größten“ oder für den „Gott“ der Lehren eine eigene kultische Wirklichkeit

[158] M. Münster, Untersuchungen zur Göttin Isis, S. 203 (seit Pyr).

[159] Urk. IV 1763, 12 f. und 16.

[160] Dunham und Janssen, Semna-Kumma S. 27.

[161] Giza II 47 ff., vorher schon kurz in: Die Geschichte der Ägypter (Geschichte der führenden Völker 3, 1933), S. 31.

[162] Die Götterlehre von Memphis (1940), S. 25 ff.; Pyramidenzeit (1949), S. 15 ff.; Christus und die Religionen der Erde II (1951), S. 570 ff.; Giza XII (1955), S. 97 ff.; Geisteshaltung (1961), S. 134 ff.

[163] Geisteshaltung S. 134.

nachzuweisen. Von Atum aber wissen wir, daß er als Weltschöpfer und Urgott zwar besondere Eigenschaften aufweist und Anteil am Nichtseienden hat, aber keineswegs ein Gott über und hinter den übrigen Gottheiten ist.

Sicher ist „der Größte“ ein alter und wichtiger Beiname des Atum, aber schon im Alten Reich erheben auch andere Götter den Anspruch, „Größte“ zu sein, und der Gebrauch des Adjektivs spricht nicht dafür, daß es eine besondere, sonst anonyme Gottheit meint.[164] Über ursprüngliche Namen, Eigenschaften und Lokalisierungen von Göttern zu spekulieren, scheint wenig sinnvoll, da die Anfänge ägyptischen Götterglaubens jenseits der Schrifterfindung oder zumindest jenseits der ältesten religiösen Texte liegen. Das „Denkmal Memphitischer Theologie“, für Junker eines der wichtigsten Zeugnisse seines Hochgott-Glaubens, ist in seiner Datierung vom Anfang des Alten Reiches an das Ende dieser Epoche gerückt und spiegelt jedenfalls nicht die Gottesvorstellung der Pyramidenzeit, vielleicht nicht einmal die des Alten Reiches.

Wir müssen uns an die ägyptische Götterwelt halten, so wie sie uns in der geschichtlichen Wirklichkeit greifbar und gestaltet entgegentritt. Für jeglichen Ursprung davor fehlen uns Zeugen. Und es fehlt jeder Hinweis darauf, daß die Ursprünge so ein-fältig sind, wie es unsere Denk-Bequemlichkeit gerne wahrhaben möchte. Alle Erfahrung lehrt, daß geschichtliche wie religiöse Phänomene komplexe Ursachen haben, daß wir mit unseren Vereinfachungen den Dingen Gewalt antun.

Damit sollen gewiß nicht alle Vereinfachungen verketzert werden; oft sind sie wertvolle Hilfen, um Entwicklungslinien herauszuarbeiten oder überhaupt erst sichtbar zu machen in einer Fülle von Material. Das gilt z. B. für die klare Linie, die Siegfried Morenz in seiner Akademieschrift ›Die Heraufkunft des transzendenten Gottes in Ägypten‹ (1964) gezogen hat, indem er eine Tendenz

[164] Vgl. vor allem die kritische Würdigung von J. Zandee, Hymnen aan Amon (1947), S. 120—127. Zur Kritik ferner R. Anthes, OLZ 40, 1937, 222 f.; Kees, Götterglaube S. 270—278; H. Stock, Saeculum 1, 1950, 631 ff.; H. Frankfort, Kingship and the Gods (1948), S. 356; Morenz, Religion (1960), S. 156 f.; J. G. Griffiths, CdE 33, 1958, 188 f.

der ägyptischen Religionsgeschichte als durchgehende Linie durch nahezu drei Jahrtausende verfolgte. In solcher Raffung und Konzentration wird vieles deutlich, was sonst durch die Fülle der Tatsachen verdeckt bleibt. Aber wir müssen uns bewußt sein, daß die Entwicklungslinien der Geschichte – auch der Religionsgeschichte – nur in sehr grober Annäherung und Interpolation als Gerade zu betrachten sind; weit eher entsprechen ihnen die Gestalt des Mäanders oder spiralige Strukturen. Schon durch die Phänomene, die Jan Zandee als bewußter *advocatus diaboli* in seiner Besprechung der Morenzschen Schrift aufführt,[165] wird die scheinbar so gerade Linie der „Heraufkunft" zusehends diffuser, ja kehrt sich gelegentlich in ihrer Richtung um. Noch gefährlicher aber scheint die zweite Vereinfachung, die sich mit der von Junker methodisch berührt – die Behauptung eines „Transzendenten Gottes" als einer eigenen Gestalt, die hier nicht aus einem Beinamen, sondern aus bestimmten Zügen ägyptischer Gottheiten verdichtet wird. Der „Stern erster Größe", dessen Lauf hier beobachtet werden soll, könnte sich am Ende als ein künstlicher, vom Menschengeist geschaffener Sputnik erweisen, wenn wir die Vereinfachung zu weit treiben.

Morenz hat die Gefahren gesehen. Er schränkt ein, daß seine Bezeichnung 'Transzendenter Gott' „nicht eine bestimmte Gottheit, sondern die ägyptische Gottesvorstellung als solche und in all ihren Gestaltungen" (S. 8) meint; zudem weist er darauf hin, daß sich die Eigenschaften, um die es hier geht, bei den verschiedensten Gottheiten Ägyptens finden, wobei die „großen Götter" Re, Amun und Ptah „Bahn brechen" (ibid.). Also eine einheitliche Gottesvorstellung auf der einen, viele verschiedenartige Götter auf der anderen Seite – das gleiche Problem, das im Titel dieses Buches angedeutet wurde! Aus vielen Äußerungen geht hervor, daß Morenz durch die ägyptischen Göttergestalten hindurch „Gottes große und eine Wirklichkeit hinter der Fülle seiner Erscheinungen" sieht, also den einen, transzendenten Gott der späteren Religionsgeschichte, der schon in der religiösen Wirklichkeit Altägyptens, wie Morenz sie

[165] Theolog. Literaturzeitung 91, 1966, 261–265; vgl. auch ders., Het ongedifferentieerde denken der oude Egyptenaren (1966), S. 13 f.

sieht, immer wieder „durchhaut". Hier stoßen wir auf eine Glaubensaussage, die sich der kritischen Nachprüfung entzieht. Dagegen muß die Behauptung geprüft werden, daß sich Eigenschaften dieses Gottes, etwa seine Transzendenz, bereits im Götterglauben der alten Ägypter greifen lassen.

„Transzendent" insofern, als sie die Gegebenheiten unserer irdischen Welt und ihrer Normen übersteigt, ist jede Gottheit; stets ist sie in der Fülle ihres Wesens und ihrer Wirkensmöglichkeit dem Menschen vielfach überlegen. Die ägyptischen Götter müssen allein vom Ort ihres Seins und Wirkens her, der nicht auf Erden liegt (vgl. S. 223 ff.), als „transzendent" gelten. Aber von jener eigentlichen Transzendenz, in der sie sich über Raum, Zeit und Schicksal hinwegsetzen und ihr Wesen ins Absolute, Schrankenlose weiten, kann in Ägypten nicht gesprochen werden. An einer anderen Stelle dieses Kapitels (S. 161 f.) haben wir gesehen, daß alle Aussagen, die man in dieser Richtung deuten könnte, nur auf eine gewisse Relativierung von Raum und Zeit hinauslaufen, ohne diese Kategorien der Schöpfungswelt zu durchbrechen. Daher verfolgt auch Morenz diese Ansätze nicht, sondern geht davon aus, „daß die oberste Gottheit in Ägypten in der Frühzeit im Herrscher inkorporiert und damit (von der ägyptischen Gesellschaft aus erlebt) immanent ist" (S. 6); Transzendenz bedeutet unter solchen Voraussetzungen das „wachsende Herausrücken Gottes aus solcher Immanenz und zugleich Verfügbarkeit" (ibid.).

Es ist deutlich genug, daß die Geschichte Altägyptens von einem fortgesetzten Schwinden königlicher Macht durchzogen ist; einerseits beugt sich der König immer tiefer unter Macht und Willen der Götter, andererseits wächst seine Abhängigkeit von anderen, irdisch-menschlichen Machtfaktoren. An der Entwicklung des Königsgrabes – von den gewaltigen Pyramiden auf dem Plateau von Gîza über die bescheidenen Ziegelpyramiden des Mittleren Reiches und die versteckten Felsgräber des Neuen Reiches bis zu den vergleichsweise winzigen Grabkammern der Spätzeit in Tanis – läßt sich diese Minderung königlichen Prestiges wohl am augenfälligsten beobachten.

In der Frühzeit scheint es, als sei der König ein irdischer Polarstern, um den sich das gesamte staatliche und weitgehend auch das religiöse Leben dreht. In der Blütezeit des Alten Reiches, zur Zeit der Pyramidenbauer, steigt der tote König zum himmlischen Polarstern empor, aber sein lebender Nachfolger gilt von nun an als „Sohn des Re". Man hat in dieser Definition, welche die 4. Dynastie für das Verhältnis des Königs zum Sonnengott gefunden hat, immer eine Rangminderung sehen wollen und darauf hingewiesen, daß ja auch das königliche Grabmal mit Beginn der 5. Dynastie in seinen Maßen und seiner Bedeutung gegenüber den Sonnenheiligtümern zweitrangig wird. Dabei wird vorausgesetzt, daß der König in der Frühzeit als Horus noch vollständig Gott gewesen ist und sich nun als „Sohn" dem höchsten Gott unterordnet. Unsere Untersuchung hat aber schon gezeigt (oben S. 132), wie unsicher die Annahme ist, der König sei als „Horus" mit diesem Gott identisch oder „Inkarnation" des Gottes. Mit Sicherheit können wir allein sagen, daß der ägyptische König seit dem Beginn der Geschichte als Horus gegolten hat, so wie der verstorbene König seit der 5. Dynastie als Osiris gilt; wie man sich in der Frühzeit und im Alten Reich die Beziehung zwischen Horus und dem König konkret vorgestellt hat, wissen wir nicht. Die ausführlichen Textzeugnisse des Mittleren und des Neuen Reiches deuten darauf hin, daß Pharao mit seiner Thronbesteigung in eine Horus-Rolle, mit seinem Tod in eine Osiris-Rolle eintritt und damit die Attribute dieser Götter übernimmt, ohne mit ihnen identisch zu sein. Die Göttlichkeit ist nicht mit seiner Person, sondern mit seinem Amt verbunden.

Wenn Morenz eine ursprüngliche Immanenz und „Verfügbarkeit" Gottes im König annimmt, dann extrapoliert er eine erst später greifbare Entwicklungslinie und setzt einen hypothetischen Ausgangspunkt, der fragwürdig bleiben muß. Nicht minder fragwürdig ist die Erklärung, die Formel vom König als „Sohn" des Sonnengottes bedeute ein „Herausrücken" der Gottheit aus vorheriger Immanenz (für die uns jegliche Bezeugung fehlt!). Vielmehr scheint sich im frühen Alten Reich – aus welchen Gründen auch immer – eine „Heraufkunft" des Sonnengottes abzuspielen, die den König schließlich dazu zwingt, sein zunächst unbestimmtes Verhältnis zu dieser Gottheit genau zu definieren. Die Formel von der Sohnschaft bedeutet nicht unbedingt eine Rangminderung; sie ist eher eine Klammer, die künftig den Götterherrn und sein irdisches Ebenbild aufs engste verbindet, oder ein kollektives Regierungsprogramm, das die ägyptischen Könige verpflichtet, die Schöpfertaten des Sonnengottes auf Erden zu wiederholen.

Eine ähnliche Entwicklung wiederholt sich in der 5. Dynastie im Verhältnis des Königs zu Osiris. Die „Heraufkunft" dieses neuen Herrn des Totenreiches führt dazu, den verstorbenen König als „Osiris" zu definieren – nicht im Sinne einer Gleichsetzung, sondern als Zuweisung einer neuen Götterrolle.

Die weitere Entwicklung verläuft dann ganz auf den von Morenz gezeichneten Bahnen, wenn man von retardierenden Momenten absieht, die es in der Geschichte immer gibt. Der Ausgang des Alten Reiches bringt das Königtum an den Rand der Bedeutungslosigkeit und beugt es sichtbar unter die Gewalt der Götter und der großen Feudalherren. Phiops I. (ca. 2292–2260 v. Chr.) läßt sich als erster König beim Gottesopfer kniend darstellen und nimmt in seinen Inschriften in bisher ungekanntem Maß auf Götter Rücksicht, die ihren Wirkungsbereich fern in der Provinz haben. Der weiter fortschreitende Zerfall irdisch-königlicher Macht weist den Menschen immer stärker auf die Götter als letzten Halt und Grund alles Geschehens hin; in der wirren Ersten Zwischenzeit (ca. 2140 bis 2040 v. Chr.) wird den Göttern zum ersten Mal auch politische Verantwortung übertragen (unten S. 207).

Als sich das ägyptische Königtum zu Beginn des Mittleren Reiches neu formiert und auf seine Grundlagen besinnt, bleibt ihm die göttliche Autorität übergeordnet; fortan beruft sich der König auf seine besondere „Erwählung" durch einen Gott und richtet sein Handeln nach den „Befehlen" der Götter aus. Selbst der bedeutendste Herrscher des Neuen Reiches, Thutmosis III. (1490–1436 v. Chr.), gründet seinen Thronanspruch auf eine Orakelentscheidung des Gottes Amun und schreibt seine Siege dem Wirken dieses Gottes zu. Die Entwicklung gipfelt im sogenannten „Gottesstaat" der 21. Dynastie, in welchem Amun durch seine Orakelentscheidungen alles Geschehen lenkt, bis in relativ unbedeutende Details der Staats- und Verwaltungsgeschäfte hinein; selbst die Einsetzung eines Beamten und die Aufklärung eines Diebstahls werden durch göttliches Orakel geregelt. „Amun ist der König" – dieser Thronname, den einer der in Tanis residierenden Könige der 21. Dynastie um 1040 v. Chr. trägt, kennzeichnet den Endpunkt einer Entwicklung, die den König immer stärker unter die Macht und die Entscheidung der Götter beugt.

Aber im sphärischen Raum der Geschichte läuft jede Entwicklung, so geradlinig sie uns vorkommen mag, in sich zurück; der Endpunkt liegt, ein wenig abgelenkt im Schwerefeld der Ereignisse, wieder in der Nähe des Ausgangspunktes. So auch hier, denn die Devise „Amun ist der König" bedeutet ja eine verstärkte Immanenz Gottes in der geschichtlichen, irdischen Welt, eine Herabkunft aus seiner vermeintlichen Transzendenz. Für das ägyptische Geschichtsbild liegen Anfangs- und Endpunkt noch näher beieinander; der Turiner Königspapyrus, der in der frühen Ramessidenzeit (13. Jahrh. v. Chr.) ältere Gedanken systematisch ausgestaltet, setzt an den Beginn der Überlieferung, vor allen Königen, die irdische Regierung von Göttern.

Diese Vorstellung ist von der Tendenz geprägt, die Götter wieder stärker im geschichtlichen Raum anzusiedeln; aber zugleich mag sie unbewußt die wirkliche Situation zu Beginn der Geschichte spiegeln, als die Götter noch unmittelbarer mit dem irdischen Geschehen verbunden waren. Auf eine anfängliche Immanenz deutet die Ding- und Tiergestalt der Götter; vor allem der Zeugfetisch als Gotteshieroglyphe bezeugt einen immanenten „verfügbaren" Gott. Hier scheint die Extrapolation der späteren Entwicklung, wie sie Morenz vornimmt, berechtigt zu sein, auch wenn die anfängliche Immanenz Gottes im König oder im vorgeschichtlichen Häuptling bestritten wird.

In geraffter, pointierter Form arbeitet Morenz in seiner Akademieschrift eine richtige und wichtige Entwicklungslinie der ägyptischen Religionsgeschichte heraus. Aber der Titel, den er seiner Schrift gegeben hat, kann den Religionshistoriker leicht auf eine falsche Fährte locken. Wir können in Ägypten die geschichtliche „Heraufkunft" verschiedener großer Götter beobachten, etwa des Re, Osiris, Ptah und Amun. Wir erkennen, bei den verschiedensten Gottheiten, Tendenzen von der Immanenz zur Transzendenz und umgekehrt. Aber *den* transzendenten Gott hat es in Ägypten zu keinem Zeitpunkt gegeben, daher auch keine „Heraufkunft des transzendenten Gottes", die für Morenz sogar ›Die Geschichte Gottes im alten Ägypten‹[166] bedeutet. Von der einen Ausnahme Echnatons abgesehen, steht dem im Laufe der Geschichte „abnehmenden" König Ägyptens kein einzelner „wachsender" und immer transzendenter werdender Gott gegenüber, sondern stets eine Vielzahl von Göttern als Stütze königlicher Autorität. Unter ihnen ist der Sonnengott, in verschiedenen Gestalten und unter verschiedenen Namen, die tonangebende Macht, als ursprünglicher Schöpfer, dessen Taten jeder König zu wiederholen hat.

In Ägypten haben Götter und Menschen das Sein, die geordnete Schöpfungswelt, als gemeinsame Heimat. Die wirklich transzendenten Bereiche des Alls sind götterlos, nur den „Feinden", den chaotischen Mächten vorbehalten. Wo Grenzen und Differenzierungen enden, beginnt das Nichtsein, in das allenfalls die Urgottheiten und der anfängliche Schöpfergott eine Strecke weit „transzendieren". Wir müssen uns damit abfinden, daß die ägyptischen Götter von ihren Eigenschaften her weder transzendent noch ewig, unbedingt und absolut sind. Hier macht der anonyme „Gott" der Weisheitslehren keine Ausnahme, obgleich er gern als Kronzeuge für transzendente Züge oder für „monotheistische Tendenzen" in der ägyptischen Gottesvorstellung bemüht wird.

Der Straßburger Vortrag von J. Vergote, den wir oben S. 40 ff. bereits für die Terminologie ausgewertet haben, enthält auch eine Zusammenstellung der wichtigsten Eigenschaften, die dem anonymen *nṯr* der Lehren zugeschrieben werden (S. 168–170) und Drioton wie Vergote als weitere Bestätigung ihrer monotheistischen Erklärung dienen. Wer die Formulierungen sorgfältig prüft, entdeckt jedoch nichts, was über den Grundzug der bisher betrachteten Eigenschaften hinausginge und auf einen einzigen, transzendenten Gott hinwiese. Die Überschriften ›Le Dieu unique‹ und ›Le Dieu tout-puissant‹ (beide S. 168) sind irreführend, da sie keineswegs mit dem Inhalt der betreffenden Abschnitte übereinstimmen; ein Gott, der die Welt geschaffen hat, ist nicht deswegen schon „allmächtig", und noch schwächer sind die Argumente für den „einzigen" Gott: « L'unicité du Dieu transcendant ne peut donc être

[166] So der Titel, den er einer Zusammenfassung seiner Arbeit in der Neuen Zürcher Zeitung vom 18. 10. 1964 (Blatt 6) gegeben hat.

déduite que du caractère monothéiste des sentences en général.» (Vergote S. 168)

Hier bewegen wir uns im Zirkelschluß – was zu beweisen ist, wird vorausgesetzt. Ein monotheistischer, transzendenter und über allen Göttern stehender Gott sollte sich auch in seinen Eigenschaften und seinem Wirken als der erweisen, der er ist. Aber die Lehren sagen nicht mehr, als daß der *nṯr* die verschiedensten Wohltaten spendet, daß er ins Weltgeschehen eingreift und seine „Befehle" Wirklichkeit werden läßt, daß er richtet, belohnt und straft, daß ohne oder gegen ihn nichts gelingt – alles Eigenschaften und Aktionsarten, die auch konkreten Gottesgestalten zugeschrieben werden. Selbst im „Hohelied des transzendenten Gottes" (Morenz S. 47), im 18. Kapitel der Lehre des Amenemope, wird zwar die Überlegenheit Gottes über den Menschen deutlich hervorgehoben, aber die berühmten bildkräftigen Schlußverse („Die Zunge des Menschen ist das Steuerruder des Schiffes, und der Allherr ist sein Pilot") zeigen beide, Gott und Mensch, im gleichen Boot. Dieses Boot ist – um im Bilde zu bleiben! – die Nußschale des Seins auf dem Ozean des Nichtseins, den es gemeinsam zu bestehen gilt.

Wie der König, so beugen sich auch die Verfasser der Lehren im Laufe der ägyptischen Geschichte immer tiefer unter Willen, Handeln und Einsicht der Gottheit; im „Zeitalter der persönlichen Frömmigkeit", dem auch Amenemope (um 1200 v. Chr.) angehört, gibt sich der Mensch ganz in die Hand Gottes und erhofft kaum noch Heil von menschlichem Wirken. Aber bis zuletzt gehören beide der gleichen Seinswelt an und bleiben als Partner aufeinander angewiesen. Diese Partnerschaft wird uns im folgenden Kapitel beschäftigen.

Sechstes Kapitel

WIRKUNG DER GOTTHEIT UND ANTWORT DES MENSCHEN

Der Mensch bewegt sich im unsichtbaren, aber wirkenden Kraftfeld der Götter. Wenn der ägyptische Priester allmorgendlich den verschlossenen Schrein des Kultbildes im Allerheiligsten des Tempels öffnet, ergreifen ihn Ehrfurcht und Schauer – „Die Ehrfurcht vor dir ist in meinem Leib, Schauer vor dir geht durch alle meine Glieder", spricht er im täglichen Ritual zum Götterkönig Amun-Re.[1] „Ehrfurcht" und „Schauer" sind dabei unvollkommene Versuche, die entsprechenden ägyptischen Begriffe *snḏt* und *šfšft* mit einem Wort unserer Sprache wiederzugeben; *snḏt* kann auch die konkrete „Furcht" vor jemandem bedeuten, *šfšft* die gebietende „Autorität", die von einer Respektsperson ausgeht.

Beim Anblick des Götterbildes spürt der Priester die Wirkung, die von göttlichen Wesen ausstrahlt, die sich bei der Erscheinung der Gottheit selbst in Glanz, Duft und Feuer offenbart (vgl. S. 122 ff.). Die erste Regung, die den ägyptischen Menschen in der Begegnung mit einer Gottheit oder mit einem Götterbild ergreift, ist Furcht, die sich mit Staunen und jubelnder Freude mischt. Bei einer Theophanie sind Himmel und Erde in Freude, alle Welt jubelt, Lachen und festliche Stimmung herrschen.[2] Aber zugleich muß auch die ägyptische Gottheit, wie es die Erzählung vom „Schiffbrüchigen" überliefert, das „Fürchte dich nicht" sprechen, um dem Menschen eine Begegnung überhaupt möglich zu machen. Denn immer sind die Götter überlegene, unberechenbare, bisweilen auch furchtbare und unheimliche Mächte. Ihr Antlitz zeigt neben der Liebe und Güte auch den Schrecken.

Aber die Götter sind nicht in der Welt, um Furcht und Schrecken

[1] Moret, Rituel S. 66.

[2] Eine Fülle von Beispielen dafür bietet Assmann, Liturg. Lieder S. 250 bis 260.

zu verbreiten und ihren menschlichen Partner zum ängstlichen Sklaven zu erniedrigen – solch unmenschlicher Haltung ist nur der Mensch fähig, wo er Herrschaft über andere Menschen ausübt. Die Götter haben die Welt geschaffen und sorgen dafür, daß nicht nur der Mensch, sondern alle Wesen in ihr leben und sich entfalten können. Doch wozu? Was hat den Schöpfergott veranlaßt, die Welt mit all ihren Wesen ins Sein zu rufen und im Sein zu erhalten? Kein bisher bekannter ägyptischer Text gibt eine eindeutige, direkte Antwort auf Fragen dieser Art. Offenbar hat der Ägypter hier kein ernsthaftes Problem gesehen. Die Götter können nur Vollendetes schaffen, und die Welt in ihrem Anfangszustand ist das Vollendete und Ausgewogene schlechthin. Der Zustand vor der Schöpfung ist kein erstrebenswerter, auch für den Schöpfergott nicht – als einzigem bleibt ihm nur der Dialog mit dem Antwortlosen, und den gibt es nicht. Indem er sich differenziert und seiend wird, bringt er den Dialog, das gegenseitige Geben und Nehmen in Gang, von dem Götter und Menschen leben.

So etwa könnte, mit unseren Worten ausgedrückt, eine ägyptische Begründung der Weltschöpfung ausgesehen haben, aber sie ist nirgends überliefert. Dagegen wird in den Sargtexten (um 2000 v. Chr.) mit dem berühmten „Monolog des Allherrn" eine Aufzählung der vier wichtigsten Schöpfungstaten gegeben:

Ich habe viererlei Vollendetes getan
  im Innern des Horizont-Tores.[3]
Ich habe die vier Winde geschaffen,
  damit jedermann atmen kann in seiner Umgebung.[4]
Das ist eines davon.
Ich habe die Große Flut geschaffen,
  damit der Arme wie der Reiche sich ihrer bemächtige.[5]
Das ist eines davon.

Ich habe jedermann wie seinesgleichen geschaffen
  und nicht befohlen, daß sie Unrecht tun.

[3] D. h. noch bevor er aus dem Horizont heraustritt und in der irdischen Welt erscheint.

[4] Die „Umgebung" *(h'w)* kann räumlich wie zeitlich verstanden werden, daher haben wir diese unbestimmte Wiedergabe gewählt.

[5] D. h. an der Fruchtbarkeit der Nilüberschwemmung Anteil habe.

Aber ihre Herzen haben das, was ich angeordnet habe,
verletzt.
Das ist eines davon.

Ich habe veranlaßt, daß ihre Herzen den Westen
[das Totenreich!] nicht vergessen,
damit den Gaugöttern Opfer dargebracht werden.

Das ist eines davon.

(CT VII 462d–464f)

Das ist beinahe ein ägyptisches Programm der „Freiheit, Gleichheit, Brüderlichkeit", das hier, nach dem Zusammenbruch des Alten Reiches, als Grundlegung einer neuen Ordnung verkündet wird! Luft, Nahrungsfülle, Gleichheit der Chancen und ständige Verbindung mit den Verstorbenen und Göttern – das sind die vier vornehmsten Schöpfertaten und zugleich materielle wie ideelle Grundlage der menschlichen Existenz.

Durch die anfängliche Trennung von Himmel und Erde entsteht der Luftraum und damit der Lebensodem – das Wichtigste, was die Götter den Menschen spenden. Denn Luft ist Leben, im dörrenden Wüstenklima Ägyptens ist jeder „Hauch des Nordwindes" belebende Erfrischung. Das Lebenszeichen, das die Götter als häufigstes Attribut in der Hand tragen, weist sie als Träger und Spender des Lebens aus. In unzähligen Szenen auf Grab- und Tempelwänden halten sie dem König – als Vertreter der ganzen Menschheit – dieses Lebenszeichen an die Nase, durch die der Lebensodem in den Menschen eingeht. (Taf. II)

Die tiefe und zeitlose Bedeutsamkeit dieser Szene sollten wir, als Kinder einer kurzatmigen Zeit, nachempfinden können. Ist nicht der schöpferische Atem, der die Seele weit und frei macht, das kostbarste Gut eines menschenwürdigen Daseins? Sehen wir uns nicht der Gefahr gegenüber, daß der Mensch unserer Zeit entweder im Zwang unmenschlicher Systeme oder in den Abgasen seiner technischen Errungenschaften erstickt? Setzen nicht viele ihr Leben aufs Spiel, um wieder frei atmen zu können? Der Ägypter konnte darauf vertrauen, daß ihm seine Götter immer wieder „ein neues Atemfeld" schenken, wie es Rilke von den wiederkehrenden Göttern erhofft. In diesem „Atemfeld", in diesem Raum der Freiheit, konnte sich eine große und schöpferische Kultur entfalten.

Leben und Freiheit liegen sichtbar in den Händen der ägyptischen Götter und sind *allen* Wesen bestimmt, nicht nur dem Menschen. Schon die Grabreliefs des Alten Reiches zeigen, wie die liebende Fürsorge des Schöpfers in der ganzen Natur wirkt und selbst dem Igel in seinem Erdloch die nötige Nahrung spendet. In den Hymnen des Neuen Reiches begegnet das Bild vom Küken im Ei, das der Sonnengott atmen läßt und am Leben erhält. In diesem Bild, das der Ägypter als Schriftzeichen für „innen, im Inneren" verwendet[6], prägt sich die „Innigkeit" dieser stetigen Gottesfürsorge am reinsten aus. Sie durchdringt, den Sonnenstrahlen gleich, die ganze Schöpfungswelt – „Deine Strahlen, sie umfassen die Länder bis zum Ende von allem, was du geschaffen hast", ruft Echnaton im Großen Atonhymnus dem Aton zu.

Zugleich haben die Künstler Echnatons mit dem „Strahlenaton" (Abb. 20) das eindruckvollste Symbol für die welterhaltende Mühe des Sonnengottes geschaffen, dessen Licht Leben bedeutet. Die weitausgreifenden Strahlen der Sonnenscheibe laufen in menschliche Hände aus und halten den Mitgliedern der Königsfamilie das Lebenszeichen an die Nase. Hier ist, in aller Deutlichkeit, das Licht als Träger des Lebensodems gestaltet. Licht ist Leben, auch im nächtlichen Totenreich, das der Sonnengott durchfährt. Wo seine Strahlen und sein Schöpferwort hindringen, da springen verschlossene Türen auf, wird die lähmende Finsternis vertrieben, erheben sich die Toten zu neuem Leben; so schildern die Unterweltsbücher des Neuen Reiches das nächtliche Wirken des Sonnengottes im unterweltlichen Reich der Toten.

Schon vor Echnaton preist der Kairoer Amunhymnus die Segensfülle des Sonnengottes für alle Kreatur:

Der Futterkraut schafft, um das Vieh zu ernähren,
und „Lebensholz" (Nutzpflanzen?) für die Menschen.
Der macht, wovon die Fische des Stromes
und die Vögel im Himmel leben.

[6] A. Hermann, Rilkes ägyptische Gesichte, Symposion 4, 1955, 440 f. mit Taf. 2 (Neudruck Darmstadt 1966).

Der Luft gibt Dem im Ei
    und das Junge des Molches am Leben erhält.
Der macht, wovon die Mücken leben,
    und ebenso die Würmer und Flöhe ...

(6,3 ff.)

Echnaton knüpft an vertraute Bilder an, wenn er im Großen Atonhymnus den Schöpfer all seinen Geschöpfen, und speziell wieder dem „Küken im Ei", den Lebensodem spenden läßt. Über die Hymnen der Ramessidenzeit lebt dieses Motiv bis zu den Tempeln der ptolemäischen und römischen Zeit weiter.[7] Dabei ist diese lebenserhaltende Funktion nicht an die Person des Sonnengottes gebunden; jeder Gott, der als Schöpfer verehrt wird, ist zugleich Erhalter seiner Schöpfung – ohne bleibende Verantwortung und Fürsorge wäre sein Schöpfungswerk sinnlos! So heißt es auch von Ptah, daß er „alles, was ist, geschaffen hat ... und jedermann am Leben erhält durch seine (gestaltenden) Finger"[8].

Diese wahrhaft unermüdliche Allfürsorge (vom Sonnengott sagt man gern, daß er „nicht schläft auf seinem Wege"!) entspringt nicht nur der Verantwortung, sondern der Liebe Gottes zu allem, was er geschaffen hat. Von göttlicher „Liebe" zum Menschen zeugen seit Beginn der Geschichte ägyptische Personennamen in der Form „Den der Gott N. liebt"[9]; in der Mitte der 5. Dynastie, unter Neferirkarê (um 2446–2427 v. Chr.), ist zum ersten Mal der später so häufige Beiname des Königs belegt, der ihn „geliebt" von einer Gottheit nennt.[10]

In der 18. Dynastie steigert sich diese Formel zu der Aussage, der König sei „mehr als alle anderen Könige" von der Gottheit geliebt, also unter allen Königen von ihr speziell „erwählt", wie wir besser sagen können.[11] Diese „Liebe" als Sich-Erwählen ist hierarchisch abgestuft; sie gilt im besonderen Maße dem König und geht fast

[7] Beispiele bei Otto, Gott und Mensch S. 144 f.

[8] J. Spiegel, ASAE 40, 1940, 258 Zeile 5 f. (20. Dyn.).

[9] Kaplony, Inschriften I 491–506; H. Ranke, Die ägypt. Personennamen I (1935), S. 155–161.

[10] P. Kaplony, MDIK 20, 1965, 33.

[11] S. Morenz, Die Erwählung zwischen Gott und König in Ägypten, in: Sino-Japonica (Festschrift A. Wedemeyer, 1956), S. 118–137. Dazu

stets vom Höhergestellten aus[12]: von Gott zum König, vom König zu seinen Untertanen, von Eltern zu ihrem Kind, vom Mann zur Frau, vom Menschen zu den Dingen. Selbst in der gefühlsbetonten Amarnazeit scheint die „Liebe" des Aton auf Echnaton beschränkt zu bleiben. Daß ein Gott „die Menschen" liebt, wird in der älteren Zeit nur in der Erzählung vom „Schiffbrüchigen" einmal gesagt, und die umgekehrte Aussage, daß die Menschen einen Gott „lieben", können wir nicht vor der Ramessidenzeit belegen. Erst die „persönliche Frömmigkeit" dieses Zeitalters, die alles Vertrauen und Hilfeverlangen auf die Gnade der Gottheit richtet, stellt das gegenseitige Liebesverhältnis zwischen Gott und Mensch in den Vordergrund, als „eine freie Gnadenwahl Gottes, unabhängig von jedem Werk des Menschen"[13]. Nun finden sich auf Skarabäen Formeln wie „Gott liebt den, der ihn liebt" oder „Ptah liebt alle, die ihn lieben"[14], und im Hymnus ist der Gott Thot sogar „von jedermann" geliebt[15]; der gleiche Gott „gibt ein Amt dem, den er liebt"[16], so daß seine „Gnadenwahl" materielle Bedeutung annimmt.

Aber damit stehen wir vor einer späten und gesonderten Entwicklungslinie der ägyptischen Religionsgeschichte, die eine stärkere Betonung der Gotteskindschaft und Gottebenbildlichkeit des Menschen und damit auch der „Liebe" zwischen Gott und Mensch bringt.[17] In der älteren Zeit hätte es wohl als unschicklich gegolten, die „Liebe" eines Untertanen zum König oder zu einer Gottheit hervorzuheben; die angemessene Haltung waren scheue Ehrfurcht, andächtiges Staunen und jubelnde Freude über die unmittelbare

E. Blumenthal, Untersuchungen zum ägypt. Königtum des Mittl. Reiches I (1970), S. 75 (bereits Sesostris I.).

[12] J. Omlin, Amenemhet I. und Sesostris I. (1962), S. 20.

[13] H. Brunner in: Les sagesses du Proche-Orient ancien (1963), S. 108.

[14] É. Drioton, Maximes relatives à l'amour pour les dieux, Analecta Biblica 12, 1959, 57—68. Weitere Beispiele und Literatur bei Brunner a. a. O.

[15] A. H. Gardiner, Late-Egyptian Miscellanies 25, 10.

[16] P. Boylan, Thoth (1922), S. 200; G. Posener, RdE 7, 1950, 72.

[17] Vgl. meine Bemerkungen bei O. Loretz, Die Gottebenbildlichkeit des Menschen (1967), S. 150 f.

Offenbarung eines Höheren. In diesem Jubel vereint sich die ganze Schöpfung, „so hoch der Himmel, so weit die Erde, so tief das Meer ist“ [18], um den Schöpfer und Erhalter der Welt zu preisen. „Alle, die Du gemacht hast, tanzen vor Deinem Angesicht“ [19] – das Wild springt auf seinen Füßen, die Vögel flattern freudig, die Fische hüpfen im Strom, und selbst der König reiht sich, gemeinsam mit den göttlichen Pavianen, in den allgemeinen Jubel ein.[20]

In dieser jubelnden Anbetung findet das göttliche Wirken seine lauteste Resonanz im Irdischen. Alle Gegengabe der Menschen scheint dürftig, gemessen an dem, was die Götter ihnen gewähren. Was wiegen alle materiellen Gaben, wie Brot, Bier, Fleisch und Wein, gegen die Freiheit und den Schöpferatem, gegen Schutz, Hilfe und Rettung aus jeglicher Not? Die Götter, die alles spenden, besitzen alles im Überfluß. Auf der fernen Götterinsel in der Erzählung vom „Schiffbrüchigen“ „gibt es nichts, was es nicht gibt“, und der Schlangengott der Insel lacht über den gestrandeten Ägypter, der ihm in seiner einfältigen Dankbarkeit alle Schätze Ägyptens verspricht, obgleich sein Reich ja schon alles in Hülle und Fülle enthält. Der einzige Wunsch, den er dem Heimkehrenden mitgibt, scheint bescheiden genug: er solle ihm in Ägypten „einen guten Namen machen“.

Eine Antwort des Menschen auf ihr Dasein und ihr Wirken ist den ägyptischen Göttern erwünscht. Sie verlangen keinen Kult und sind auf keine materielle Darbringung angewiesen, aber sie freuen sich des Echos, das ihr Schöpferwort findet, und gern nehmen sie die materiellen wie ideellen Gaben des Menschen an. Entscheidend ist der Dialog, der darin sichtbar wird. Das „Hintreten“ vor die Gottheit bedeutet „die Aufnahme des direkten Kontaktes“ (E. Winter[21]), und der Mensch, repräsentativ der König, will nicht mit leeren Händen vor einen Gott treten. Die Gabe, die er bringt, bedeutet keinen geforderten Tribut und keinen Zwang zur Gegen-

[18] Kairoer Amunhymnus 7, 4.

[19] M. Sandman, Texts from the Time of Akhenaten, S. 14.

[20] Medinet Habu VI, pl. 421 und 424 (Ramses III.).

[21] Untersuchungen zu den ägypt. Tempelreliefs der griech.-röm. Zeit (1968), S. 55.

leistung, sondern ist Geschenk[22], enthält etwas von der Freiheit, welche die Götter mit ihrem Schöpferatem dem Menschen spenden.

Wir haben unsere Deutung des Götterkultes bewußt in einer Richtung zugespitzt, die weit von der gängigen Formel des „do ut des", mit der man jeglichen Kult erklären will, fortführt. Denn diese Formel scheint auch im ägyptischen Kult gelegentlich zu passen, erklärt aber wenig und darf vor allen Dingen keine ausschließliche Geltung beanspruchen. Ehe der Mensch etwas gibt, haben die Götter schon alles gegeben.[23]

Wieder ist es der Dichter, der mit feinerem Organ spürt, was sich im Opfer wirklich vollzieht, dessen Ahnung von unseren primären Quellen bestätigt wird. Angesichts der unzähligen Opferszenen, welche die Wände des Karnaktempels und der anderen Tempel Ägyptens überziehen, spürt Rilke, wie das Unermeßliche in der Beziehung zwischen Gott und Mensch hier in ein klares „Maß der Opferung" kommt, das dem letztlich immer sich darbringenden Menschen ermöglicht, „immerzu ... der Geber" zu sein.[24] Alles drängt „zur Stelle, wo des Königs Ebenbild, / der Gott, wie ein gestilltes Kind, gestillt, / hinnimmt und lächelt. Seinem Heiligtume / geht nie der Atem aus. Er nimmt und nimmt, / ..." Auch hier weht ein schöpferischer Atem, der dem göttlichen Heiligtum „nie ausgeht", sondern stete Vermehrung bringt. Die Götter, die schon alles haben, können immer noch nehmen und ihre Wirklichkeit, die groß, aber nicht unbegrenzt ist, immer noch ausdehnen. Wir haben diesen Hang zur stetigen Erweiterung bei den Namen und bei den Gestalten der Götter angetroffen, wir finden ihn auch im Kult. Den Beinamen „reich an Namen" und „reich an Erscheinungsformen" entspricht, wenn auch selten, der Beiname „reich an Festen".[25]

[22] E. Winter a. a. O.

[23] Daher ist das *sḏmn.f* der begleitenden Götterreden in den Opferszenen auch kein „synchrones Präsens", sondern echte Vergangenheit!

[24] Alle Zitate aus dem Karnak-Gedicht im Zyklus „Aus dem Nachlaß des Grafen C. W.", zur Deutung vgl. A. Hermann a. a. O. (wie Anm. 6) S. 406 ff.

[25] H. Junker und E. Winter, Das Geburtshaus des Tempels der Isis in Philä (1965) 35, 20 (von Nehemetawai).

Der Reichtum an Festen bedeutet Vermehrung der menschlichen Antwort, die sich im Festjubel zur größten Intensität steigert, bedeutet vermehrtes Echo aus der Schöpfungswelt und damit vermehrte Wirklichkeit der Götter. Dieser Beiname ist, wie alle, keine belanglose Zierde, sondern spiegelt irdische Realität. In den königlichen Inschriften wird immer wieder die Ausdehnung und Vermehrung der Götterfeste angeordnet, werden neue Feste gestiftet, wird für die Gehäuse des Kultes, die Tempel, unermüdlich Sorge getragen; neue und reichere Kultbilder werden angefertigt, die Zahl der Tragstangen wird stetig vermehrt, auf denen sie in der Prozession getragen werden. Diese kultische Fürsorge des Königs für die Götter bildet einen wesentlichen Teil seiner geschichtlichen Aufgabe; dazu stellt sie einen gewichtigen wirtschaftlichen Faktor dar, der auch für unser modernes Geschichtsbild Bedeutung hat.

Im Darbringen des Kultes, im Sich-Hinstellen vor die Gottheit weiß der Ägypter, daß er damit zumindest die Wirklichkeit und Gegenwart des Gottes vermehrt, und zugleich, daß er dadurch die negative, gefährliche Seite der Gottheit in Abstand hält. Seine kultische Handlung übt keinen Zwang aus, aber fordert die Götter auf, ihr gnädiges Antlitz zu zeigen. Denn die Kehrseite der Liebe Gottes zu den Menschen ist die immer latente Furchtbarkeit göttlicher Macht; sie gilt es durch bestimmte Kulthandlungen zu besänftigen.

Im Mythos von der „Vernichtung des Menschengeschlechts" wird die grimmige Göttin, die der Sonnengott gegen die abgefallenen Menschen aussendet, durch Rauschtrank besänftigt; er mildert die Wut und macht aus der rasenden Löwin die freundliche Katze. Im Kult dient der Wein zur rituellen Besänftigung der Gottheit, vor allem der löwengestaltigen Göttinnen. Er schaltet den gefährlich-unberechenbaren Aspekt, der auch dem göttlichen König anhaftet, aus und erweist die ›Theologische Bedeutung der Trunkenheit‹, der H. Brunner einen Aufsatz gewidmet hat.[26]

So bedeutet der Kult nicht nur Antwort, sondern auch Schutz

[26] ZÄS 79, 1954, 81—83. Vgl. auch ders., Das Besänftigungslied im Sinuhe, ZÄS 80, 1955, 5—11, und Kees, Götterglaube S. 8—11.

des Menschen vor der Bedrohung durch eine Gottheit. Wie furchtbar die Götter sein können, zeigen in eindrucksvoller Überspitzung die „Höllenvorstellungen“ der ägyptischen Jenseitstexte, die ich an anderer Stelle herausgearbeitet habe.[27] Dort richtet sich die ganze, unbezähmbare Wut göttlicher Mächte gegen die im Totengericht Verurteilten, die aus dem geordneten Sein hinausfallen und nun mit allen erdenklichen Strafen gepeinigt und „vernichtet“, dem Nichtsein überantwortet werden. Sie sind der Sinnesorgane beraubt, müssen auf dem Kopf gehen und ihren eigenen Kot essen, werden in Öfen und Kesseln verbrannt und schwimmen in ihrem eigenen Blut, das der Gott des Keltergerätes, Schezemu, aus ihnen gekeltert hat.

Gegen diese Furchtbarkeit und Grausamkeit der Götter, die in den älteren Totentexten nicht nur die Sünder bedroht, sondern als allgemeine Jenseitsgefahr verstanden wird, schützt sich der Mensch durch Rituale, deren richtiger Vollzug die gefährliche Seite der Gottheit ausschaltet und den richtigen, geordneten Lauf der Welt garantiert.[28] Seit der ältesten Spruchsammlung des ägyptischen Jenseitsglaubens, den Pyramidentexten, finden wir daneben den beschwörenden Anruf des Toten an verschiedene Götter, ihn vor allen Widrigkeiten des Jenseits zu schützen und zu verhindern, daß andere Götter oder Tote ihm Schaden zufügen. Dieser beschwörende Anruf kann sich bis zur Drohung gegen die Götter steigern[29] – eine neue und überraschende Variante in der Beziehung zwischen Gott und Mensch!

Was wir bisher über das Wirken ägyptischer Götter gehört haben, läßt sich nicht besser zusammenfassen als mit Goethes stets gültigen Worten über die „Grenzen der Menschheit“:

[27] Altägypt. Höllenvorstellungen (ASAW 59 Heft 3, 1968).

[28] Zu diesem Aspekt des Kultes, auf den wir hier nicht näher eingehen, vgl. vor allem Ph. Derchain, Le Papyrus Salt 825, rituel pour la conservation de la vie en Égypte (1965).

[29] H. Grapow, Bedrohungen der Götter durch den Verstorbenen, ZÄS 49, 1911, 48–54; Erman, Religion ³S. 300 f.; Morenz, Religion S. 27 f.; S. Sauneron, BSFE 8, 1951, 11–21. Zur stärksten Form dieser Drohung, der mit dem Weltuntergang, vgl. bereits oben S. 158 f.

Was unterscheidet
Götter von Menschen?
Daß viele Wellen
Vor jenen wandeln,
Ein ewiger Strom:
Uns hebt die Welle,
Verschlingt die Welle,
Und wir versinken.

Auch vor den Göttern Ägyptens gehen die Wellen ihrer Wirkung her, auf denen der Mensch dahintreibt. Sie sind die Großen und Übermächtigen, die menschliche Anmaßung zuschanden machen. Die Gottheit ist „die Wirksame, die nicht abgewehrt werden kann im Himmel und auf Erden"[30], der große Baumeister, in dessen Händen der Mensch nur „Lehm und Stroh" ist (Amenemope Kap. 25). Den Ägypter hat offenbar niemals die Sehnsucht nach Einswerden mit Gott erfüllt, seine Religion ist frei von Mystik. Er wahrt die Distanz zu den Göttern, denen niemand ungestraft zu nahe kommt,[31] aber seine Jenseitshoffnung gründet darauf, „wie ein Gott" zu werden (Merikarê Z. 56), in die Rolle eines der großen Götter einzutreten und damit selber auf den Gang der Welt einzuwirken.

Es lohnt sich, bei dieser Wirkung noch etwas zu verweilen. Hier, wo es um Kraft, Energie und Wirkung geht, drängen sich zur Beschreibung physikalische Begriffe auf. Wir haben bereits von einem „Kraftfeld" gesprochen, das um jede Gottheit zu denken ist und mit bestimmter Intensität auf den Menschen einwirkt. In diesem endlich-begrenzt (vgl. S. 163) vorgestellten Kraftfeld offenbaren sich die „verborgenen" Götter durch ihre Einwirkung auf den Menschen wie auf andere Objekte. Die Kraft, die in diesem Feld wirkt, nennt der Ägypter *ḥk'* – ein Wort, das allgemein durch „Zauber" übersetzt wird; wir verwenden diese Übersetzung in

[30] E. Otto, Das ägypt. Mundöffnungsritual (ÄgAbh 3, 1960) II, S. 116 von „Uto, Herrin der Flamme".

[31] Für das im Alten Orient sonst bezeugte „Vergehen" im Anblick der Gottheit (Gilgamesch; Jesaja 6, 5) kenne ich aus Ägypten keine direkte Parallele.

Anführungsstrichen, um irreführende Gedankenverbindungen zu dem, was gemeinhin unter Zauber und Magie verstanden wird, zu vermeiden.

Keine Darstellung der ägyptischen Religion kann darauf verzichten, der Rolle des Zaubers einigen Raum zu geben. Durch lange Tradition geheiligt, geschieht dies fast stets mit einem wertenden Unterton, wo denn der Zauber identisch mit Aberglauben und zum „Krebsgeschwür" am reinen, erhabenen Glauben wird; oder, in der anerkannten Formulierung von Adolf Erman[32]: „Die Zauberei ist ein wilder Auswuchs der Religion; die Gewalten, die über des Menschen Schicksal schalten, unternimmt sie zu zwingen ... und neben der edlen Pflanze der Religion wuchert das tolle Unkraut der Zauberei empor."

Wie bei der Frage nach Monotheismus/Polytheismus, verstellt uns hier jegliche Wertung den freien und unbefangenen Blick auf die Phänomene. Die angemessene Vergleichsebene ist nicht die gärtnerische, sondern die physikalische – der Zauber ist kein Kraut, sondern eine Kraft. Jede Kraft aber ist wertfrei, solange nicht die Art und Weise ihrer Anwendung und der Zweck, zu dem sie eingesetzt wird, im Vordergrund stehen. Es genügt wohl, auf das Beispiel der Atomenergie zu verweisen, bei der es vom anwendenden Menschen abhängt, ob sie Rettung oder Untergang bedeutet.

Daß *ḥk'*, „Zauber", eine Kraft ist, wird aus den ägyptischen Texten deutlich genug. Die Pyramidentexte (§ 940) und Sargtexte (CT IV 98 j) verwenden das Wort parallel zu *'t*, einem anderen Kraft-Begriff. In der 10. Stunde des Pfortenbuches werden menschengestaltige Gottheiten und Affen dargestellt, die Netze in Händen halten und mit dem „Zauber", der sich auf und in den Netzen befindet (III 33 f.), den Sonnengott schützen (ibid. 13) und seinen Feind Apophis unschädlich machen (ibid. 15). Also wieder ein echtes Kraftfeld, das in Gestalt der Netze sichtbar gemacht wird und vom „Zauber" als unsichtbarer, aber wirkender Energie erfüllt wird. Solche Energie kann sich auch in der ägyptischen Physik als Substanz darstellen – häufig begegnet die Redensart,

32 Religion [1](1905), S. 148.

daß der „Zauber“ „verschluckt“ oder „gegessen“ werde oder sich „im Leibe“ befinde.[33]

Der ägyptische „Zauber“ ist eine Energie, die automatisch und sofort wirkt und zu ihrer Übertragung keines besonderen Mediums bedarf. Wenn das Schöpferwort Gottes gesprochen ist, sorgt der „Zauber“ dafür, daß es Wirklichkeit wird. „Er befahl, und es entstanden die Götter“, heißt es im Kairoer Amunhymnus (4, 2) vom Sonnengott Re. Daher gehört der Zauber – als Heka (oder Hike, siehe oben S. 67) personifiziert – zu den drei helfenden Mächten, die dem Schöpfergott zur Seite stehen und ihn ständig auf seiner Sonnenfahrt begleiten: Sia, das planende „Ersinnen“, Hu, der schöpferische „Ausspruch“, und als dritter unser „Zauber“, d. h. die ausstrahlende „Wirkung“. Daß die Dinge durch das Schöpferwort Gottes sogleich Gestalt annehmen, bewirkt diese „Zauber“-Energie, ohne sie wäre die Weltschöpfung nicht möglich. Wir verweisen für das Schöpferwort Gottes und seine Wirkung auf die ausführliche Belegsammlung von Jan Zandee[34] und erwähnen nur, als äußerste Steigerung dieser Vorstellung, eine Aussage der Sargtexte (CT VI 344 b), wonach der Urgott seinen eigenen Leib durch seine Zaubermacht[35] entstehen läßt. Daher setzt die gleiche Spruchsammlung auch die Präexistenz des „Zaubers“ voraus (III 382 f.).

Diese urzeitliche Kraft hat nicht nur die Schöpfung ermöglicht, sondern dient, in der Hand (oder richtiger: im Munde) der verschiedensten Gottheiten, auch ihrer Aufrechterhaltung. In der Unterwelt wimmelt es von Wesen, die vom „Hauch ihres (eigenen) Mundes“ oder durch das wiederholte Schöpferwort des Sonnengottes leben, auch hier materialisiert sich der „Zauber“ des schöpfenden Ausspruchs unverzüglich. Isis schützt durch ihre „Zauber“ den heranwachsenden Horus gegen seine Feinde und

[33] Für die letztere Formel vgl. die Belege bei Assmann, Liturg. Lieder S. 196 Anm. 22, für das Verschlucken und Essen z. B. CT V 391 j und VII 238 e.

[34] Das Schöpferwort im alten Ägypten, in: Verbum (Festschrift H. W. Obbink, 1964), S. 33–66.

[35] Hier ist das weitgehend synonyme Wort *'ḫw* verwendet. Der Urgott ist Nun.

beteiligt sich mit anderen Gottheiten an der „Bezauberung“ des Apophis. Vorn im Sonnenschiff stehend (Amduat, 7. Stunde), beschwört sie ihn, und wie ein Blitz trifft der „leuchtende“ Zauber[36] den Götterfeind, raubt ihm die Besinnung, so daß er „sich nicht findet“ (Pfortenbuch I 122) und ohne große Mühe „vernichtet“ werden kann.

Hier greifen wir den „Zauber“ als Götterwaffe, die den Feind unvermutet trifft, seine Anschläge zunichte macht und so der immer wieder bedrohten Ordnungswelt Schutz, Sicherheit und Frieden schenkt. Die Mächte des vorweltlichen Chaos sind nie ganz überwunden, sondern provozieren eine ständige Auseinandersetzung, die am Himmel und in der Unterwelt von den Göttern, auf Erden vornehmlich vom König geführt wird. Über die mächtigste Waffe, die Schöpfungsenergie des „Zaubers“, verfügen eigentlich nur die Götter; daher muß der irdische Zauberer zuerst in die Rolle einer Gottheit eintreten, um mit dieser gefährlichen, wirksamen Kraft umzugehen. Dem König steht, da er ja ex officio die Rolle des Schöpfergottes auf Erden spielt, die Zaubermacht des Schöpfungswortes ohnehin zu Gebote. Allein durch die Zauberkraft seines Wortes zwingt er im Ritual fernen Ländern seinen Willen auf.[37]

So gelangt der „Zauber“, den man in seiner Gefährlichkeit und weltverändernden Wirksamkeit als die „Atomenergie der frühen Menschheit“ bezeichnen könnte, in die Hand der Menschen; und wie es zu gehen pflegt: hier stiftet er Unheil und wird seinem ursprünglichen Zweck entfremdet. Der Schöpfergott hat den Menschen diese mächtige Kraft „als Waffe“ und ausdrücklich zur Verteidigung gegeben – so formuliert es die Lehre für Merikarê schon um 2060 v. Chr. (Zeile 136 f.) Aber den Menschen packt die Faszination, was man damit alles machen kann, er fragt nicht lange nach den Folgen seines Tuns. Er scheut sich auch nicht, Verteidigungswaffen in Angriffswaffen zu verwandeln und sie gegen diejenigen zu kehren, denen er sie verdankt – gegen die Götter. Es wurde schon darauf hingewiesen, daß wir Drohungen gegen Götter seit den Pyramidentexten belegt haben – zunächst noch als

[36] So, in anderem Zusammenhang, Amduat I 81, 7.
[37] M. Alliot, RdE 5, 1946, 108 f.

Verteidigung des Verstorbenen gegen Götter, die ihn beim Aufstieg zum himmlischen Jenseits hindern könnten: „Jeder Gott, der den NN nicht zum Himmel nehmen wird, der soll nicht angesehen sein, der soll keinen Ba haben, der soll keinen Kuchen schmecken, der soll nicht emporsteigen zu dem Haus des Horus ..." (Pyr 1027)

Bald aber, vor allem im Liebeszauber, dient diese Kraft höchst egoistisch-aggressiven Zwecken, und der Zauberer scheut sich nicht, den beschworenen Mächten mit dem Letzten und Furchtbarsten zu drohen: mit dem Weltuntergang![38] In der Hand des Menschen wird die ursprünglich wertfreie „Zauber"-Kraft pervertiert. Die Verschwörer gegen Ramses III. (ca. 1184–1153 v. Chr.) versuchen, mit teilweisem Erfolg, schriftliche „Zauber" gegen den legitimen König einzusetzen, um ihre persönlichen Ziele zu erreichen.[39]

Hier scheint sich die heilsame Kraft in ein Instrument der Willkür zu verwandeln – der Ägypter der Spätzeit kann den ungebundenen „Zauber" als Gegenbegriff zum „Gesetz" *(hp)* empfinden.[40] Damit wird eine „schwarze" Magie möglich, die dem Bösen dient und sich vom Willen der Götter weit entfernt.

Der Ägypter hat ein autonomes Handeln des Menschen, auch gegen die Götter, seit alter Zeit für möglich gehalten. Zugleich aber blieb er überzeugt, daß letztlich doch nur der Wille der Götter geschieht und Bleibendes bewirkt. „Niemals erfüllen sich die Pläne des Menschen, sondern was Gott anordnet, das geschieht", heißt es bereits in der ältesten ausführlich erhaltenen Lebenslehre (Ptahhotep 115 f.), und die späteren Lehren sprechen diesen Gedanken in immer neuen Formulierungen aus, etwa Amenemope (Kap. 18): „Eines sind die Worte, welche die Menschen sagen, etwas anderes das, was der Gott tut."[41]

[38] Vgl. oben S. 158 f. Ähnliches noch im griechischen Liebeszauber aus Ägypten, z. B. D. Wortmann, Bonner Jahrb. 168, 1968, 92: „Wenn ihr mich aber nicht erhört und nicht schnell ausführt, was ich euch sage, so wird die Sonne nicht mehr unter die Erde gehen, und weder der Hades noch der Kosmos werden mehr bestehen."

[39] H. Goedicke, Was Magic used in the Harem Conspiracy against Ramesses III?, JEA 49, 1963, 71–92.

[40] Ch. F. Nims, JNES 7, 1948, 245 (in einem demotischen Text).

[41] Diese und verwandte Belege hat A. Volten, Studien zum Weisheits-

Bis in das politische Geschehen hinein spürt der Ägypter den überlegenen Willen und das überlegene Handeln der Götter. Das erste deutliche Zeugnis dafür stammt aus den Inschriften des Gaufürsten Anchtifi und gehört damit in die Zeit nach dem ersten Zusammenbruch staatlicher Ordnung (um 2120 v. Chr.).[42] Danach verläuft die Entwicklung in den Bahnen, die Siegfried Morenz bereits in seiner ›Heraufkunft des transzendenten Gottes‹ gezeichnet hat. Der „Gottesbefehl“, der die Wirkung des Schöpfungswortes hat und sofortige Erfüllung verlangt, wird seit dem Mittleren Reich immer ausschließlicher zur Richtschnur der königlichen Politik. Auf den End- und Höhepunkt dieser Entwicklung im thebanischen „Gottesstaat“, in welchem der Gott Amun als König regiert, haben wir schon hingewiesen (S. 188). Die Könige des Neuen Reiches und der Spätzeit können ihre Feldzüge nur mit göttlicher Hilfe führen; Ramses II., in der Schlacht von Kadesch (1285 v. Chr.) vom Feind bedrängt, und noch sein später Amtsnachfolger Ptolemaios VIII. verlassen sich darauf, daß die helfende Gottheit „nützlicher als Millionen von Soldaten“ ist.[43]

Aus der Erzählung des Sinuhe und aus anderen Quellen[44] wissen wir, daß auch der schlichte Privatmann sein Handeln in entscheidenden Augenblicken auf göttlichen – oft unbegreiflichen – Willen zurückführt. Je mehr die staatlichen Autoritäten versagen, desto wichtiger wird der Aspekt der Götter als Nothelfer des Einzelnen; im Gott Sched – der „Retter“ – verdichtet sich dieser Aspekt im Neuen Reich zu einer besonderen Gottesgestalt, die auf zahllosen Stelen von Hilfesuchenden angerufen oder für ihre Hilfe gepriesen

buch des Anii (1938), S. 118 und 124 f. zusammengestellt, dazu jetzt noch Anchscheschonki 22, x + 25. Vgl. ferner H. Brunner, Der freie Wille Gottes in der ägypt. Weisheit, in: Les sagesses du Proche-Orient ancien (1963), S. 103–120.

[42] G. Fecht in: Festschrift für Siegfried Schott (1968), S. 54.

[43] Ch. Kuentz, La bataille de Qadech (1934), S. 251, und E. Winter, Untersuchungen zu den ägypt. Tempelreliefs S. 101. Eine ähnliche Aussage bei W. Helck, ZÄS 83, 1958, 35 (Zeile 10 f.) von Ramses III.

[44] Von der Ersten Zwischenzeit bis zur 30. Dyn.: J. J. Clère, RdE 6, 1951, 153 f.

wird.[45] Auf einem Wagen, der oft mit Greifen bespannt ist, jagt er den gefährlichen Tieren nach und hält sie vom Menschen fern; damit übernimmt er Funktionen, die in der älteren Zeit ausschließlich dem König als dem großen Jäger und Überwinder der bedrohenden Tiere zustanden. Nun darf man von der göttlichen Sphäre mehr erhoffen, als dem König je möglich war – das Vertrauen in den Nothelfer steigert sich bis zu der Hoffnung, er könne die Lebenszeit über das festgesetzte Maß hinaus verlängern und könne sogar „den, den er liebt, aus der Unterwelt retten und jemand anderen für ihn als Ersatz geben"[46]!

Gott als Nothelfer kann, im äußersten Fall, den Menschen so nahe als möglich an die Unsterblichkeit heranführen, stößt aber hier auf die unerbittliche Grenze, die ägyptischen Göttern als Mächten des Seins gesetzt ist. Sie sind weder unsterblich noch allmächtig und bleiben es bis an das Ende der ägyptischen Religion. Daher führt die angedeutete Entwicklung niemals zu einer absoluten Determinierung des Geschehens durch Gottes Willen; der Aktivität des Menschen bleibt immer Raum, sie wird im pharaonischen Ägypten durch kein *inscha'allâh*, „wenn Gott will", eingeschränkt.[47]

Da die Seinsgrenze für die ägyptischen Götter unübersteigbar bleibt, spielt das Problem der Theodizee keine Rolle. Es bedarf keiner Rechtfertigung Gottes gegen die Ungerechtigkeit und das Böse in der Welt. Das Böse ist ein Element des Nichtseins, damit älter als die Götter und von Anbeginn in der Welt enthalten. Die Götter können dafür nicht verantwortlich gemacht werden, sondern sind gerade diejenigen Mächte, die das Böse bekämpfen und fort-

[45] Zu Sched vor allem Loukianoff, BIE 13, 1930, 67–84; B. Bruyère, FIFAO 20, 3 (1952), S. 138–170; Bonnet, Reallexikon S. 676 f.; H. Brunner, MDIK 16, 1958, 13–19.

[46] Edwards, Hieratic Papyri in the Brit. Museum, 4th series, S. 5 Anm. 34 (auf einem Totenzelt der 21. Dyn. von Chons gesagt). Ohne den „Ersatz"-Gedanken bereits im Leidener Amunhymnus Kap. 70. Nach einem Personennamen des 4. Jahrh. v. Chr. hat der Gott Horus „den Tod getötet": K.-Th. Zauzich, MDIK 25, 1969, 226 (f).

[47] Ein θεῶν θελόντων und ähnliche Wendungen treten erst in Briefen aus der griech. Zeit Ägyptens auf: H. I. Bell, JEA 34, 1948, 89 f.

während aus dem Sein wieder vertreiben. „Ich habe nicht befohlen, daß (die Menschen) Unrecht *(jsft)* tun. Aber ihre Herzen haben das, was ich angeordnet habe, verletzt", sagt der Schöpfergott in den Sargtexten in der berühmten Rechtfertigung seiner Schöpfung.[48] Es ist Schuld der Menschen, aber auch Folge ihrer Herkunft aus Blindheit (oben S. 142), wenn sie in ihrem Herzen, dem bestimmenden Organ ihres Tuns, dem Unrecht Raum geben.

Die Götter Ägyptens können schrecklich, gefährlich und unberechenbar sein, aber nicht böse. Das gilt, wenigstens ursprünglich, selbst für Seth, den Mörder des Osiris. Kampf, ständige Auseinandersetzung, auch Verwirrung und In-Frage-Stellen der gesetzten Ordnung, wie Seth sie als eine Art *trickster* betreibt[49], gehören zu den notwendigen Bedingungen des Seins, zu der begrenzten Unordnung, die für lebendige Ordnung unerläßlich ist. Aber Götter und Menschen müssen gemeinsam dafür Sorge tragen, daß die Unordnung nicht gänzlich Herr wird über Recht und Ordnung – das meint ihre gemeinsame Verpflichtung auf die Maat.

Die Maat, der wir bisher nur gestalthaft als einer Göttin begegnet sind (S. 66 f.), wartet, obgleich vielbesprochen, immer noch auf eine gründliche Untersuchung und Darstellung, die ihrem vielschichtigen Wesen und ihrer Bedeutung für alle Lebensbereiche gerecht wird. In aller Kürze gesagt, ist sie die Ordnung und das rechte Maß, welches der Welt zugrunde liegt, der erstrebenswerte, vollkommene Zustand der Dinge, wie er der Absicht des Schöpfergottes entspricht. Dieser Zustand wird immer wieder gestört, und es bedarf unermüdlicher Anstrengung, ihn in seiner ursprünglichen Reinheit wiederherzustellen. Daher verkörpert die Maat, wie das beschädigte und immer wieder neu geheilte „Horusauge", die vielberufene „Heile Welt".

So kann der Ägypter Maat als eine Substanz, ein materielles Element sehen, von dem alle Welt lebt, als Nahrung für Lebende und Tote[50], für Götter und Menschen. Die Götter „leben von

[48] Der vollständige Wortlaut oben S. 193 f.

[49] Vgl. dazu die Deutung von H. te Velde, Seth, God of Confusion (1967).

[50] CT II 35 g und VII 238 d; A. H. Gardiner, JEA 32, 1946, 50 (h); L. Christophe, BIFAO 49, 1950, 142 (h).

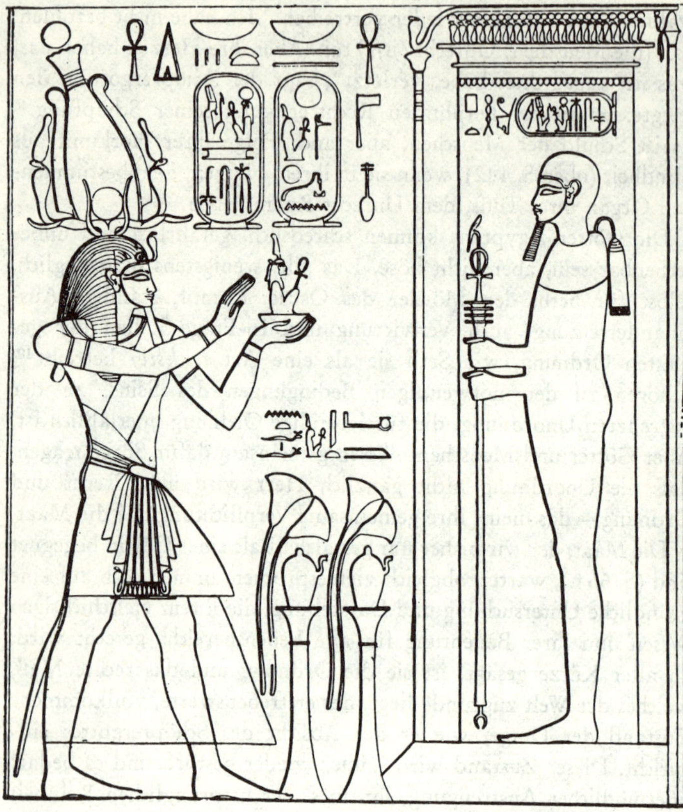

Abb. 19. König Ramses II. bringt Ptah die Maat dar.

Aus H. Bonnet, in: Bilderatlas zur Religionsgeschichte, 2.—4. Lieferung: Ägyptische Religion, Leipzig 1924, Abb. 90

Maat"[51], aber nach gleichzeitigen Aussagen haben sie auch die Maat geschaffen und verfügen über sie – so sehr, daß Amenemope (Kap. 20) sie als „große Traglast Gottes" sieht, die er nach seinem Belieben austeilt.[52] Nach Texten der Spätzeit[53] ist die Maat bei der

[51] Etwa CT VII 468 c vom „Allherrn", Urk. IV 384, 16 von Amun.

[52] Zur Stelle zuletzt J. Bergman, Ich bin Isis (1968), S. 208.

[53] Urk. VIII 76; Edfou V 85.

Schöpfung vom Himmel auf die Erde herabgestiegen und damit auch in die Hände der Menschen gelegt. Der ägyptische König ist seit alter Zeit aufs engste mit der Maat verbunden,[54] auch er „lebt von der Maat".

In kaum einem ägyptischen Tempel fehlt unter den vielerlei abgebildeten Kultszenen das „Darbringen der Maat" (Abb. 19). Der König, als Vertreter der ganzen Menschenwelt vor den Göttern, hält darbringend eine Figur der Maat empor, verkörpert in einer hockenden Göttin mit dem Schriftzeichen der Straußenfeder auf dem Haupt. Wie das tägliche Ritual der Tempel zeigt, kann alles, was sonst materiell im Kult dargebracht wird (Brot, Bier, Weihrauch usw.), mit Maat identifiziert werden.[55] Das „Darbringen der Maat" faßt also in einem tiefempfundenen Bild all das zusammen, was Kult, was Opfer, was Antwort an die Götter bedeutet. Indem der Mensch, mit verhaltener Gebärde, den Göttern sichtbar die Maat vorweist, gibt er ihnen ein Zeichen, daß die Menschenwelt, daß alle die gefährdeten, zerbrechlichen Beziehungen und Bindungen, von denen sie lebt, in Ordnung sind, so wie sie bei der Schöpfung waren.

Das ist die Antwort, welche die Götter brauchen, und hier schließt sich der Kreis unserer Betrachtung, welche vom Wirken der Götter ausging. Die Götter bedürfen keiner materiellen Gaben, aber sie bedürfen der Antwort des Menschen auf ihre Existenz, sie wollen sich im Herzen des Menschen ereignen, erst dadurch erhält ihr Schöpfungswerk seinen bleibenden Sinn. Antwortlosigkeit und Schweigen sind Existenzformen des Nichtseins, zum Sein gehört der lebendige, nicht abreißende Dialog zwischen Gott und Mensch, eingespannt in die Polarität zwischen Liebe und Furcht.

Was bei der Schöpfung von den Göttern kam, die Maat, kehrt aus der Hand des Menschen zu ihnen zurück – Symbol für die Partnerschaft zwischen Gott und Mensch, wie sie die ägyptische Religion verwirklicht hat. Aus dieser Partnerschaft, aus gegenseitiger Wirkung und Antwort, erklärt sich das sonst unlösbare

54 Verschiedene Beinamen und Titel hat L. A. Christophe, BIFAO 49, 1950, 138 ff. zusammengestellt.

55 Moret, Rituel S. 138–165.

Ineinander von Willensfreiheit und Vorherbestimmung[56]. Durch die Schöpfung ist Göttern und Menschen eine gemeinsame Aufgabe gesetzt: sich im endlichen Sein gegen das unendliche Nichtsein zu behaupten, zusammen an einer lebendigen Ordnung zu bauen, die dem Schöpferatem Raum gibt und nicht der Erstarrung verfällt.

[56] Zu dieser Frage zuletzt G. Fecht, Literarische Zeugnisse zur „Persönlichen Frömmigkeit" in Ägypten (1965), S. 124 ff. und zum Problem „Götter und Schicksal" Morenz, Religion S. 69 ff., sowie die Anm. 41 genannte Arbeit von Brunner. Im Laufe der geschichtlichen Entwicklung stellt sich die Gnade Gottes über die Richtschnur der Maat.

Siebtes Kapitel

ORDNUNG UND GLIEDERUNG DER GÖTTERWELT

In der zunächst unabsehbar-ungegliederten Fülle ägyptischer Göttergestalten hat bereits Lepsius in seiner Untersuchung ›Über den ersten ägyptischen Götterkreis‹ (1851) „bestimmte abgeschlossene Kreise“ (S. 11) erkannt. Zur Ordnung ihres uferlosen Pantheons haben sich die Ägypter verschiedenartiger Möglichkeiten bedient, die wie immer nicht miteinander rivalisieren, sondern gleichberechtigt nebeneinander stehen. Wir können im wesentlichen der guten Darstellung dieser Ordnungsmöglichkeiten folgen, die E. Otto in seiner Bestandsaufnahme des ägyptischen Polytheismus gegeben hat.[1] Einzig den Ausdruck „Zahlenschemata“ möchte ich vermeiden und statt dessen von einem numerisch-genealogischen Ordnungssystem sprechen, neben dem ein lokales und ein soziales Ordnungssystem zu unterscheiden sind. In dieser Reihenfolge wollen wir die verschiedenen Möglichkeiten und ihre Verwirklichung untersuchen.

Numerisch-genealogisches Ordnungssystem

Die einfachste und kleinste Göttergruppe ist die Zweiheit, das Götterpaar. Nur wenige Paare sind geschlechtlich nicht differenziert: die Schwestern Isis und Nephthys und das feindliche Brüderpaar Horus und Seth. In ihrem ewigen Streit, den Thot nur vorübergehend „schlichten“ kann, spiegelt sich die komplementäre Zweiheit der Welt, die Notwendigkeit ständiger Auseinandersetzung.

In der Regel aber begegnen Götterpaare in der geschlechtlichen

[1] Saeculum 14, 1963, 260ff. Für das numerische Ordnungssystem vgl. vor allem noch Kees, Götterglaube S. 155—171.

Differenzierung Gott/Göttin. Als Beispiel dafür können die vier Götterpaare dienen, aus denen die Achtheit von Hermopolis (s. unten S. 217) besteht: Nun mit Naunet, Huh mit Hauhet, Kuk mit Kauket und Amun mit Amaunet. Eine solche parallele Bildung weiblicher Namen und Göttergestalten zu männlichen Gottheiten ist zwar schon für die Pyramidentexte zu belegen, gehört aber kaum zum ursprünglichen Bestand der ägyptischen Religion. In jüngerer Zeit begegnen immer neue Parallelbildungen, etwa seit der frühen 18. Dynastie ein „weiblicher Re" (Rat-taui), noch später ein „weiblicher Anubis" und ein „weiblicher Sokar". Daß wir hier nicht blutleere Abstraktionen vor uns haben, wurde schon gezeigt (oben S. 74 ff.).

Wo zum Götterpaar ein Sohn oder eine Tochter hinzutreten, ergibt sich die Form der Dreiheit als der beliebteste und am weitesten verbreitete Götterkreis Ägyptens. Ob hier wirklich ein Hinzutritt vorliegt, ob wir also diese Dreiheiten geschichtlich als Zwei plus Eins sehen müssen, muß fraglich bleiben, solange unsere Quellen nicht reicher fließen. Auf Amun und Osiris folgen geschichtlich sogleich die Triaden Amun/Mut/Chons und Osiris/Isis/Horus, ohne erkennbare Zwischenstufen eines bloßen Götterpaares Amun/Mut oder Osiris/Isis. In der Triade von Elephantine ist die Tochter Anukis allerdings erst jünger belegt als die schon in der Frühzeit so prominenten Eltern Chnum und Satis (s. oben S. 61), doch ist es keineswegs sicher, daß Chnum und Satis bereits zu Beginn der Geschichte als Götterpaar gesehen worden sind. So wurden z. B. Ptah und die Göttin Sachmet lange Zeit nebeneinander in Memphis verehrt, bevor sie sich, erst im Neuen Reich greifbar, mit Nefertem als drittem Partner zu einer memphitischen Triade zusammenschlossen, der an vielen Orten des Landes ähnliche Bildungen folgten.

Wir müssen der genealogischen Ordnung des Pantheons, die schon in den Pyramidentexten deutlich am Werke ist, eine große und frühe Bedeutung zugestehen; aber wir dürfen auch E. Otto folgen, wenn er annimmt (S. 267), daß diese familiäre Verbildlichung der Dreiheit sekundär ist gegenüber der seit alter Zeit höchst bedeutsamen Symbolik der Dreizahl. „Drei" ist die einfachste und daher bevorzugte Umschreibung für „viel", für den Plural, den man in der ägyptischen Schrift durch die drei Pluralstriche oder durch eine Dreifachsetzung von Zeichen ausdrückt; darüber hinaus wird die Drei in den Texten auch expressis verbis mit der Vielzahl gleichgesetzt.[2]

Die Vielzahl der Götter und die in ihr bevorzugte Form der Triade verdichtet sich im Neuen Reich zur Trinität, zur Dreieinigkeit – nicht Gottes, sondern der Götter und ihrer Kultorte! Die klassische Formulierung dieser spezifisch ägyptischen Trinität hat der Leidener Amunhymnus am Ende der 18. Dynastie, d. h. am Ausgang des 14. Jahrhunderts v. Chr. gefunden:

> Drei sind alle Götter: Amun, Re und Ptah, keinen gibt es ihresgleichen. Verborgen ist sein Name als Amun, als Re wird er wahrgenommen, sein Leib ist Ptah. Ihre Städte auf Erden bleiben immerdar: Theben, Heliopolis und Memphis, bis ans Ende der Zeit. (Kap. 300, IV 21 f.)

Diese Dreiheit Amun – Re – Ptah läßt sich auch sonst nachweisen, und zwar nicht erst in der Ramessidenzeit (so Otto S. 268), sondern bereits unter Tutanchamun (1347–1338 v. Chr.), dem Nachfolger Echnatons. Die vergoldete Trompete aus dem Grabschatz des jung gestorbenen Königs[3] zeigt in der einzigen Szene ihrer Dekoration den König vor der neuen Reichstriade. Amun als der nominell immer noch höchste und aktive der drei Götter hält ihm das Lebenszeichen an die Nase; hinter Amun steht Re (als falkenköpfiger Harachte), hinter dem König Ptah. In der „Restaurationsstele" des gleichen Königs (Urk. IV 2025 ff.), mit der er, wahrscheinlich 1345 v. Chr., die kurze Übergangsperiode eines gleichberechtigten Nebeneinanders von Aton und Amun beendet, gilt seine kultische Fürsorge allen von Echnaton verfemten Göttern und Göttinnen des Landes, vornehmlich aber dem Amun und Ptah. Wir wissen durch mehrere Untersuchungen der letzten Jahre, daß es entgegen den bisherigen Lehrmeinungen keine „Restauration" nach Echnatons Tod, keine sofortige Rückkehr zum Vorrang des Reichsgottes Amun, keine Zurückverlegung der Hauptstadt in die „Amunstadt" Theben

[2] P. Kaplony, MIO 11, 1966, 161 Anm. 91.

[3] Eine gute Detailaufnahme des Reliefschmucks im Katalog der Pariser Ausstellung 1967 im Petit Palais: Toutankhamon et son temps, S. 183.

gegeben hat. Vielmehr können wir, noch unter Haremhab (1333 bis 1306 v. Chr.), eine ausgeprägte Zurückhaltung gegenüber Amun beobachten,[4] der eine Bevorzugung der Gottheiten von Heliopolis und Memphis gegenübersteht – die neue Hauptstadt lag ja in Memphis, nur wenige Kilometer von den Kultstätten des Sonnengottes in Heliopolis entfernt. Offenbar waren die Nachfolger Echnatons nicht bereit, nach dem Scheitern der religiösen Revolution zum früheren Zustand zurückzukehren und den Gott Amun in seine alte Vorrangstellung als „König der Götter" wiedereinzusetzen. Wie Hari[5] gezeigt hat, vermeidet Haremhab die früher beliebte Bezeichnung des Amun als Amonrasonther, „Amun-König-der-Götter". Er muß den Vorrang vor den anderen Gottheiten des Landes jetzt mit Re und Ptah teilen.

Erst die folgende Ramessidenzeit bringt eine wirkliche Renaissance des Amun als Götterkönig und stellt zugleich neben die fortdauernde Reichstriade Amun/Re/Ptah[6] den Gott Seth als Vierten. Nach diesen vier Göttern sind jetzt die Hauptabteilungen des ägyptischen Heeres benannt, mit dem Sethos I. (1304–1290) und Ramses II. (1290–1224 v. Chr.) ihre Feldzüge in Vorderasien führen.

Eine auffällige und bewußte Häufung der Vierzahl gibt das Datum der berühmten 400-Jahr-Stele („Jahr 400, vierter Monat der Schemu-Jahreszeit, Tag 4"), die Ramses II. zu Ehren des Gottes Seth in seiner neuen Hauptstadt aufstellen ließ – meinten seine Theologen mit dem fiktiven Datum wiederum den Seth als Vierten neben der Reichstriade? Die Vierzahl spielt als Ordnungsschema in der ägyptischen Götterwelt auch sonst eine gewisse Rolle, wobei ihr offenbar die Vorstellung der Ganzheit, der Vollständigkeit zugrunde liegt.[7] Vier ist die Zahl der Himmelsrichtungen, der Winde und der Himmelsstützen, mythologisch dann die Zahl der Kinder

[4] Dazu vor allem R. Hari, Horemheb et la reine Moutnedjemet (1965), S. 386 ff.

[5] Ibid. S. 248.

[6] Sie steht noch unter Ramses IV. im Vordergrund, vgl. R. Anthes, MDOG 96, 1965, 16 (zum Pap. Harris).

[7] C. de Wit, CdE 32, 1957, 35–39; G. Posener, NAWG 1965, S. 74.

der Nut und der Horussöhne, häufig auch der verschiedenen Schutzgottheiten des Toten.[8]

In ihrer Verdoppelung begegnet die Vier als Achtheit der Urgötter, die ihrem Kultzentrum Hermopolis schon im Alten Reich den Namen „Stadt der Acht" gegeben hat, so daß man die Achtheit und die mit ihr zusammenhängenden Schöpfungsvorstellungen in der Blütezeit des Alten Reiches voraussetzen kann, obgleich die Namen der vier Urgötter-Paare erst aus der Spätzeit überliefert sind. Die Namen wechseln zwar, fügen sich aber immer zur Achtzahl zusammen (eigentlich vier Paare: vier Götter und vier Göttinnen).[9]

Das bedeutsamste Ordnungsschema ist die Neunheit als gesteigerte Vielzahl (Drei mal Drei), zuerst in der Neunheit von Heliopolis zu belegen, die das Vorbild für weitere Neunheiten in der Götterwelt gegeben hat; die älteste vollständige Aufzählung der neun Götter steht bereits in den Pyramidentexten (§ 1655).[10] Ob Geb und Seth auf den Turiner Fragmenten aus der Djoser-Zeit (um 2600 v. Chr., vgl. oben S. 101) bereits zur „Neunheit" gehören, ist fraglich, denn es scheint ihr eine ältere Göttergruppe vorauszugehen, die als *ht*, „Körperschaft", bezeichnet wird.[11] Djoser selbst ist in seinem Horusnamen „Göttlichster der Körperschaft", sein

[8] Vgl. Kees, Götterglaube S. 167 ff., der auch Beispiele fur die Vierzahl im Kult gibt.

[9] Eine Zusammenstellung der bezeugten Quellen gab K. Sethe, Amun und die acht Urgötter von Hermopolis, APAW 1929 Nr. 4. Seine grundlegende Deutung des Befundes ist jedoch zu berichtigen, soweit sie die Herkunft des Amun betrifft, vgl. oben S. 75 mit Anm. 60 und zuletzt F. Daumas, L'origine d'Amon de Karnak, BIFAO 65, 1967, 201—214.

[10] Eine ausführliche neuere Darstellung der Neunheit und ihrer Problematik gaben R. Weill, RdE 6, 1951, 49—79 (mit Forschungsgeschichte S. 59 ff.), und J. G. Griffiths, Or 28, 1959, 34—56; dazu noch mehrere Aufsätze von R. Anthes (vor allem JNES 18, 1959, 194—197 und MDOG 96, 1965, 18—35), nach dessen Meinung die Neunheit ursprünglich nichts mit Atum und seinen Götternachkommen zu tun hatte.

[11] Schon in Domänennamen und einem Königsnamen *(Smr-ẖt)* der 1. Dyn. greifbar, in den Pyramidentexten deutlich in den §§ 1041 a (vgl. Sethes Kommentar zur Stelle!) und 1462 d. Vgl. im übrigen R. Weill, RdE 6, 1951, 74 ff.

Nachfolger „Mächtigster der Körperschaft", und der Horusname des Mykerinos, „Stier der Körperschaft" [12], entspricht dem „Stier (d. h. Herr) der Neunheit" in den Pyramidentexten. Man möchte vermuten, daß sich die Ablösung der „Körperschaft" durch die „Neunheit" gleichzeitig mit dem Aufstieg des Sonnengottes Re vollzogen hat und daß beide Korporationen von Hause aus die unbestimmte Vielzahl *aller* Götter meinen, so wie „die gesamte Neunheit" noch später „die Götter insgesamt" meinen kann.[13]

In der Neunheit begegnet das Zahlenschema dem genealogischen Ordnungsprinzip. Aus dem Urwesen Atum (oben S. 56) geht durch Selbstbegattung das erste geschlechtlich differenzierte Götterpaar hervor – Schu und Tefnut, aus ihnen als nächste Göttergeneration Geb und Nut, und aus dieser Vereinigung von Erdgott und Himmelsgöttin entspringen schließlich die Geschwister Osiris, Seth, Isis und Nephthys, welche die Neunzahl vollmachen.

Dies ist die normale Zusammensetzung der Neunheit, die aber nicht kanonisch und vielleicht nicht einmal ursprünglich ist (siehe oben). Seit dem Anfang des Neuen Reiches wird Seth häufig aus der Neunheit verbannt und durch Horus ersetzt, für Atum können andere Erscheinungsformen des Sonnengottes eintreten [14], und im ›Amduat‹ begegnet sogar eine „männliche Neunheit", in der die vier Göttinnen durch vier Götter ersetzt sind [15].

Auch die Neunzahl von Gottheiten in der „Neunheit" ist nicht kanonisch festgelegt, obgleich man ihr zuliebe die genealogische Kette mit Osiris/Isis abbricht und ihren Sohn Horus oder die vier „Horuskinder" nicht mehr einbezieht. Die späteren Neunheiten, die nach dem Vorbild der „großen" Neunheit von Heliopolis im ganzen Land gebildet werden,[16] haben gelegentlich nur sieben (in Abydos), gelegentlich aber 15 Mitglieder (in Theben). Entscheidend

[12] É. Drioton, ASAE 45, 1947, 53 f.

[13] Etwa Korostovtsev, BIFAO 45, 1947, 157 Zeile 4 (Inschrift Ramses' IV. in Abydos).

[14] Ein frühes Beispiel für beide Änderungen: Amduat II 94 f.

[15] Ibid. 122 f.

[16] Eine Übersicht gab Bonnet, Reallexikon 523 f., dazu noch eine Neunheit des Harsaphes in Herakleopolis (Spätzeit: J. Vercoutter, BIFAO 49, 1950, 90).

war offensichtlich der symbolische Gehalt der Zahl Neun. Aus dem Dualitäts-Prinzip des ägyptischen Denkens (unten S. 237) erwuchs schon früh die eigenartige Vorstellung von den „Beiden Neunheiten", die gern als „große" und „kleine" Neunheit unterschieden werden und gegenüber der „einfachen" Neunheit eine nochmals gesteigerte Totalität bedeuten.

Was alle diese numerischen Prinzipien, ob sie auf der Dreizahl oder auf der Zweizahl aufbauen, erstreben, ist eine Ordnung des Pantheons, die für den Ägypter immer eine differenzierte, pluralistische Ordnung gewesen ist. Man verkürzt die unübersehbare Vielheit auf eine überschaubare Zahl, ohne das Prinzip der Vielheit aufzugeben und ohne irgendeine Gottheit aus dem Pantheon auszuschließen. Nur unter Echnaton ist der Versuch gemacht worden, die Vielheit der Göttergestalten auf weniger als drei – und „drei" steht ja für „viel"! – zurückzuführen.

Lokales Ordnungssystem

Nach diesem Prinzip erhält jede Gottheit eine feste kultische Heimat, und aus der Rangordnung der Kultorte folgt mehr oder weniger automatisch eine Rangordnung ihrer Gottheiten, an deren Spitze dann der Hauptgott der Hauptstadt, also z. B. in der 18. Dynastie der in der Residenz Theben verehrte höchste Gott Amun als „Reichsgott" steht. Gerade dieser Gott, der sein Wesen – für ägyptische Begriffe – zu der größtmöglichen Universalität und Transzendenz weitet, zeigt eine besonders enge Bindung an „seine" Stadt Theben, die seit der späten 18. Dynastie als „Stadt des Amun" gilt.[17] Universale Geltung und lokale Bindung brauchen einander nicht auszuschließen, wie das Beispiel des Amun deutlich macht; aber sie tun es in vielen anderen Fällen, etwa bei Meresger, der Göttin der thebanischen Bergspitze[18], deren Bedeutung und

[17] Fortlebend in der alttestamentlichen und griech. Bezeichnung der Stadt, siehe Sethe, Amun (wie Anm. 9) § 1; ein weiteres Beispiel der 21. Dyn. gibt A. Piankoff, ASAE 49, 1949, 132 mit pl. II.

[18] B. Bruyère, Mert-Seger à Deir el-Médineh (1929/30) und zur

Wirken nicht über den engen Umkreis des Wüstengebirges von Theben-West hinausreichen.

Die lokale Bindung ägyptischer Gottheiten zeigt einen weiten Spielraum der Möglichkeiten, von der Fixierung an einen Punkt der Landschaft bis zu der lockeren Einordnung in eine lokale „Neunheit“ oder „Achtheit“, wie sie bei den kosmischen Gottheiten und bei den Urgöttern verwirklicht wird. Ansätze zu einer Systematik finden sich erst spät, während das kulttopographische Prinzip für die Ägypter der älteren Zeit keine wesentliche Rolle bei der Ordnung des Pantheons spielt. Mit einem Schuß Bosheit, die man nicht zu ernst nehmen darf, ließe sich sagen: konsequent und umfassend ist dieses Prinzip niemals von den Ägyptern, sondern erst von einer bestimmten Richtung der modernen Ägyptologie angewandt worden. Diese kulttopographische Schule erhielt ihre Grundlagen durch Hermann Kees[19] und entfaltet ihren Einfluß bis in neueste Veröffentlichungen hinein. Die Verdienste dieser Forschungsrichtung sind unbestreitbar; sie hat die Analyse der lokalen Kulte und das Verständnis der religiösen Landschaft Ägyptens ein gutes Stück vorangebracht und die Götter in ihrer kultischen Wirklichkeit deutlicher gemacht.

Aber mit dem *geographic atomizing*, das Henri Frankfort an dieser Methode kritisiert hat,[20] mit der Zerlegung des religiösen Lebens in kleinstmögliche geographische Einheiten, ist für die Einsicht in das Wesen der Götter nichts gewonnen. Zu nahe liegt der gefährliche Trugschluß, es komme nur darauf an, die ursprüngliche

Namensform L. Keimer, BiOr 5, 1948, 24. Im Wâdi Hammamât kann aber auch der universale Amun in einer Bergspitze verehrt werden: G. Goyon, ASAE 49, 1949, 357 f.!

[19] Grundsätzliches zur Aufgabenstellung der ägypt. Religionsgeschichte, Göttinger Gelehrte Anzeigen 198, 1936, 49—61; Götterglaube Kap. 2 und seine ›Kulttopographischen und mythologischen Beiträge‹ in der ZÄS. Zu Vorläufern der Methodik (Pietschmann) und ihrer frühen Kritik durch Tiele vgl. H. O. Lange in: Chantepie de la Saussaye, Lehrbuch der Religionsgeschichte (^{4}1925), I 443 f.

[20] BiOr 10, 1953, 159 und 220 f. Zur Kritik an der politischen Deutung, mit der die Methode gern gearbeitet hat, vgl. H. Brunner, MDIK 16, 1958, 12 f.

Kultheimat eines Gottes zu ermitteln, um seine Herkunft und seine geschichtliche Bedeutung erklären zu können. Wie unfruchtbar ist alles Fragen nach der ursprünglichen Lokalisierung von Horus oder Osiris geblieben! Aber die Frage nach der „kultischen Heimat“ oder dem „ursprünglichen Wesen“ einer Gottheit will nicht verstummen, zu tief stecken wir in der Denkgewohnheit, alles auf *eine* Ursache zurückführen zu wollen. Und es scheint in seiner Einfachheit immer noch faszinierend zu sein, die Religionsgeschichte als Religionspolitik einzelner Orte und Priesterschaften zu sehen.

Die „naturhaften Ortskulte“ [21] an den Anfang der Geschichte zu setzen, mag in einigen Fällen berechtigt sein, ist aber in seiner Verallgemeinerung durch nichts zu begründen. Wo wir Götter geschichtlich auftreten sehen, da steht die komplexe Natur am Anfang ihrer Bezeugung, und dem entspricht eine komplexe Geographie ihrer Verehrung. Bei allen bedeutenden Göttern, deren „Heraufkunft“ sich im Alten Reich beobachten läßt — Re, Osiris, Ptah und Amun —, ist die Verbindung mit einem bestimmten Hauptkultort deutlich sekundär.

Bei einer Anzahl von Gottheiten sahen wir, daß ihr Kult schon zu Beginn der Geschichte über das ganze Land verbreitet ist (oben S. 60ff.). Die angeblichen „Ortsgötter“ von Elephantine, von Sais und von Bubastis treten uns zu allererst nicht als lokale, sondern als universale Gottheiten entgegen! Und so kann es weder überraschen noch befremden, daß auch Re, Osiris, Ptah und Amun von Anfang an als universale Götter erscheinen, ohne an einen einzelnen Ort oder an einen einzelnen Wesenszug gebunden zu sein. Weder ist Osiris ein anfänglicher Gott rinderzüchtender Nomaden im Ostdelta, noch ist Amun ein ursprünglicher Windgott! Die reiche und komplexe Natur der Götter will sich den allzu einfältigen Denkschemata, die wir aufstellen, nicht bequemen — in so grobmaschigen Netzen ist kein Gott zu fangen!

Daß sich der Kult eines Gottes an einem Ort ansiedelt, der eine besondere Affinität zu ihm spürt, kann eine Aussage (unter vielen!) über die Wesenszüge dieses Gottes enthalten, ist aber zunächst nur

[21] Kees, Götterglaube S. 2.

ein Schritt in seinem geschichtlichen Wandel. Der Zug der Zeit verstärkt die lokale Bindung. Im Neuen Reich und noch deutlicher in der Spätzeit spüren wir eine ausgeprägte Tendenz der Ägypter, alle Gottheiten und alle Erscheinungsformen der großen Götter mit bestimmten Kultorten fest zu verbinden; am eindrucksvollsten nimmt diese Tendenz in langen, litaneihaften Götterkatalogen Gestalt an. Aber der Götterglaube des Alten Reiches scheint anders geartet, das topographische Element tritt kaum hervor. Das liegt nicht nur an den spärlicheren Quellen, die wir für den Götterglauben der alten Zeit besitzen. Wichtige Indizien sind das Fehlen eines Residenz- oder gar Reichsgottes und die archäologisch bezeugte Abwesenheit von bedeutenden Götter-Heiligtümern, die mit den Tempeln des Mittleren oder Neuen Reiches zu vergleichen wären. Dazu kommt das Zeugnis der Inschriften, das noch genauer auszuwerten bleibt, und das Fehlen eines besonderen, lokal gebundenen Priesterstandes vor der 5. Dynastie.

Das lokale Ordnungsprinzip wirkt sich in der Religionsgeschichte Ägyptens erst relativ spät aus. Es führt im Neuen Reich zu festen Verbindungen, ja Gleichungen zwischen Göttern und Kultorten und zur recht gewaltsamen Aufteilung bestimmter Gottheiten auf die beiden Landeshälften Ober- und Unterägypten. Die Fixierung von Horus und Seth als Vertreter der beiden Landesteile hat zu endlosen Hypothesen über ihre „ursprüngliche“ Herkunft und über ihre Rolle in der Vorgeschichte Anlaß gegeben. Eine Unterscheidung zwischen einem ober- und einem unterägyptischen Upuaut ist schon für das Mittlere Reich bezeugt.[22] Im Pfortenbuch, also unter dem Einfluß der Amarnazeit, erhalten sogar die Fremdvölker der Asiaten, Libyer und Nubier, eigene (ägyptische!) Schutzgottheiten. Schließlich legt sich das lokale Ordnungssystem in der Spätzeit wie ein Netz über das ganze ägyptische Pantheon, und diese Spätphase war es ja, die der Ägyptologie zunächst in das Blickfeld trat. So ist es aus der Entwicklung zu begreifen, daß sich unser Fach in so starkem Maße von der Bedeutung der „Ortsgötter“ und des lokalen Ordnungssystems bestimmen ließ, was für die ältere Religionsgeschichte Ägyptens leicht zu falschen Schlüssen führt.

[22] K. A. Kitchen, JEA 47, 1961, 10 mit pl. II.

Da jedes lokale Ordnungssystem von der kultischen Gegenwart der Götter, von ihrer „Verfügbarkeit" auf Erden ausgehen muß, steht es in einem gewissen Gegensatz zur „Verborgenheit" der Götter, die so oft in ägyptischen Texten betont wird. Hier stellt sich, schon mehrfach gestreift, die Frage, wo der Ägypter sich seine Götter denkt.

EXKURS

Der Ort der Götter

Im Zusammenhang anderer Fragestellungen konnte unsere Untersuchung bereits zwei Feststellungen über den Ort der Götter treffen. Die Aussagen über ihre „wirkliche" Erscheinung zeigten, daß der Ägypter in seiner irdischen Wirklichkeit zahllose Bilder der Götter sieht, ihnen selbst aber nur in Ausnahmefällen auf Erden begegnet (S. 117 ff.). Beim Phänomen der Sterblichkeit von Göttern konnten wir eine Reihe von Aussagen heranziehen, die auf das Jenseits als bevorzugten Aufenthaltsort der Götter hinweisen (S. 148 ff.). Wir versuchen nun, diese Aussagen zu ergänzen und geschichtlich zu differenzieren.

Die älteste Heimat der Götter, die uns greifbar wird, ist der Himmel. Auf der Narmerpalette, zu Beginn der Geschichte, blicken die Köpfe der kuhgestaltigen Himmelsgöttin auf das irdische Geschehen herab (Abb. 9), auf dem Elfenbeinkamm des frühen Königs „Schlange" (um 2840 v. Chr.) fährt zum ersten Mal eine Gottheit in einer Barke über den Himmel – eine Szene, die in späteren Darstellungen unzählige Male wiederholt wird.

Wenn der Verstorbene des Alten Reiches, nach dem Zeugnis der Grabinschriften[23], auf den schönen Wegen der Nekropole „zu den Göttern" geht, werden wir an ein himmlisches Jenseits denken, wie es die Pyramidentexte ausführlicher schildern. Der Himmel, wo die Götter wohnen und die Gefilde der Seligen liegen, ist in diesen Sprüchen das deutliche Ziel für die Jenseitsreise des Königs.

[23] A. Mariette, Mastabas de l'Ancien Empire, 149.

Wenn die Texte des Alten Reiches von einem „Gott" auf Erden sprechen, ist wohl immer der regierende König in der Rolle des Schöpfergottes gemeint.

In der geistigen Auseinandersetzung nach dem Zusammenbruch des Alten Reiches wird die Frage nach dem Ort der Götter für den ägyptischen Menschen bewußt und aktuell, da der irdische „Gott", der König, nicht mehr Garant einer bleibenden Ordnung ist. „Wüßte ich, wo ein Gott ist, dann würde ich ihm dienen", heißt es in den „Mahnworten" des Ipuwer[24] als Ausdruck eines verbreiteten Gefühls, aber verbunden mit der ausführlichen Mahnung, sich um den Kult zu kümmern – und Gott damit stärker in der irdischen Wirklichkeit zu binden. Die Auswirkungen dieser neuen Haltung erkennen wir im Mittleren Reich, dessen Könige sich intensiver als ihre Vorgänger um den Götterkult kümmern. Damit sind erste Voraussetzungen für die Betonung der kultischen Heimat und die Anwendung eines lokalen Ordnungssystems gegeben.

In den Sargtexten des Mittleren Reiches tritt neben das himmlische Jenseits ein unterweltliches, das die Unterweltsbücher des Neuen Reiches dann in aller Ausführlichkeit beschreiben. Die Zweiheit Himmel/Unterwelt für das Jenseits, nunmehr auch für die Götterheimat, spiegelt sich in zahllosen Redewendungen des Neuen Reiches. Im Amunhymnus von Kairo (1, 4) ist der Sonnengott „der Größte des Himmels, der Älteste der Erde", ähnlich im Grab des Chaemhât aus der Zeit Amenophis' III. „Ältester von Himmel und Erde"[25]. Daß „Erde" hier die Unterwelt meint, wird aus weiteren Aussagen deutlich genug. Amun-Re ist nach einem anderen Hymnus[26] „reich an Erscheinungsformen im Himmel und in der Erde", und im Tempel Ramses' III. in Medinet Habu werden „die Götter, die im Himmel sind" und „die Götter, die in der Erde sind" nebeneinander verehrt[27]. Durch die verwendete Präposition unterscheidet

[24] A. H. Gardiner, The Admonitions of an Egyptian Sage (1909), S. 41 f.

[25] J. Zandee, JEOL 16, 1964, 56.

[26] Bakir, ASAE 42, 1943, 86 mit pl. IV Zeile 3.

[27] W. Westendorf, Das Alte Ägypten (Kunst im Bild, 1968), S. 193 (die Übersetzung ist dort entsprechend zu berichtigen).

der Ägypter stets sorgfältig zwischen Wesen, die *auf* Erden, und solchen, die *in* der Erde sind, d. h. in der Unterwelt.

Eine genauere Systematik der göttlichen Gegenwart zeigt der Leidener Amunhymnus (IV 16 f.) aus der Zeit unmittelbar nach Echnaton. Danach befindet sich der Ba des Schöpfergottes im Himmel, sein Leib in der Unterwelt und sein Abbild[28] auf Erden. So ist die Gottheit in der ganzen geordneten Schöpfungswelt anwesend gedacht, aber in jeweils verschiedener Art und Gestalt. Der bevorzugte Wohnsitz ist immer noch, wie im Alten Reich, der Himmel; daher bezeichnet man bestimmte Grenzbereiche der irdischen Welt, die dem Himmel besonders nahe sind, als „Gottesland"[29]. Als sekundärer, vorübergehender Aufenthalt dient die Unterwelt, wo sich Ba und Leib allnächtlich vereinigen. Auf Erden aber wohnen die Götter nur im Bilde – im König als Gottesbild, im Kultbild der Tempel, in den heiligen Tieren, Pflanzen und Gegenständen.

Aber das Bild ist für den Ägypter ja nicht „nur" ein Bild, sondern Wirklichkeit und leibhaftige Gegenwart. Der Tempel ist ein „Himmel" auf Erden, der das wirkende Bild der Gottheit enthält und ihr selbst als Wohnsitz dienen kann. Wenn der Priester am Morgen die verschlossenen Schreintüren öffnet, macht er damit die „Türflügel des Himmels" auf und erblickt das Abbild Gottes im irdischen „Himmel".[30] Die Mahnung zum regelmäßigen Kult, wie sie bei Ipuwer erklingt, ist zugleich Verheißung der göttlichen Gegenwart, wie sie die Lehre für Merikarê (auch sie aus der Übergangszeit zwischen Altem und Mittlerem Reich!) noch eindringlicher formuliert (Zeile 134 f.): „Er (der Schöpfer) hat sich eine Kapelle hinter ihnen (den Menschen) errichtet. Wenn sie weinen, so hört er es." Dort, in seinem irdischen Schrein, ist der Gott jederzeit erreichbar und ansprechbar, mag sein eigentlicher Ort auch im fernen Himmel sein. Daher ist auch dies ein Zweck des Götterkultes, und

[28] Dieses Wort *ḫntj* wird im Neuen Reich gern vom König als „Bild" des Sonnengottes gebraucht, siehe O. Loretz, Die Gottebenbildlichkeit des Menschen (1967), S. 134 f. Im Tempel von Soleb ist die göttlich verehrte Statue des Königs das „lebende *ḫntj* auf Erden": L. Habachi, Features of the Deification of Ramesses II (ADIK 5, 1969), S. 48 Fig. 32.

[29] Hinweis von J. Assmann.

[30] Assmann, Liturg. Lieder S. 260 f. mit Anm. 59.

nicht der geringste: die Erde den Göttern wohnlich zu machen, den Tempel als würdigen Wohnsitz des Götterbildes und Abbild des Himmels auszugestalten, das Kultbild so zu pflegen, daß es sich gern unter den Menschen aufhält.

Erwähnen wir noch, daß der Ägypter die Vorstellung wohl kennt, der Mensch könne eine Gottheit in sein Herz aufnehmen und ihr dort, in seinem Innern, eine Wohnstatt bereiten.[31] Seit dem Neuen Reich spricht er gelegentlich von einem „Gott, der im Menschen ist“, aber diese Vorstellung vom „Gott im Menschen“, wie sie vor allem H. Bonnet herausgearbeitet hat[32], vereinigt Vorstellungen von zu verschiedenartiger Herkunft, um ohne eine umfangreiche Spezialuntersuchung für unser Thema etwas herzugeben.

„Er ist in unserem Angesicht, aber wir kennen seinen Leib nicht“, heißt es von Aton im Grab des Aja in Amarna.[33] Der Gott Echnatons folgt darin den Göttern der älteren Zeit; trotz seiner Offenbarung in der Sonnenscheibe ist er nicht jedermann sichtbar. Die Erde ist das Feld seines Wirkens, er selbst aber ist verborgen im himmlischen Jenseits und bedarf eines Mittlers, um mit den Menschen in Verbindung zu treten, da er auf Erden keine Kultbilder hat.

Erst Jahrhunderte nach der Amarnazeit verzichtet die ägyptische Religion auf die genaue Unterscheidung zwischen Göttern im Himmel und in der Unterwelt und Bildern der Götter auf Erden. Die unterschiedslose Formel von den „Göttern und Göttinnen von Himmel, Erde und Unterwelt“ ist mir zum ersten Mal aus der 21. Dynastie bekannt[34], begegnet in der 22. Dynastie auf dem Armreif der Königin Karomama (um 850 v. Chr.)[35] und bleibt dann bis in die griechisch-römische Zeit Ägyptens mit verschiedenen Varianten in Gebrauch[36]. Unter dem Primat der kultischen Ver-

[31] É. Drioton, ASAE 44, 1944, 20 *(dj.sw m jb.f)*.

[32] Scritti in onore di Rosellini, S. 237—252, eine Zusammenfassung Reallexikon S. 225—228.

[33] Sandman, Texts from the Time of Akhenaten 89, 14 f.

[34] Edwards, Hieratic Papyri in the Brit. Museum IV, S. 104.

[35] P. Montet, Kêmi 9, 1942, 40 Fig. 28.

[36] H. Junker und E. Winter, Das Geburtshaus des Tempels der Isis in Philä (1965) 9, 13—15.

ehrung von sichtbaren Bildern führt die Entwicklung so zu einer starken Vereinfachung der ursprünglichen Ansichten über den Ort der Götter; jetzt ist dieser Ort mit der geordneten Welt in ihrer dreifachen Stufung von Himmel, Erde und Unterwelt identisch.

Soziales Ordnungssystem und Henotheismus

Für den Ägypter sind nicht alle Gottheiten von gleichem Rang. Es gibt „große“ *(wrw)* und „kleine“ *(nḏsw)* Götter, und Ramses IV. (ca. 1153–1146 v. Chr.) betont ausdrücklich, daß er mehr nach den großen Göttern „geforscht“ habe, als nach den kleinen.[37] Dagegen warnt das demotische Weisheitsbuch davor, eine kleine Gottheit zu verachten, da auch ihr Mächtigkeit innewohnt.[38]

Beides sind relativ junge Zeugnisse, und wir müssen zunächst nach Bezeugungen einer göttlichen Rangordnung in der älteren Zeit fragen. Der Titel eines „Götterkönigs“ *(njswt-nṯrw)* ist erstmals und vereinzelt in den Ritualsprüchen der Pyramide des Königs Phiops I. (um 2292–2260) belegt;[39] er wird dort dem Gott Horus beigelegt, der in den Pyramidentexten längst nicht mehr die beherrschende Stellung einnimmt, die man vielleicht für die Anfangszeit des ägyptischen Pantheons voraussetzen darf. Charakteristisch wird der Königstitel dann für Amun, der ja dem Mittleren und Neuen Reich als höchster Gott gilt, bis er zu Beginn der Spätzeit durch Osiris in den Hintergrund gedrängt wird. Seit der Regierungszeit Sesostris' I. (1971–1926 v. Chr.) trägt Amun kontinuierlich die Titel eines „Götterkönigs“ bzw. eines „Königs der Beiden Länder“[40]; seit dem Neuen Reich ist Amun-Re-König-der-

[37] Korostovtsev, BIFAO 45, 1947, 157 Zeile 3.

[38] Pap. Insinger 24, 6. Zu den wirklich „kleinen“ Gottheiten, die statt der Tempel nur häusliche Schreine besitzen, vgl. etwa J. Černý, Ancient Egyptian Religion S. 71.

[39] Pyr 1458 e, mit einer Parallele aus der Pyramide seines Nachfolgers Merenrê.

[40] P. Lacau-H. Chevrier, Une chapelle de Sésostris Ier à Karnak (1956), S. 168 Nr. 15.

Götter (griechisch Amonrasonther) eine gebräuchliche Bezeichnung des höchsten Gottes.

Königliche Würden sind aber nicht auf Amun beschränkt. Neben ihn tritt früh eine Reihe weiterer Gottheiten mit den gleichen Titeln eines „Götterkönigs" oder „Königs der Beiden Länder". Der Sonnengott Re wird schon in den Pyramidentexten als jenseitiger König geschildert, ohne daß er geradezu den Königstitel trägt. An der Spitze seines Hofstaates steht der Mondgott Thot als „Wesir", seit dem Neuen Reich gern auch als „Stellvertreter" des Re; der Verstorbene möchte sich als „Schreiber" in den Beamtenstab des Sonnengottes einreihen. Hier spiegelt sich die Form des irdischen Königtums im Jenseits unter den Göttern, wie das ägyptische Jenseits ja in vielen Einzelzügen als eine Fortführung irdischer Zustände und Gegebenheiten gesehen wird.

Die Königsherrschaft von Göttern wird spätestens im Neuen Reich in die Geschichte projiziert. Während der Palermostein vor die Geschichte des Doppelreiches von der 1. bis zur 5. Dynastie, die in Annalen-Notizen festgehalten ist, die Herrschaft von unter-, und wahrscheinlich auch oberägyptischen Teilkönigen setzt, rechnet der Turiner Königspapyrus in der 19. Dynastie mit der anfänglichen Herrschaft von Göttern auf Erden, bevor mit dem Reichsgründer Menes die geschichtliche Zeit beginnt (vgl. S. 147); dieses Schema übernehmen ein Jahrtausend später die griechischen Historiker Ägyptens, voran Manetho.

An der Spitze dieser göttlichen Königsliste stehen Ptah, Re und Schu, dann folgen Geb, Osiris, Seth und Horus, schließlich Thot, Maat und eine weitere Erscheinungsform des Horus; insgesamt sind es zehn „große" Götter, nach denen eine Dynastie von „Halbgöttern" (Ach-Geistern) zu den geschichtlichen Dynastien überleitet. Im Rückblick der Ramessidenzeit ist das irdische Königtum des Sonnengottes eine „vollkommene Zeit", deren Wiederkehr man vom Regierungsantritt eines neuen Königs erhofft.[41] Als „Götterkönig" wird der Name des Sonnengottes bereits im Kairoer Amunhymnus der 18. Dynastie (2, 2) in einen Königsring („Kar-

[41] Vgl. etwa L. A. Christophe, BIFAO 48, 1948, 8 (Inschrift Ramses' IV. im Wâdi Hammamât).

tusche") eingeschlossen – eine erste Vorstufe zu der ausgefeilten Königstitulatur, die Echnaton in der Amarnazeit seinem Gott Aton beilegt.

Spätere Texte malen die Königsherrschaft des Sonnengottes noch irdischer aus und sehen in ihm einen König über den Königen. Ein Berliner Sonnenhymnus fordert ihn auf, König Ramses IX. zu beschützen, „wie du die Götter schützst, die in diesem Land entstanden sind – (denn) du bist ihr König, deine Herrschaft ist in allen Landen, indem du der König der Beiden Länder (Ober- und Unterägypten!) bist"[42]. Ptolemäische Tempeltexte schildern ausführlich die Königsherrschaft Gottes über das „Seiende"[43] und steigern den Königstitel bis zur Bezeichnung „König, der die Könige regiert"[44].

Die keineswegs systematisch gesammelten Belege, die ich mir für den Königstitel bei anderen Gottheiten notiert habe, betreffen zumeist diejenigen Götter, die nach dem Turiner Königspapyrus tatsächlich auf Erden regiert haben. Das gilt für Ptah[45] und Horus[46], vor allem aber für Osiris, der vom Mittleren Reich bis in die ptolemäische Zeit als „Götterkönig" verehrt wird[47] und als Totenherrscher neben dem häufigen Titel „Herrscher der Lebenden" gelegentlich auch den eines „Königs der Lebenden" trägt[48], denn die seligen Verstorbenen gelten dem Ägypter ja als „Lebende". Er ist der erste Gott, dessen Name, schon am Ende des Mittleren Reiches[49], in eine Königskartusche eingeschlossen wird.

[42] Assmann, Liturg. Lieder S. 240 Anm. 65 nach Pap. Berlin 3048 (hier mit kleinen Änderungen).

[43] É. Drioton, ASAE 44, 1944, 122 (Amonrasonther in Karnak). Vgl. zum Königtum des Amun noch G. Posener, ZÄS 93, 1966, 119.

[44] Horus von Edfu: M. Alliot, RdE 5, 1946, 103 mit Anm. 4, daneben als „Herrscher vor den Herrschern"!

[45] M. Sandman Holmberg, The God Ptah (1946), S. 77 und 105, dazu E. Hornung, Das Grab des Haremhab im Tal der Könige (1970), Taf. 16 b.

[46] Harsiêse: R. Hari, Horemheb (1965), pl. LIX Zeile 19 ff., zugleich als „Größter Gott".

[47] Selim Hassan, Hymnes du Moyen Empire S. 106 f.; K. A. Kitchen, Or 29, 1960, 81–83.

[48] Belege bei Assmann, Liturg. Lieder S. 240 mit Anm. 61 f.

[49] Hieroglyphic Text ... Brit. Museum III, pl. 28 No. 1367 *(Wnn-nfrw)*.

Mit Harsaphes, dem widdergestaltigen Hauptgott von Herakleopolis im nördlichen Mittelägypten, tritt dagegen ein Gott als „König der Beiden Länder" auf[50], der nicht zu den zehn Gottheiten gehört, die anfangs auf Erden regiert haben. Wieder läßt sich die Tendenz greifen, bestimmte Titel und Beinamen des höchsten Gottes auf Gottheiten relativ geringerer Bedeutung auszuweiten[51]. Die Zahl solcher Gottheiten wird noch größer, wenn wir außer dem eigentlichen Königstitel Beinamen berücksichtigen, die den Gott auf andere Weise als den höchsten, den „Herrn" der anderen und damit als Spitze des sozialen Ordnungssystems kennzeichnen.

Eindrucksvoll schildert der schon erwähnte Kairoer Amunhymnus aus der 18. Dynastie die Spitzenstellung des Götterkönigs Amunrê: „Die Götter schmiegen sich wie Hunde an seine Füße, wenn sie ihn als ihren Herrn erkennen" (2, 5 f.), aber als „Herr" und als „Oberhaupt aller Götter"[52] steht Amun keineswegs allein. Auch Onuris gilt als „Herr der Götter"[53], und selbst die Löwin Pachet, die man in der Gegend von Beni Hassan als gefährliche wie hilfreiche Lokalgottheit verehrt, erhält auf einem Skarabäus der Sammlung Groppi den Titel „Oberste aller Götter"[54]; diese Erhöhung mag mit der Bedeutung zusammenhängen, die Pachet seit den Sargtexten im Totenglauben und später am Königshof der 18. und 19. Dynastie gewonnen hat[55].

Die Herrschaft einer Gottheit über die gesamte Schöpfung wird am universalsten durch den Titel *nb-r-ḏr* charakterisiert, den man als „Allherr" übersetzt. Dieser Titel bildet sich in der Ersten Zwischenzeit heraus und ist in den Sargtexten eine gebräuchliche

[50] H. Kees in: Bonnet, Reallexikon S. 249 f.; P. Kaplony, MIO 11, 1966, 152 Anm. 80.

[51] Weitere Beispiele (für Onuris, Upuaut, und Min) gibt Kees a. a. O. S. 247–251; er sieht darin jedoch politische Rivalitäten, die er bei Upuaut bis zum Beginn der Geschichte zurückdatiert.

[52] Kairoer Amunhymnus 1, 1 und 1, 5 f. Als „Herr der Herren" erscheint er Urk. IV 1898.

[53] J. J. Clère, JEA 54, 1968, 137 E.

[54] É. Drioton, ASAE 44, 1944, 29 f.

[55] Amduat II 68 f., dazu noch CT V 388 i und 399 a.

Bezeichnung für den Sonnengott als Höchstes Wesen[56]. In der Lehre König Amenemhâts I. wird der „Allherr"-Titel auch dem neuen König Sesostris I. beigelegt, hat aber im übrigen innerhalb des ägyptischen Pantheons keine so weite Verbreitung gefunden wie der Königstitel.

E. Otto erblickt „in der Tendenz dieser Benennungen ... zweifellos einen Ansatz zu einem monotheistischen Denken"[57], und die Tendenz zielt in der Tat darauf, einen Gott zum König der übrigen und zum Herrn der gesamten Welt zu machen; aber zumindest seit den Untersuchungen von Pettazzoni wissen wir, daß der Glaube an ein Höchstes Wesen und an einen Götterkönig – wie ihn ja auch die Griechen in Zeus verehrt haben – keine Entwicklungsstufe zwischen Polytheismus und Monotheismus darstellt.

Hinzu kommt, daß die Übersetzung „Allherr" ähnlich irreführend ist wie die Übersetzung „Ewigkeit" und leicht dazu führt, die ägyptische Gottesvorstellung zu verfälschen. Kein „Herr des Alls" ist gemeint, sondern ganz wörtlich ein „Herr-bis-ans-Ende", also bis an das räumliche wie zeitliche Ende der geschaffenen Welt; dort hat, wie wir gesehen haben, auch die Macht des höchsten Gottes ein Ende (oben S. 162f.), und so darf dieser Titel nicht als Beleg für eine wirkliche Transzendenz des Gottes gedeutet werden.

Innerhalb des sozialen Ordnungssystems hat der Ägypter spätestens gegen Ende des Alten Reiches die Vorstellung eines Höchsten Wesens ausgebildet, das „König" und „Herr" über alles Geschaffene ist, dazu Schöpfer und Erhalter von „allem Seienden". Die Eigenschaften dieses Höchsten Wesens aber haften in Ägypten nicht allezeit an einer bestimmten Gottheit, sondern können von Fall zu Fall jeder beliebigen Gottheit, sogar relativ unbedeutenden Ortsgöttern, beigelegt werden. Schöpfer- und Herrschereigenschaften weisen in unseren Quellen vornehmlich der Sonnengott Re und die synkretistisch mit ihm verbundenen Götter auf, aber das ist eine Konstellation, die sich erst im Laufe der geschichtlichen

[56] Belege für Atum und Re gibt J. C. Goyon, Le papyrus du Louvre N. 3279 (1966), S. 57 Anm. 6.

[57] Saeculum 14, 1963, 274. Vgl. auch seinen Aufsatz ›Monotheistische Tendenzen in der ägypt. Religion‹, Welt des Orients 2, 1955, 99—110.

Zeit herausgebildet hat und sich im Laufe der Spätzeit wieder auflöst, also nur während des Mittleren und Neuen Reiches wirklich im Vordergrund gestanden hat.

Jederzeit kann der ägyptische Gläubige auf eine andere Gottheit, die für ihn den kultisch maßgebenden Gott seines Heimatortes oder eines gerade aktuellen Weltbereiches verkörpert, alle höchsten Attribute göttlicher Macht häufen, auch ohne ihn synkretistisch mit Re oder Amun zu verbinden. In Hermopolis nennt der Verfasser eines königlichen Denksteines im Thot-Tempel diesen Gott im gleichen Atemzug „Sohn des Re", also dem Sonnengott untergeordnet, und „Oberhaupt der Götter", allen übergeordnet als Höchstes Wesen.[58] Osiris wird im Theben des Neuen Reiches, also in der Hochburg des Amunrê, und dazu noch im Grab eines Hohenpriesters des Amun, als höchster König angerufen: „Einzigartiger König, den es (so) nie wieder geben wird, König der Könige ..." [59] Hier wird jede „religionspolitische" Erklärung ad absurdum geführt, und es bedarf offenbar einer anderen Ebene, um zu einem Verständnis des Phänomens zu gelangen.

Aus der Götterfülle seines Pantheons hebt der Ägypter im Akt der Verehrung, sei es in Gebet, hymnischem Lobpreis oder ethischer Bindung und Verpflichtung, *einen* Gott heraus, der ihm in diesem Augenblick *alles* bedeutet; die begrenzte und doch ungeheuere Macht und Größe Gottes sammelt sich im Brennpunkt dieser angerufenen Gottheit, neben der alle anderen Götter wesenlos versinken, ja bisweilen bewußt abgewertet werden. „Götter sind es, die einen König machen, und Menschen sind es, die einen König machen — aber Amun ist es, der mich gemacht hat", sagt der Äthiopenkönig Pianchi (um 750—712 v. Chr.) auf einem Denkstein vom Gebel Barkal[60]. Der angerufene Gott steht über den Göttern, er ist mehr als sie.

[58] G. Roeder, ASAE 52, 1954, 380 (30. Dyn.).

[59] J. Zandee, An Ancient Egyptian Crossword Puzzle (1966), S. 3 Zeile 2 f.

[60] G. A. Reisner, ZÄS 66, 1931, 90 Zeile 22 f. Eine typisch henotheistische Beschreibung des Amun aus dem Neuen Reich zitiert Zandee a. a. O. S. 66 aus einem unveröffentlichten Leidener Papyrus.

Für dieses religiöse Phänomen, das innerhalb der Religionsgeschichte nicht auf Ägypten beschränkt geblieben ist, hat Schelling die Bezeichnung *Henotheismus* geprägt, und W. Max Müller ist der Erscheinung vor allem in den Religionen Ägyptens und Indiens nachgegangen. In seinen Vorlesungen über Ursprung und Entwicklung der Religion sagt er[61]:

Dem Gemüte des Betenden erscheint jeder Gott ebenso gut als alle anderen. Er wird in dieser Zeit als wahre Gottheit, als höchstes und absolutes Wesen gedacht, trotz der Beschränkungen, die notwendiger Weise eine Mehrzahl von Göttern jedem einzelnen Gotte auferlegen muß. Die übrigen entschwinden alle dem Betenden, und nur der, welcher seine Wünsche erfüllen soll, steht in vollem Lichte vor seinen Augen.

Von Schelling und Müller haben Le Page Renouf, V. von Strauß und Torney[62], Wiedemann[63] und viele andere die Prägung „Henotheismus" übernommen und auf diese eigentümliche Verehrung des jeweils einen, aber nicht einzigen Gottes angewandt. Auch die von S. Morenz und E. Winter vorgeschlagene Prägung „Monolatrie"[64], die für vorderasiatische Gottesvorstellungen schon länger in Gebrauch ist[65], würde das Wesen dieser heute noch im Hinduismus lebendigen Einstellung zum Göttlichen gut treffen.

EXKURS

Die logische Frage

Wie immer wir die Hervorhebung des Einen unter den Vielen bezeichnen mögen, sie führt uns tief in die Problematik logischen Denkens. Nach den Prinzipien abendländischer Logik wäre es ein

[61] Hier nach der Übersetzung bei Le Page Renouf, Vorlesungen über Ursprung und Entwickelung der Religion (1882), S. 203. Le Page Renouf widmet dem ägyptischen Henotheismus ein ganzes Kapitel.

[62] Der altägypt. Götterglaube, vor allem Bd. II (1891), S. 88—91.

[63] Die Religion der alten Ägypter (1890), S. 8.

[64] Morenz, Religion S. 157; E. Winter in: F. König, Religionswiss. Wörterbuch (1956) Sp. 173 (für Echnaton).

[65] B. Meissner, Babylonien und Assyrien II (1925), S. 48; H. Schmökel, Kulturgeschichte des Alten Orients (1961), S. 274 und 296 f.

undenkbarer Widerspruch, daß Göttliches dem Gläubigen als Eines, nahezu Absolutes und dann wieder als eine uns verwirrende Vielfalt erscheint; es überrascht, daß sich beide so grundlegend verschiedenen Formen im Denken des Ägypters offenbar nicht ausgeschlossen haben, sondern gegenseitig ergänzen. Hat der Ägypter hier falsch, unscharf oder einfach anders gedacht?

Auf die Frage nach dem ägyptischen Denken, die hier notwendig auftritt, sind die verschiedensten Antworten formuliert worden. Seit jeher hat man den Ägyptern ein „unlogisches" oder allenfalls „prälogisches" Denken unterstellt und damit die auftretenden Widersprüche als Unvollkommenheiten der Denkstruktur beiseite geschoben. Kennzeichnend für viele ähnliche Urteile ist, was Édouard Naville 1906 über die ägyptischen Seelenvorstellungen anmerkt[66]:

> Toutes ces doctrines sont très vagues, mal définies; il y a là, comme dans tout ce qui tient aux idées des Égyptiens, un manque absolu de système et de logique.

In schroffem Gegensatz dazu weist Rudolf Anthes auf „die nicht wegzuleugnende Rolle" hin, „die vernünftiges Denken und Handeln im öffentlichen und privaten Leben Ägyptens gespielt hat".[67] Er möchte dieses „vernünftige", am zeitlosen „gesunden Menschenverstand" orientierte Denken auch in der ägyptischen Religion und Mythologie wiederfinden und lehnt die Annahme eines andersgearteten „mythenbildenden" *(mythopoeic)* Denkens, wie es Henri Frankfort gekennzeichnet hat, ab. Den gleichen Standpunkt und die gleiche Kritik an Frankfort hatte bereits

[66] La religion des anciens Égyptiens, S. 54 f. Vgl. im übrigen zum „prälogischen" Denken der „Primitiven" vor allem die Schriften von Lévy-Bruhl.

[67] MDOG 96, 1965, 8. Zu seinem Standpunkt vgl. allgemein den dortigen Aufsatz ›Mythologie und der gesunde Menschenverstand in Ägypten‹ und vorher schon ders., Affinity and Difference between Egyptian and Greek Sculpture and Thought in the Seventh and Sixth Centuries B. C., Proceedings of the American Philos. Society 107, 1963, 60—81.

Hermann Junker in seiner letzten großen Arbeit vertreten,[68] mußte aber „die vernunftwidrige Magie" einer „eigenen Gedankenwelt der Zauberer" zuweisen und die sonstigen Widersprüche aus dem Symbolcharakter der Mythen erklären.

Hier zeigt sich sicher kein gangbarer Ausweg aus den altbekannten Schwierigkeiten. Junker und Anthes sind aber in einer Hinsicht ohne Zweifel im Recht: im täglichen Leben folgen wir, genau wie die alten Ägypter lange vor uns, gewissen Impulsen des Denkens und Handelns, die alles andere als formal-logisch sind. Oft genug handeln wir nach der Maxime, „das eine zu tun und das andere nicht zu lassen", wehren wir uns dagegen, Entscheidungen der logischen Ja/Nein-Alternative zu unterwerfen. Und was wäre die Politik ohne die Kunst des Kompromisses, der jeder formalen Logik widerstrebenden „Jein"-Entscheidungen?

Auch die Ethik entzieht sich zu allen Zeiten einem logisch einwandfreien System. Die Maximen der ägyptischen Weisheitslehrer verraten den von Anthes beschworenen „gesunden Menschenverstand", der Probleme pragmatisch und nicht auf Grund eines logisch widerspruchsfreien Systems löst. Darauf beruht die zeitlose Aktualität und Gültigkeit dieser Maximen, denn die Probleme des Mit- und Gegeneinanders im menschlichen Zusammenleben sind weitgehend die gleichen geblieben.

Ganz anders aber steht es um das formale, bestimmten Kalkülen unterworfene Denken in Theologie, Philosophie und Naturwissenschaft. Hier lassen sich die Probleme nicht mit dem „gesunden Menschenverstand" lösen, auch im alten Ägypten nicht. Die in hohem Maße systematische Theologie des ägyptischen Neuen Reiches ist ein formales Gedankengebäude, das zu seiner Untersuchung strenger, formalisierter Kriterien bedarf, wie sie in einem allzu unscharfen „Vernunft"-Begriff nicht zu finden sind.

Jede Anwendung der zweiwertigen, auf Ja/Nein-Entscheidungen und auf dem Satz vom ausgeschlossenen Dritten beruhenden Logik führt im philosophischen und theologischen Denken der Ägypter sogleich zu unlösbaren Widersprüchen. Das ist eine Tatsache, an der wir nicht vorbeigehen können, da hilft uns auch kein „gesunder

[68] Geisteshaltung S. 12 ff.

Menschenverstand". Wir müssen uns zwischen zwei Alternativen entscheiden. Entweder setzen wir logisches Denken mit zweiwertiger Logik gleich, dann ist ägyptisches Denken unleugbar „unlogisch" oder „prälogisch"; oder wir geben die Möglichkeit einer andersgearteten, aber in sich widerspruchsfreien Logik zu, die dann nur eine mehrwertige sein kann.

In dieser Entscheidung ist der Ägyptologe überfordert. Er kann an seinem Material nur feststellen, daß sich die Ägypter redlich um Systematik bemüht haben, daß sie gewiß nicht unbeschwert „drauflos" dachten; er spürt auch, daß ihrem Denksystem eine eigene „Stimmigkeit" innewohnt, die uns oft gefühlsmäßig überzeugt, ohne daß wir sie mit unseren Kriterien widerspruchsfrei analysieren und formal bestimmen können. Neuere Versuche, die besondere Eigenart dieses Denkens herauszuarbeiten und einen kennzeichnenden Begriff dafür zu finden, zielen zu stark auf eine allgemeine „Geisteshaltung" der Ägypter und zu wenig auf die formale Seite ihres Denkens. Eine „aspektivische" Form des Denkens[69] sagt über dessen logische Struktur nichts aus, eine Kennzeichnung als „undifferenziert"[70] führt uns auf eine falsche Fährte, denn ägyptisches Denken zeichnet sich in vieler Hinsicht durch sorgfältiges Differenzieren aus,[71] während das als Gegenbegriff gedachte „analytische" oder „rationale" Denken einen erschreckenden Mangel an Differenzierung aufweisen kann. Die Tatsache schließlich, daß ägyptisches Denken den Mythos nicht als widersprüchlich empfindet, sondern ihn als legitime Form der Aussage benutzt, reicht nicht aus, um dieses Denken als ein „mythisches" oder „mythenbildendes" zu kennzeichnen; der Mythos ist *eine* Form der Aussage unter vielen, und er ist jedenfalls keine Denkform.

[69] E. Brunner-Traut, Die Aspektive, in: H. Schäfer, Von ägyptischer Kunst (⁴1963), S. 395—428. Damit sei nicht bestritten, daß dieser Begriff für bestimmte Strukturen in Kunst, Sprache und Weltsicht durchaus geeignet ist, aber wir sollten Schauen und Gestalten auf der einen, formales Denken auf der anderen Seite auch begrifflich trennen.

[70] J. Zandee, Het ongedifferentieerde denken der oude Egyptenaren, Leiden 1966, und ders., Mens en Kosmos 21, 1965, 74—79.

[71] Vgl. etwa, was S. 128 zum Unterschied Gott/Bild oder zur Göttlichkeit des Königs gesagt wurde!

Eine typische Denkstruktur der Ägypter ist seit langem herausgearbeitet und oft beschrieben worden: das Denken in Zweiheiten[72]. Die ägyptische Ontologie hat uns gezeigt (S. 170 f.), daß die vom Schöpfergott gesetzte Ordnung durch „zwei Dinge" und damit durch Differenzierung gekennzeichnet ist, verkörpert in der Lehre von Ägypten als den „Beiden Ländern" und in einer Fülle von weiteren Zweiheiten, die stets nur zusammen eine Ganzheit ergeben. Das größte denkbare Ganze ist „das Seiende und das Nichtseiende", und Göttliches ist ihm offensichtlich Eines und Vieles.

Die Gegensätze sind Realität, aber sie heben einander nicht auf, sondern ergänzen sich. Ein gegebenes X kann A und kann Nicht-A sein: *tertium datur*. Wie alt dieses Prinzip ist, zeigt das ägyptische Schriftsystem, dessen Zeichen seit jeher Bild und Buchstabe sein können. Wir betonen das „können", weil wir den möglichen Spezialfall, ein gegebenes X sei immer A, auch für den Ägypter nicht ausschließen wollen. 3 mal 4 ist für ihn immer 12, nie etwas anderes. Aber der Himmel ist vielerlei – Kuh, Baldachin, Wasser, Frau –, er ist die Göttin Nut und ist die Göttin Hathor, und im Synkretismus ist die Gottheit A zugleich eine andere, Nicht-A.

In seiner Amsterdamer Antrittsvorlesung hat Jan Zandee diese ägyptische Denkstruktur und ihren Widerspruch zum Satz der Identität bereits klar herausgearbeitet.[73] Er stellt sie unter den Schlüsselbegriff des „undifferenzierten" Denkens, der uns nicht zu passen scheint; aber er verwendet, in Anlehnung an John A. Wilson[74], daneben schon die Bezeichnung *komplementär*. Mit diesem Schlüsselbegriff erreichen wir zweierlei: eine schärfere Fassung der oben angedeuteten Alternative und die Einsicht, daß

[72] Zuerst wohl bei H. Schneider, Kultur und Denken der alten Ägypter (1907), dann ausführlich G. van der Leeuw, Godsvoorstellingen S. 137 f. (bereits unter Ablehnung einer politisch-geographischen Erklärung!), und E. Otto, Die Lehre von den beiden Ländern Ägyptens in der ägypt. Religionsgeschichte, in: Studia Aegyptiaca I (= Analecta Orientalia 17, 1938), S. 10–35.

[73] Vgl. Anm. 70. Die Bezeichnung komplementär wird dort S. 14 ff. eingeführt.

[74] Bei H. Frankfort u. a., Before Philosophy (Pelican Books, 1949), S. 54.

wir uns mit unserem speziellen Problem nicht in die Grenzen unseres Faches einschließen dürfen, wenn wir eine Lösung erstreben.

Denn der Begriff der Komplementarität spielt seit langem eine bedeutsame Rolle in der Diskussion um eine Erweiterung der „klassischen" Logik. Niels Bohr hat ihn 1927 in die Physik eingeführt, um das zwielichtige Verhalten der Energiequanten in den Griff zu bekommen, um das Nebeneinander von Ort und Impuls, von Welle und Teilchen zu erklären, was mit Kalkülen der herkömmlichen Logik nicht möglich scheint. Die Diskussion um Möglichkeiten und Grenzen einer „Quantenlogik" oder „Komplementaritätslogik" ist offen und kann bei ihrem Umfang und ihrer Problematik hier nicht referiert werden.[75]

Für uns ist zunächst wichtig, um diese Diskussion zu wissen und sie weiter zu verfolgen – ohnehin kann es auch dem Ägyptologen nicht schaden, sich mit Fragen und Begriffen der modernen Naturwissenschaft vertraut zu machen! In aller fortschreitenden Spezialisierung ist es tröstlich zu sehen, wie die Einheit der Wissenschaft in Grundfragen immer neu hervortritt. Gerade heute, da die zweiwertige Logik der Ja/Nein-Entscheidungen in der Datenverarbeitung Triumphe feiert, werden auch die Grenzen ihrer Anwendbarkeit allerorten sichtbar. Dem Beobachter scheint es, als sei die herkömmliche formale Logik, ähnlich wie die „klassische" Mechanik, nur in einem mittleren Bereich sinnvoll und gültig, während sich im sehr Großen und im sehr Kleinen die Perspektiven verzerren, neue Denkstrukturen nötig werden.

Solange die gedankliche Begründung einer mehrwertigen Logik fraglich bleibt, können wir nur Perspektiven aufzeigen, aber keine gültigen Lösungen. Scheitert die Begründung, dann bleibt ägyptisches Denken, „vorgriechisches" Denken überhaupt, weiterhin der logischen Willkür oder Verschwommenheit ausgesetzt. Gelingt sie, dann können wir den Einen und die Vielen als komplementäre

[75] Aus der Fülle von Literatur, die dazu vorliegt, habe ich vor allem C. F. von Weizsäcker, Komplementarität und Logik, Die Naturwissenschaften 42, 1955, 521–529 und 545–555, und Aage Petersen, Quantum Physics and The Philosophical Tradition (Cambridge, Mass., 1968) benutzt.

Aussagen fassen, deren Wahrheitsgehalt sich im System einer mehrwertigen Logik nicht ausschließt, sondern zur *ganzen* Wahrheit ergänzt: Gott eine Einheit in seiner Verehrung und Offenbarung, eine Vielheit in seinem Wesen und seiner Erscheinung![76] Ähnlich wäre die Fülle komplementärer Substanzen, die in ägyptischer Sicht die göttliche wie die menschliche Person ausmachen – jede Person *hat* einen Ba, *ist* aber auch ein Ba, und dazu vieles andere –, in einer mehrwertigen Logik nicht mehr so verwirrend und systemlos, wie es uns jetzt scheint.

Dieser Gang an die Grenze des im Augenblick Denkbaren führt durch fremde, unvertraute Landschaft, in der die Orientierung leicht verlorengeht. Aber er führt hinter die Phänomene und läßt uns einiges von ihrem Zusammenhang ahnen. Der Einblick in ägyptische Ontologie hat uns gezeigt (oben S. 171), daß eine absolute Einheit und Transzendenz Gottes, ja jegliche Absolutheit Gottes, der ägyptischen Auffassung vom Sein zuwiderläuft; nur ein Gott, der nicht ist, kann absolute Eigenschaften haben. Der logische Exkurs zeigt uns nun, daß eine ausschließliche und ausschließende Einheit Gottes für den Ägypter im vollsten Wortsinn *undenkbar* gewesen ist, weil er in komplementären Aussagen denkt. Darüber hinaus tauchte die Möglichkeit auf, daß ein Monotheismus für ägyptisches Denken logisch ausgeschlossen war und daher, trotz aller Ansätze, nicht verwirklicht worden ist.

Unabhängig von dieser letzten, noch offenen Frage ist nun auch logisch einsichtig geworden, daß Monotheismus niemals durch eine langsame Addition von „monotheistischen Tendenzen“ innerhalb des Polytheismus entsteht, sondern einen völligen Umschlag des Denkens erfordert. Ordnungstendenzen im Pantheon dürfen nicht mit einem Hang zum Monotheismus gleichgesetzt werden. Die einzige „monotheistische Tendenz“, die wir anerkennen können, ist der Henotheismus, doch auch hier scheint die Bezeichnung wenig glücklich. Zwar ist der Henotheismus nach Pettazzoni ein „relativer Monotheismus“, der den einen, allgewaltigen und ausschließ-

[76] Mit „Offenbarung“ meinen wir hier die ausschließliche Erscheinung eines Gottes für einen einzelnen Gläubigen (vgl. S. 117 ff.), mit „Erscheinung“ die Vielfalt der möglichen Formen.

lichen Gott für einen Augenblick relativ verwirklicht, d. h. in seiner Absolutheit eingeschränkt durch die komplementäre Vorstellung von der Fülle des Pantheons – aber dieser Unterschied zwischen relativer und absoluter Verwirklichung ist logisch entscheidend, dazwischen liegt ein Umschlag des Denkens. Bestimmte Tendenzen mögen diesen Umschlag vorbereiten, doch nur eine Revolution des ganzen Denkens läßt – ganz im Sinne Pettazzonis – Henotheismus oder Monolatrie in Monotheismus übergehen. In einer plötzlichen Verneinung des Polytheismus wird die Komplementarität von Gott und Göttern geleugnet und eine der beiden Aussagen, die über die Vielzahl der Götter, als nicht existent gesetzt.

Diese Voraussetzung, die wir zunächst nur von der Denkstruktur her machen, läßt sich gerade in Ägypten geschichtlich verifizieren. Im 14. Jahrhundert v. Chr. hat sich, in Echnaton und seiner Lehre verkörpert, dieser elementare Umschlag des Denkens zum ersten Mal in geschichtlicher Bezeugung ereignet.

EXKURS

Der Ansatz Echnatons

Schon mehrfach bot sich die Gelegenheit, auf Besonderheiten in der Gottesvorstellung König Echnatons hinzuweisen. Es hat seinen guten Grund, wenn wir erst hier, im Anschluß an einen Exkurs über die logische Frage, seine Gottesvorstellung im Zusammenhang betrachten.

Ägypten hat um die Mitte des 14. Jahrhunderts v. Chr. eine Revolution „von oben“ erlebt, die vorübergehend fast alle Lebensgebiete ergriffen hat. Es hat sich immer als schwierig erwiesen, diese Revolution in ihrem wesentlichen Kern zu fassen, da sie sich, wie wir immer deutlicher sehen, weitgehend konventioneller Formen bedient hat. Die Hymnen Echnatons haben in ihrer Diktion wörtliche oder fast wörtliche Vorläufer, sein Gott Aton ist schon unter seinen beiden Vorgängern kultisch verehrt worden, viele Motive der Amarnakunst (der Strahlenaton, das „Erdküssen“ der Untertanen, der geschlechtslose Gott) sind, zumindest als literarische Bilder, schon lange vorher da. Im sozialen Bereich stand das ganze

Neue Reich dem Neuen, selbst Revolutionären offen; die Verlegung der Hauptstadt konnte an ein Vorbild im Mittleren Reich anknüpfen. Wo also liegt, angesichts des vielen Vertrauten, das wahrhaft Revolutionäre in Echnatons Tun und Denken?

Es ist, wie mir scheint, der angedeutete Umschlag des Denkens, der alle überkommenen äußeren Formen in ein neues, dem Ägypter auf die Dauer unerträgliches Licht tauchte. Beginnend mit der Änderung des königlichen Geburtsnamens, aus welchem der Name des Gottes Amun verschwindet, wird Schritt für Schritt eliminiert. Amun wird durch Aton, mythische durch rationale Aussage, mehrwertige Logik durch zweiwertige, die Götter werden durch Gott ersetzt. All das geschieht in sorgfältiger Planung.

Echnaton war gewiß kein „Schwärmer", sondern ein konsequenter Rationalist. Stufe um Stufe seines Reformwerkes wird verwirklicht, sobald die politischen, machtmäßigen Voraussetzungen dafür geschaffen sind. Weltfremd ist dieser Philosoph auf dem Pharaonenthron sicher nicht gewesen. Er ging mit dem Instrumentarium der Macht, das ihm zu Gebote stand, virtuos um, und er ist letztlich wohl nicht an den Machtverhältnissen gescheitert.

Während der entscheidenden Anfangsphase der Revolution, im 4. Regierungsjahr (1361 v. Chr.), wird der Hohepriester des bisher bedeutendsten Gottes, des Amun, auf eine Steinbruchexpedition buchstäblich „in die Wüste" geschickt und damit von den Ereignissen in der Hauptstadt ferngehalten. Währenddessen ist Amun an der Spitze des Pantheons durch Aton ersetzt worden, und an der alten heiligen Stätte von Karnak wird dem neuen Reichsgott ein würdiger Tempel geschaffen, in welchem Echnaton zum ersten Mal sein neues Kunstwollen verwirklicht.

Nach außen hin ist der Rahmen des herkömmlichen Henotheismus durch diese ersten Maßnahmen nicht gesprengt; ohnehin wollen z. B. Davies[77] und Stock[78] die Gottesvorstellung Echnatons als Henotheismus verstehen. Er hat sich aus der Fülle der Götter den Aton als bevorzugten Gott erwählt, aber er trägt noch mindestens ein Jahr länger den Namen des Amun (im Geburts-

[77] JEA 9, 1923, 150.
[78] Saeculum 1, 1950, 631.

namen Amenophis), und er weist neben Aton auch den alten solaren Gottheiten Re, Harachte und Schu einen bevorzugten Platz zu. Auf einer privaten Stele dieser Zeit ist Harachte sogar „der Gott ohne einen anderen seinesgleichen“[79] – was keine Beeinträchtigung des Aton bedeutet, sondern den jeweils angerufenen Gott heraushebt, ganz im Sinne der bisherigen henotheistischen Verehrung.

Auch der Synkretismus ist noch lebendig – Harachte und Aton verbinden sich zur falkenköpfigen Gestalt des Re-Harachte-Aton[80], und Re-Harachte steht am Anfang der älteren „Königstitulatur“, die für den Gott Aton als Herrscher der Welt festgesetzt wird. Die Komplementarität von Gott und Göttern wird in den frühen Jahren der Regierung nicht angetastet, aber die Fülle des Pantheons erlebt eine bisher ungekannte Verkürzung auf den solaren Aspekt. Die dunkle Welt der Totengötter Osiris und Sokar wird in das Licht des Sonnengottes hineingezogen[81] und schließlich ganz aus dem Weltbild verbannt. Wieder werden die Konsequenzen Schritt für Schritt gezogen, nicht alle auf einmal. Dieses überlegte Vorgehen scheint eher einer sorgfältig planenden Politik zu entspringen, als einer inneren Entwicklung des Königs. Die Umgestaltung der geistigen Landschaft Ägyptens, die sich hier vollzieht, war kein unkontrollierter, ohne Rücksicht auf die Wirklichkeit ablaufender Ideenausbruch eines Einzelnen.

Das planvolle Vorgehen erreichte zwischen dem 6. und 9. Regierungsjahr seinen vorläufigen Abschluß; es waren die ersten Jahre, die Echnaton in seiner neuen Hauptstadt Achetaton (Tell el-Amarna) verbrachte, fern von den alten religiösen Zentren Theben und Memphis. In der neuen Titulatur, die der Aton jetzt erhält, tritt sogar der bisher so sehr verehrte Harachte („horizontischer Horus“) nicht mehr auf; er ist durch die mythologisch unbelastete Neuprägung „horizontischer Herrscher“ ersetzt. Mit ihm wird auch die Falkengestalt der Gottheit beseitigt, eine der altehrwürdigen und bevorzugten Erscheinungsformen des Sonnengottes; doch

[79] É. Drioton, ASAE 43, 1943, 29.

[80] C. Aldred, JEA 45, 1959, 19ff. mit pl. III.

[81] So auf dem Türsturz des Hatiai (Drioton, ASAE 43, 35ff.), vor allem im Osirishymnus.

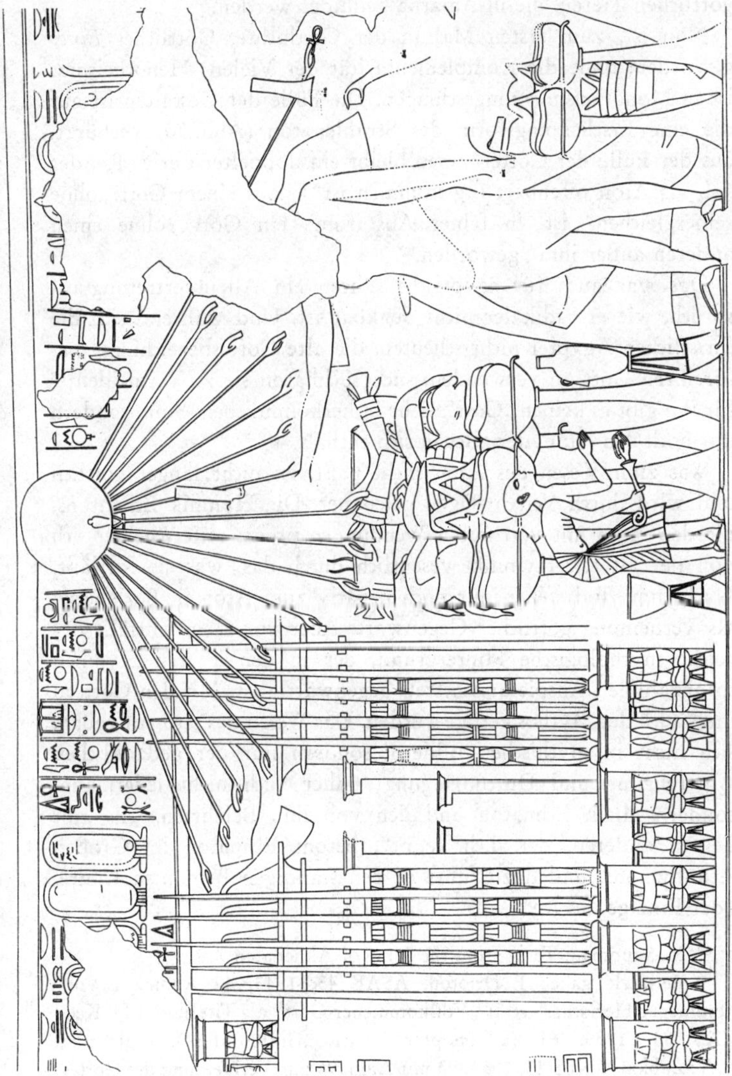

Abb. 20. Der Strahlenaton über Echnaton und dem Tempel
Aus N. de G. Davies, The Rock Tombs of El Amarna, London 1903, Bd. I, Plate XXVII

gehört der Falke, wie die Uräus-Schlange, weiterhin zu den wenigen göttlichen Tieren, die in Amarna geduldet werden.

Nun ist, zum ersten Mal in der Geschichte, Göttliches *Eines* geworden, ohne die Komplementarität der Vielen; Henotheismus ist in Monotheismus umgeschlagen. Die Fülle der Gestalten ist auf die eine Erscheinungsform des Strahlenaton (Abb. 20) verkürzt, aus der Fülle der Götternamen bleibt ein doppelter übrig: Re, der sich als Aton offenbart („gekommen ist"). Aus einem Gott „ohne seinesgleichen" ist, in feiner Abstufung, ein Gott „ohne einen anderen außer ihm" geworden.[82]

Das war auch für ägyptische Ohren ein Alleinvertretungsanspruch, wie er radikaler nicht denkbar ist. Und während sich die christlichen Ägypter nicht scheuten, die alte Gottesbezeichnung *nṯr* für ihren Gott zu verwenden, sucht Echnaton sie zu vermeiden;[83] für ihn gibt es keinen „Gott" mehr in herkömmlichem Sinn, sondern nur noch den Aton, der alles in sich enthält.

Was zum Wesen des Aton nicht paßt, ist nicht länger göttlich und wird durch Verschweigen geleugnet. Die Hymnik Echnatons, die den Aton mit vertrauten Wendungen preist, unterscheidet sich von der älteren Hymnik wesentlich durch das, was sie fortläßt. Nacht und Tod stehen nur noch negativ zum Aton in Beziehung, als Verneinung göttlicher Gegenwart. Aber vor allem entfällt der reiche mythologische Hintergrund, der in den älteren Hymnen in unzähligen Anspielungen stets gegenwärtig ist. Mit den Göttern muß auch der Mythos getilgt werden. Das Wesen des Aton offenbart sich nicht in mythischen Bildern, sondern nur der gedanklichen Anstrengung und Durchdringung; daher auch nicht jedermann, sondern allein Echnaton und den von ihm Belehrten. „Es gibt keinen anderen, der dich kennt", betont Echnaton im Großen Atonhymnus, und dazu führt er den ständigen Beinamen Uanrê, „der Einzige des Re".

[82] M. Sandman, Texts from the Time of Akhenaten 7, 7.

[83] Beispiele gaben É. Drioton, ASAE 43, 1943, 42 Anm. 2 („Vollkommener Herrscher" statt „Vollkommener Gott" als Titel), und H. Kees, ZÄS 84, 1959, 61 („Atonopfer" statt „Gottesopfer"). Vgl. auch L. V. Žabkar, JNES 13, 1954, 93 mit Anm. 95 zur Vermeidung des Gottes-Determinativs.

Der in die Unerforschlichkeit gerückte Aton bedarf eines Mittlers, um den Menschen erreichbar zu sein. In der Religion des Neuen Reiches haben die Mittlerwesen schon vor Amarna zunehmend an Bedeutung gewonnen,[84] Echnaton führt auch hier eine angebahnte Entwicklung konsequent weiter. Aber während sich der Betende bisher an eine Fülle von Mittlerwesen wenden konnte – heilige Tiere, Tempelstatuen, vergöttlichte Tote –, ist er nun ganz auf den König angewiesen, auf den einzigen Propheten Gottes. Mit der Fülle der Götter wird auch die Fülle der Mittler auf den Einen reduziert. Die Gläubigen der Amarnazeit beten vor einem Hausaltar mit dem Bild der Königsfamilie, das Morenz als Vorläufer des „Führerbildes" jeglicher Barttracht sieht, das aber als religiösen Hintergrund die Vorstellung von Echnaton als einzigem Mittler hat, wie es die Hymnen der Amarnazeit aussprechen. So könnte man den neuen Glauben auf die Formel bringen: „Es ist kein Gott außer Aton, und Echnaton ist sein Prophet."

Es kann nicht überraschen, daß die Verkündigung des einen Gottes auch in Amarna dogmatische Formen annimmt. Es gibt eine „Lehre" über den Aton, die der König persönlich pflegt, sein Wesen wird in ausgefeilten Titulaturen und Definitionen immer enger und konsequenter umschrieben. Obgleich ihm die absoluten Eigenschaften fehlen, ist er in seinem Ausschließlichkeitsanspruch ein wahrhaft monotheistischer Gott, ein eifernder Gott, der keine anderen Götter neben sich duldet.

Der Umschlag des Denkens, der sich vollzogen hat, wird nirgends deutlicher als in der Verfolgung der alten Götter, die in dieser Form ohne Beispiel ist. In Ägypten und sogar in den ausländischen Provinzen schwärmen Echnatons Steinmetzen aus, um den Namen des Amun von allen erreichbaren Denkmälern zu tilgen, selbst auf der Spitze von Obelisken, unter der Vergoldung von Säulen und in den Keilschriftbriefen der Archive; heute noch ist die Ausmeißelung oder spätere Restaurierung des Amun-Namens ein wichtiger Prüfstein, ob ein Denkmal in die Zeit vor oder nach Amarna gehört.

Mit einem solchen Eifer wird nur der Name des einstmals

[84] Vgl. Morenz, Gott und Mensch S. 64 f.

führenden Gottes Amun getilgt. Aber die Verfolgung trifft, mit weit geringerer Konsequenz, auch die anderen Götter und mehrfach sogar die Pluralschreibung „Götter". Daran wird deutlich, daß nicht allein eine Entthronung des Amun Echnatons Ziel ist, sondern daß im Prinzip die Existenz aller anderen Götter geleugnet werden soll. Das aber widerstrebt aller bisherigen Logik — vor Echnaton hatte die bevorzugte Hervorhebung eines Gottes niemals die Existenz der übrigen Götter verletzt. Der Eine und die Vielen waren als komplementäre Aussagen behandelt worden, die einander nicht ausschließen. Nun aber schließen sie einander aus, und wir stoßen auf die Formulierung einer neuen Logik.

Der Sprung des Denkens, der sich hier greifen läßt, ist für Ägypten ein Seitensprung geblieben, er hat die Regierung Echnatons nicht überdauert. Aber er unterscheidet Echnatons Verkündigung grundsätzlich von allem, was ihr vorausgegangen ist und in vieler Hinsicht verwandt wirkt. Hier, wenn irgendwo, liegt der gedankliche Kern dieser Revolution, die für wenige Jahre abendländische Denkformen vorweggenommen hat.

Es ist bezeichnend, daß die „Restauration" nach dem Tod Echnatons hier ansetzt. Es dauert Jahrzehnte, bis Echnaton der Verfemung anheimfällt, und noch länger spürt man den Einfluß seines Kunstwollens; der Aton bleibt noch mehrere Jahre lang die führende Gottheit, sein Name fällt niemals einer Verfolgung anheim. Aber der erste Schritt besteht darin, daß man die anderen Götter in ihre Rechte einsetzt und damit die Komplementarität von Gott und Göttern wiederherstellt. Programmatisch heißt der Tempel Tutanchamuns in Faras „Der die Götter zufriedenstellt". Der Ägypter war nicht bereit, über dem Einen, den er verehrte, die Vielgestaltigkeit und Vieldeutigkeit göttlichen Wesens preiszugeben.

Achtes Kapitel

SCHLUSSBETRACHTUNG

Alles, was wir in den sieben Kapiteln dieses Buches erfahren haben, waren Aussagen von Menschen über die Götter Ägyptens. Es kam vor, daß Aussagen in die Form einer Selbstmitteilung des Gottes gekleidet, von unmittelbarer göttlicher Gegenwart inspiriert waren, aber immer, in Wort und Bild, von Menschen aufgezeichnet und damit der Blindheit ausgesetzt, in der die Ägypter die Herkunft des Menschen gründen (oben S. 142). Die Frage nach den Göttern führt, wie jede historische Fragestellung, durch das Medium des Sagens und Bildens; ein unmittelbarer Kontakt mit den Objekten der Frage ist nicht möglich. Aber ein Kontakt mit *diesen* Objekten könnte nur Ergriffensein bedeuten, alles Fragen müßte in diesem Augenblick der Gottesberührung verstummen, alles Schauen wäre geblendet.

Schon der Kontakt mit der Welt der Ägypter, von welcher Seite auch immer, läßt eine Frage verstummen: die nach dem Sein und der Wirklichkeit dieser Götter. Die ägyptische Religion lebt davon, daß Götter *sind,* und diese Gewißheit durchdringt alle Bereiche ägyptischen Lebens. Nehmen wir aus der Welt der Ägypter die Götter fort, dann bleibt ein finsteres, unbewohntes Gehäuse zurück, das keine Betrachtung lohnt. Die Götter gehören zur Wirklichkeit des Ägypters und sind damit für uns zumindest *geschichtliche* Wirklichkeiten, die es ernst zu nehmen gilt. Je deutlicher wir sie erkennen, desto deutlicher wird uns auch der Mensch, dem wir mit all unserem Forschen nachspüren. Um die wirkenden Kräfte zu erkennen, welche die so einheitliche und geschlossene Welt der Ägypter bestimmen, müssen wir seinen Göttern nachfragen und alle begrifflichen Mittel einsetzen, um sie in ihrer Wirklichkeit aufzusuchen, die nicht von Menschen erfunden, sondern *erfahren* worden ist.

Der apologetische Versuch, in ägyptischen Gottesvorstellungen Vorläufer eines monotheistischen Glaubens zu sehen, führt an dieser Wirklichkeit vorbei, und die zu eng gefaßte Alternative Monotheismus/Polytheismus scheint ungeeignet, sie uns aufzuschließen. Auch der Begriff des Pantheismus steht der kultischen Wirklichkeit zu fern, um für ägyptische Verhältnisse zu passen. Im Schema all dieser -ismen droht unsere Frage zu erstarren; es gilt, sie wieder in Gang zu bringen.

Um in eine Auseinandersetzung einzutreten, war es nicht zu vermeiden, die bisherigen Leitbegriffe der Forschung auch in diesem Buch immer wieder zu verwenden und zu prüfen. Es scheint, daß wir gut daran tun, in Zukunft auf dieses Begriffsschema zu verzichten, da es sich als unzulänglich erweist und die Wirklichkeit der ägyptischen Götterwelt nicht aufschließt. Vor allem verdunkelt oder verfälscht es das logische Problem, das im Titel dieses Buches angedeutet ist und, wie wir meinen, zur Wirklichkeit Gottes einen neuen Zugang öffnet.

Ein anderes Begriffsschema, das wir öfter benutzt haben, ist ähnlich unzureichend, aber es ermöglicht eine rasche, praktische Verständigung über die hervorstechende Natur eines Gottes. Wir meinen die Einteilung der Gottheiten in Rubriken wie „Sonnengott", „Muttergöttin", „Erdgott", „Himmelsgöttin", usw. Oft ist damit eine erste, grobe Näherung erzielt, oft aber, z. B. bei Osiris oder Amun, wird die Frage nach dem Wesen eines Gottes in einer neuen, unfruchtbaren Alternative erstickt. Mit Begriffen dieser Art erfassen wir immer nur Ausschnitte der göttlichen Wirklichkeit, die wir nicht als verbindlich setzen dürfen. Auch mit anderen, verbesserten Begriffen werden wir den *ganzen* Wesensreichtum eines Gottes wohl nicht erfassen können, aber das befreit uns nicht von der Aufgabe, größere Ausschnitte und genauere Näherungen herauszuarbeiten. Darin haben uns die Ägypter selber ein Beispiel gesetzt – der Wesensreichtum eines Gottes erschließt sich ihnen in einer „Vielheit von Zugängen" (Henri Frankfort), die erst zusammen das Ganze ergeben.

Jeder passende Begriff, jede verbesserte Fragestellung muß uns willkommen sein, um neue Zugänge aufzuschließen. Dabei kann es nicht schaden, wenn neben den herkömmlichen Begriffen der Ethnologie, der Religionswissenschaft und der Psychologie auch solche der modernen Physik oder der Informationstheorie verwendet werden. Für das kennzeichnende, aber zunächst logisch widersprüchliche Nebeneinander des Einen und der Vielen fanden wir im Begriff des Henotheismus eine erste Näherung an das Problem, aber erst im Begriff der Komplementarität den Schlüssel, der vielleicht eine neue logische Struktur öffnet, in der beide Aussagen über die Wirklichkeit Gottes wahr sein können, ohne sich auszuschließen.

Für den Ägypter kommt die Welt aus dem Einen, weil das Nichtsein Eines ist. Aber in seinem Werk differenziert der Schöpfer nicht nur die Welt, sondern auch sich selbst. Aus dem Einen geht die Dualität der „Zwei Dinge", geht die Differenzierung der „Millionen" Schöpfungsgestalten hervor. Gott hat getrennt, Schöpfung ist Scheidung, und nur der Mensch wirft alles wieder durcheinander. Das Getrennte ist aufeinander angewiesen, aber es bleibt getrennt, solange es seiend ist. Nur die Wiederkehr des Nichtseins bringt den Zusammenfall des Getrennten und hebt die Differenzierung wieder auf.

Indem Göttliches seiend wird, verliert es die absolute, ausschließliche Einheit des Anfangs. Aber überall dort, wo man sich ihm verehrend zuwendet, wo man es anruft und kultisch betreut, tritt es als *eine* festumrissene Gestalt auf, die für einen Augenblick *alle* Göttlichkeit in sich vereinen kann und sie mit keinem anderen Gott teilt. Auch der Mensch, der Gott begegnet, wird in der Begegnung zum Einen, der keinen mehr neben sich hat, sondern *alles* Menschsein verkörpert. Doch diese göttliche und menschliche Einheit bleibt stets eine relative, welche die wesenhafte Vielheit nicht ausschließt, die alle anderen Zugänge zum Wesen Gottes offenläßt.

Nur Echnaton hat den Versuch gemacht, für einen dieser Zugänge absolute Verbindlichkeit zu beanspruchen und die anderen gewaltsam zu sperren. Er ist gerade damit gescheitert, sosehr sein Werk und seine Zeit sonst nachgewirkt haben. Aber er hat spätere Nachfolger in aller Welt gefunden. Aus der Verehrung des Einen wurde die Verehrung des Einzigen. Die Offenbarung eines alleinigen Gottes, der alle anderen ausschließt, entsprach einer neuen Bewußtseinsstufe des Menschen, entsprach einem Denken, das alle Phänomene auf *eine* Ursache zurückführen will und nach dem Absoluten strebt, entsprach einer zweiwertigen Logik der Ja/Nein-Entscheidungen.

Diese Bewußtseinsstufe hatte sich selbst als absolut und endgültig gesetzt, bis sie in unseren Tagen an sich irre wurde. Die „Umwertung aller Werte", die Nietzsche gefordert hat, vollzieht sich bereits. Als Glaubende und als Liebende gehen wir in der Absolutheit des Augenblicks auf, aber als Betrachter der Geschichte wissen wir, daß dem Seienden keine Endgültigkeit beschieden ist. Unerbittlich zerschlägt die Geschichte alle „ewigen" und „absoluten" Werte, entlarvt sie jeden absoluten Bezugspunkt, den wir setzen mögen, in seiner Relativität. Daher die abgrundtiefe Feindschaft gegen alles Geschichtliche – oder Mißachtung, die sich in bedenkenloser Verfälschung äußert – bei jenen, die endgültig-verbindliche Normen setzen wollen.

Eine Kirche, *ein* Reich, *eine* Gesellschaftsordnung für alle Menschen, der gleichmachende Zwang *eines* Systems für alle – in solchen und in vielen anderen Absolutismen wurde ein Denken ad absurdum geführt, das unter dem Gesetz der Einheit stand und keine Pluralität gelten ließ. Daß dieses Denken heute noch Triumphe feiert, spricht nicht gegen die Tatsache, daß es im Prinzip am Ende ist, weil es die Aufgaben der Zukunft nicht mehr lösen kann und weil es dem gewandelten Bewußtsein des Menschen nicht mehr entspricht. Sobald aber das herrschende Denken mit der Struktur des herrschenden Bewußtseins nicht mehr übereinstimmt, beginnt es, zum unmenschlichen Zwang zu entarten, der das Bewußtsein doch nicht ändern kann.

Alle Indizien deuten darauf hin, daß die menschliche Gesellschaft der näheren Zukunft eine pluralistische, undogmatische sein – oder daß sie *nicht* sein wird. Sie wird in allen Bereichen die Vielheit der Möglichkeiten gelten lassen müssen, ohne die Eins als Grenzfall auszuschließen. Der dogmatischen Ideologien und der „absoluten Werte" wird sie, so vermuten wir, nach der Radikalkur dieses Jahrhunderts gründlich überdrüssig sein. Daß der Gottesglaube der Menschen von der neuerlichen Wandlung ihres Bewußtseins unberührt bleibt, ist wenig wahrscheinlich. Gerade der überzeugte Glaube muß sich sagen, daß Gott niemals sein *letztes* Wort gesprochen hat, auch in der Offenbarung als Einziger nicht. Eine neue

Bewußtseinsstufe steht neuer Offenbarung offen, die sich jeder Prognose entzieht – außer der, daß sie *anders* sein wird.

Die Welt der vielen Götter ist versunken, niemand mehr wird dem Amun oder Zeus einen Stier opfern. Aber auch die gegenwärtige Welt des Einzigen muß nicht die endgültige sein. Jede entspricht einer Bewußtseinsstufe des Menschen und entzieht sich damit den Kategorien wahr/falsch. Das bedeutet keinen Agnostizismus, sondern eine Relativierung des Standpunktes. Jede der beiden Welten ist in ihrem Bezugssystem „stimmig", keine von beiden transzendiert den geschichtlichen Raum und dürfte Anspruch darauf erheben, absolut zu gelten.

Soviel mußte zum größeren Zusammenhang, in dem die ägyptische Götterwelt als geschichtliche Wirklichkeit steht, gesagt werden. Es gilt nun, genauer zu differenzieren und zu den Eigenschaften der Götter zurückzukehren.

Diese Eigenschaften streben nach universaler Weite, ohne ins Maßlose zu fallen. Immer wieder stießen wir auf die Fähigkeit ägyptischer Götter, ihre Seinsmöglichkeit schier endlos zu erweitern, in immer neue Namen, Verbindungen, Erscheinungsformen, Wirkensweisen und kultische Antworten einzugehen und doch in ihrem Wesen und in ihrem Sein begrenzt zu bleiben. Auch darin ist die ägyptische Religion das Gegenbild einer „absoluten Religion". Sie stellt die „Ewigkeitswerte", zu denen wir aufblicken, in Frage und reißt unser Denken aus den gewohnten, allzu gewohnten Bahnen.

Selbst für Walter F. Otto, der uns die Wirklichkeit der Götter wieder erschlossen hat, war es keine Frage, daß die Götter der „Sphäre des Ewigen" angehören. Er zeigte, daß die Götter der Tragödie in ihrem Sein dem Tod so fernstehen, daß sie mit dem Tod der sterblichen Menschen nicht in Berührung kommen dürfen. Ganz anders verhalten sich die Götter Ägyptens! Sie haben eine tiefe innere Beziehung zum Tod und dessen Notwendigkeit. Ägyptische Ontologie lehrt, daß die Welt des Ewigen, der Unsterblichkeit, eine nichtseiende Welt ist, die götterlose Welt vor der Schöpfung. Dieses unbegrenzte Pleroma regeneriert alles Seiende, auch die immer wieder jugendlichen Götter, aber es schmilzt auch alles Seiende zur Gestaltlosigkeit, zur ursprünglichen Undifferenziertheit ein. Der Aufbruch ins Ewige wäre für den Ägypter notwendig ein Aufbruch ins Nichtsein.

Diese Begrenztheit göttlichen Wesens, der auch Allgegenwart, Allmacht und „echte" Transzendenz fremd sind, zeigt uns ungewohnte, aber nicht auf Ägypten beschränkte Formen göttlicher Offenbarung. Sie setzt dem Hang zur Erweiterung und Veränderung eine letzte Grenze, die nur der Urgott, der Nichtsein und Sein verbindet, durchbrechen kann; er allein wechselt zwischen beiden Bereichen in einer Weise, die man „amphibisch" nennen könnte.

In der ständigen Wandlung ihres Wesens und ihrer Erscheinung gleichen die ägyptischen Götter den Tempeln des Landes, die in ähnlicher Weise niemals abgeschlossen und fertig sind, sondern stets „im Bau". Der Axialtempel Ägyptens ist eine Form, die durch klare Ordnung und Gliederung bestimmt ist und trotzdem eine ständige Erweiterung und Veränderung nicht ausschließt; jeder König kann neue Kulträume, neue Hallen, Höfe und Pylone hinzufügen, ohne die grundlegende Gestalt des Tempels anzutasten. Hier unterscheidet sich Ägypten deutlich von Griechenland, dessen Tempel und dessen Götter, mit Ägypten verglichen, in einer fertig-abgeschlossenen Form dastehen. In der klaren Gestalt, in der Walter F. Otto die „Götter Griechenlands" erkennt, werden wir ägyptische Götter niemals sehen können, auch wenn wir noch soviel Informationen über sie zusammentragen und unseren Blick für ihre Wirklichkeit öffnen.

Für die Götter Ägyptens will die Kennzeichnung als „Geist einer Daseinsgestaltung" (W. F. Otto) schlecht passen. Sie sind eher Formeln als Gestalten, in ihrer Welt fühlt man sich manchmal in die Welt der Elementarteilchen versetzt. Schon Philippe Derchain griff in seiner Edition des Papyrus Salt 825 (1965) zu physikalischen Vergleichen (vor allem S. 11 f.), wobei er ausdrücklich vom „moralischen Aspekt" der Götter absieht und sie wertfrei betrachtet. Und welche Gedankenverbindungen ergeben sich hier zwischen dem Kleinsten und dem Größten! Ein Gott verbindet sich mit einem anderen und ist ein neues Wesen mit neuen Eigenschaften, um im nächsten Augenblick in einer Vielzahl von Wesenheiten aufzutreten. Was er eigentlich ist, bleibt verborgen, aber seine leuchtende Spur ist sichtbar, seine Reaktion mit anderen deutlich, seine Wirkung spürbar. Er ist materiell und geistig, eine Kraft und eine Gestalt, er erscheint in wechselnden Formen, die eigentlich einander ausschließen, aber wir wissen, daß da etwas *ist* und seine Wirkung entfaltet.

Der Ägypter ist sich dieser eigentümlichen Formelhaftigkeit immer bewußt geblieben, davon zeugen vor allem die synkretistischen Götterverbindungen. In ihnen sind nicht Benennung und Gestalt der Götter entscheidend, sondern das, wofür sie stehen, wovon sie zeugen. Daher die Bereitschaft, neue Götter aufzunehmen, in Göttern des Auslands – die in ganz anderen Gestalten auftreten! – die eigenen wiederzuerkennen, die Namen asiatischer oder griechischer Gottheiten in die eigene Sprache zu „übersetzen".

Für Griechen wie für Ägypter ist jeder Gott eine eigene Welt, die sich gestalthaft offenbart. Aber die einen legen den Nachdruck mehr auf die offenbarende Gestalt, die anderen auf die Formel, die sie mitteilt, die den jeweiligen Weltinhalt beschreibt. Für diese Beschreibung reicht die natürliche Sprache nicht aus, es bedarf einer höheren, formalisierten Sprache, die wir gern als Meta-Sprache bezeichnen möchten – wenn auch nicht ganz im Sinne von Tarski, der diesen Begriff für eine Sprache geprägt hat, in der über eine andere (die Objektsprache) gesprochen wird. Wir zielen hier noch einmal auf die Formelhaftigkeit der Göttergestalten und auf die zunächst erstaunliche Tatsache, daß ihre Ikonographie in Ägypten so wenig festgelegt erscheint, vielmehr in einer breiten Streuung wechselt. Offenbar kommt die Meta-Sprache nicht mit *einem* Bildzeichen aus, sondern ist auf die ständig neu formulierte Kombination von vielen Zeichen angewiesen.

Die äußere Form dieser Zeichen ist nicht entscheidend. Es geht dem Ägypter nicht darum, ihnen eine möglichst gefällige Form zu geben, sondern das zu zeigen, worauf es ankommt. Die „Mischgestalt", die solchen Anstoß erregt hat, ist nur eine von vielen möglichen Gestaltungen, ist nicht der Gott, sondern Träger einer Aussage über ihn. Die Vermischung von Tierischem und Menschlichem empfinden wir zu Recht als grotesk, aber denken wir dabei an Morgensterns Wort: „Gottes materielle Erscheinungsform ist notwendig grotesk." Der Ägypter war Ästhet genug, hier den Bogen nicht zu überspannen, nicht ins Monströse zu fallen.

Ganz gewiß ist ihm das Götterbild nicht nur Formel gewesen, sondern eine eigene Wirklichkeit, der Achtung und Verehrung zukommt, denn in ihm ist Gottes Wirklichkeit anwesend. Aber mit der Formelhaftigkeit, von der wir sprechen, meinen wir auch die vielen Bilder der Sprache, in der er über Göttliches spricht. Ohne auf den Mythos und seine vielschichtige Problematik grundsätzlich einzugehen, haben wir immer wieder Gebrauch von den Bildern gemacht, in denen der Ägypter über seine Götter spricht. Diese Bilder lassen sich weder in definierende Wortformeln noch in mathematisch-physikalische Formeln umsetzen; sie haben einen eigenen Formelcharakter und dienen der Beschreibung von Weltinhalten, die sich vielleicht nur so angemessen ausdrücken lassen.

Einer gewissen prinzipiellen Bildfeindlichkeit der modernen Wissenschaft möchten wir entgegenhalten, daß auch das Bild zu den legitimen Zeichen gehört, die uns zur Beschreibung der Welt gegeben sind. Die Sprache, in der wir über die Welt sprechen, wird sich niemals in mathematischen Formeln, sie wird sich auch niemals im Wort allein erschöpfen. Solange es Weltinhalte gibt, die nicht in *eindeutiger* Form dargestellt werden können, wird sie, auf jeder Bewußtseinsstufe, zum Bild als einem adäquaten Mittel der Beschreibung greifen.

Wesen und Erscheinung ägyptischer Götter sind jeder abgeschlossen-endgültigen, jeder eindeutigen Festlegung feind. Wir sehen sie geschichtlich wachsen, sehen sie in steter Veränderung ein eigenes Leben führen. Was ein Gott ist, läßt sich nicht *definieren.* Jede Aussage, die wir über ihn machen, schließt eine Fülle an weiteren Aussagen nicht aus. Von einem anderen Standpunkt aus gesehen, trägt jeder Gott in sich alle Information über einen bestimmten Weltinhalt, der in ihm Gestalt geworden und als Gestalt in das menschliche Bewußtsein eingegangen ist. Für den Ägypter sind seine Götter welterklärende Mächte, die selber keiner Erklärung bedürfen, weil sie ihm Information in einer Sprache – der des Mythos – vermitteln, die er unmittelbar versteht. Jeder Mythos zeigt und deutet nur einen Ausschnitt, aber die Gesamtheit der Götter und ihrer Beziehungen zeigt und deutet dem Ägypter die *ganze* Wirklichkeit der Welt.

Was auch immer die Götter in ihrem Wesen sind oder nicht sind, in welches Bezugs- oder Begriffssystem wir sie einordnen – alle Versuche, sie zu „erklären", sind Versuche gewesen, in einer anderen und eindeutigeren Sprache die Informationen auszudrücken, die sie uns geben. Hier wird, das spüren wir, Gültiges über den Menschen und die Welt ausgesagt. Aber die Sprache, die es an Reichtum des Ausdrucks mit den Göttern aufnehmen könnte, ist nicht gefunden. So weisen sie uns immer wieder auf sich selbst zurück und zeigen die Grenzen unserer Begriffswelt auf. Noch können wir zur Deutung der Welt die Götter nicht entbehren.

ABKÜRZUNGEN

Periodica

AÄA	Archiv für ägyptische Archäologie, Wien 1938
ADIK	Abhandlungen des Deutschen Archäologischen Instituts Kairo, Glückstadt–Hamburg–New York 1958 ff.
ÄgAbh	Ägyptologische Abhandlungen, Wiesbaden 1960 ff.
AHAW	Abhandlungen der Heidelberger Akademie der Wissenschaften, Philosophisch-historische Klasse
APAW	(Königlich) Preußische Akademie der Wissenschaften, Abhandlungen der Philosophisch-historischen Klasse
ArOr	Archiv Orientální, Prag 1929 ff.
ASAE	Annales du Service des Antiquités de l'Égypte, Kairo 1900 ff.
ASAW	Abhandlungen der Sächsischen Akademie der Wissenschaften, Philologisch-historische Klasse
BASOR	Bulletin of the American Schools of Oriental Research, New Haven 1920 ff.
BIE	Bulletin de l'Institut d'Égypte (vor 1919: Institut Égyptien), Kairo 1859 ff.
BIFAO	Bulletin de l'Institut français d'archéologie orientale, Kairo 1901 ff.
BiOr	Bibliotheca Orientalis, Leiden 1943 ff.
BSFE	Bulletin de la Société française d'égyptologie, Paris 1949 ff.
CdE	Chronique d'Égypte, Brüssel 1926 ff.
CHE	Cahiers d'histoire égyptienne, Kairo 1948 ff.
CRAIBL	Comptes rendus à l'Académie des Inscriptions et Belles-Lettres, Paris
FIFAO	Fouilles de l'Institut français d'archéologie orientale, Kairo 1924 ff.
FuF	Forschungen und Fortschritte, Berlin 1925–1967

JAC	Jahrbuch für Antike und Christentum, Münster/Westf. 1958 ff.
JARCE	Journal of the American Research Center in Egypt, Boston 1962 ff.
JEA	Journal of Egyptian Archaeology, London 1914 ff.
JEOL	Jaarbericht van het Vooraziatisch-Egyptisch Genootschap Ex Oriente Lux, Leiden 1933 ff.
JNES	Journal of Near Eastern Studies, Chicago 1942 ff.
MÄS	Münchner Ägyptologische Studien, Berlin 1962 ff.
MDIK	Mitteilungen des Deutschen Archäologischen Instituts, Abteilung Kairo (bis 1944: Mitteilungen des Deutschen Instituts für ägyptische Altertumskunde in Kairo), Berlin und Wiesbaden 1930 ff.
MDOG	Mitteilungen der Deutschen Orient-Gesellschaft, Berlin 1899 ff.
MIO	Mitteilungen des Instituts für Orientforschung, Berlin 1953 ff.
NAWG	Nachrichten der Akademie der Wissenschaften in Göttingen, I. Philologisch-historische Klasse (früher: Nachrichten von der Gesellschaft der Wissenschaften zu Göttingen, Philologisch-historische Klasse, Fachgruppe I)
OLZ	Orientalistische Literaturzeitung, Berlin und Leipzig 1898 ff.
OMRO	Oudheidkundige Mededelingen uit het Rijksmuseum van Oudheden te Leiden, Leiden 1920 ff.
Or	Orientalia, Nova Series, Rom 1932 ff.
OrAnt	Oriens Antiquus, Rom 1962 ff.
PSBA	Proceedings of the Society of Biblical Archaeology, London 1879–1918
RdE	Revue d'Égyptologie, Paris und Kairo 1933 ff.
Rec. trav.	Recueil de travaux relatifs à la philologie et à l'archéologie égyptiennes et assyriennes, Paris 1870–1923
RHR	Revue de l'Histoire des Religions, Paris 1880 ff.
SBBAW	Sitzungsberichte der Bayerischen Akademie der Wissenschaften, Philosophisch-historische Abteilung

SBSAW Berichte über die Verhandlungen (früher: Sitzungsberichte) der Sächsischen Akademie der Wissenschaften zu Leipzig, Philologisch-historische Klasse

StG Studium Generale, Berlin–Heidelberg–New York 1948 ff.

ThLZ Theologische Literaturzeitung, Leipzig und Berlin 1876 ff.

UGAÄ Untersuchungen zur Geschichte und Altertumskunde Ägyptens, Leipzig und Berlin 1896 ff.

WdO Die Welt des Orients, Göttingen 1947 ff.

WZKM Wiener Zeitschrift für die Kunde des Morgenlandes, Wien 1886 ff.

ZÄS Zeitschrift für ägyptische Sprache und Altertumskunde, Leipzig und Berlin 1863 ff.

ZAW Zeitschrift für die alttestamentliche Wissenschaft, Gießen und Berlin 1881 ff.

ZDMG Zeitschrift der Deutschen Morgenländischen Gesellschaft, Leipzig und Wiesbaden 1847 ff.

Monographien

Amduat E. Hornung, Das Amduat. Die Schrift des verborgenen Raumes, 3 Bde. (= ÄgAbh 7 und 13), Wiesbaden 1963 bis 1967

Assmann, Liturg. Lieder J. Assmann, Liturgische Lieder an den Sonnengott. Untersuchungen zur altägyptischen Hymnik, I (= MÄS 19), Berlin 1969

Bonnet, Reallexikon H. Bonnet, Reallexikon der ägyptischen Religionsgeschichte, Berlin 1952

Breasted, Development J. H. Breasted, Development of Religion and Thought in Ancient Egypt, New York 1912

CT A. de Buck, The Egyptian Coffin Texts, 7 Bde., Chicago 1935–61

Dendara E. Chassinat, Le Temple de Dendara, Kairo 1934 ff.

Edfou M. de Rochemonteix und E. Chassinat, Le Temple d'Edfou, 14 Bde., Kairo 1892–1934

Erman, Religion A. Erman, Die ägyptische Religion, Berlin 1905, 2. Aufl. Berlin und Leipzig 1913, 3. Aufl.: Die Religion der Ägypter. Ihr Werden und Vergehen in vier Jahrtausenden, Berlin und Leipzig 1934

Jéquier, Considérations G. Jéquier, Considérations sur les religions égyptiennes, Neuchâtel 1946

Junker, Geisteshaltung H. Junker, Die Geisteshaltung der Ägypter in der Frühzeit (= Oesterr. Akademie der Wiss., phil.-hist. Klasse 273/1), Wien 1961

Kaplony, Inschriften P. Kaplony, Die Inschriften der ägyptischen Frühzeit, 3 Bde. und Supplement (= ÄgAbh 8 und 9), Wiesbaden 1963 und 1964

Kees, Götterglaube H. Kees, Der Götterglaube im alten Ägypten, Leipzig 1941, 2. Aufl. Berlin 1956

Morenz, Gott und Mensch S. Morenz, Gott und Mensch im alten Ägypten, Leipzig 1964 und Heidelberg 1965

Morenz, Heraufkunft S. Morenz, Die Heraufkunft des transzendenten Gottes in Ägypten (= SBSAW 109/2), Berlin 1964

Morenz, Religion S. Morenz, Ägyptische Religion, Stuttgart 1960

Moret, Rituel A. Moret, Le rituel du culte divin journalier en Égypte (= Annales du Musée Guimet, Bibliothèque d'Études 14), Paris 1902

Otto, Gott und Mensch E. Otto, Gott und Mensch nach den ägyptischen Tempelinschriften der griechisch-römischen Zeit (= AHAW 1964/1), Heidelberg 1964

Pfortenbuch Ch. Maystre und A. Piankoff, Le Livre des Portes, 3 Bde. (= Mémoires de l'Institut français d'archéologie orientale 74. 75 und 90), Kairo 1939–62

Pyr K. Sethe, Die altägyptischen Pyramidentexte, 4 Bde., Leipzig 1908–22, 2. Aufl. Darmstadt 1960

Sethe, Urgeschichte K. Sethe, Urgeschichte und älteste Religion der Ägypter (= Abhandlungen für die Kunde des Morgenlandes 18/4), Leipzig 1930

Tb Totenbuch nach E. Naville, das aegyptische Todtenbuch der 18.–20. Dynastie, Berlin 1886

Urk Urkunden des ägyptischen Altertums, Leipzig und Berlin 1903 ff.

van der Leeuw, Godsvoorstellingen G. van der Leeuw, Godsvoorstellingen in de Oud-Aegyptische Pyramidetexten, Leiden 1916

Vandier, Manuel J. Vandier, Manuel d'archéologie égyptienne, 5 Bde., Paris 1952–1969

Wb Wörterbuch der ägyptischen Sprache, herausgegeben von A. Erman und H. Grapow, Leipzig und Berlin 1926–63

ZEITTAFEL

Frühzeit (1. bis 2. Dynastie)	um 2900–2628
Altes Reich (3. bis 8. Dynastie)	um 2628–2134
Weisheitslehren seit 2600	
Pyramidentexte seit 2350	
Erste Zwischenzeit (9. bis 11. Dynastie)	um 2134–2040
Sargtexte seit 2100	
Mittleres Reich (11. bis 14. Dynastie)	um 2040–1650
Zweite Zwischenzeit (Hyksos)	um 1650–1551
Neues Reich (17. bis 20. Dynastie)	1551–1070
18. Dynastie (Totenbuch, Amduat, Sonnenlitanei, Pfortenbuch)	1527–1306
Ramessidenzeit (19./20. Dynastie)	1306–1070
Dritte Zwischenzeit (21. bis 24. Dynastie)	1070–715
Spätzeit (25. bis 31. Dynastie)	715–332
Ptolemäer	304–30 v. Chr.
Römische Zeit	30 v. Chr. bis 395 n. Chr.

INDEX

A. Allgemein

Hochgestellte Zahlen beziehen sich auf die Anmerkungen. Die ständig vorkommenden Stichwörter *Monotheismus* und *Polytheismus* sind nicht aufgenommen, die Götternamen erscheinen im speziellen Index B.

Abendstern 72
Abydos 61, 68, 80, 145, 167[111], 218
Ach 52, 228
Achtheit 75, 214, 217
Admonitions 51, 224
Ahmose 51
Akkad 110
Allmacht 160, 163, 190
Altar 245
Altern 135, 143 ff.
Amarnazeit 25, 32, 37, 45, 139, 146, 147, 148, 156, 161, 172, 179, 197, 222, 226, 229, 240 ff.
Amduat 25, 86, 105, 108, 111, 121[61], 148, 154 f., 173, 205, 218
Amenemhât I. 41, 132, 231
Amenemhât III. 129
Amenemope 39, 42[61], 43, 44, 191, 202, 206, 210
Amenophis I. 125[76]
Amenophis II. 119, 129[88]
Amenophis III. 24, 130, 160, 224
Anchscheschonki 42[61, 62], 44
Anchtifi 207
Androgyn 88[101], 165
Anii 38, 41, 43, 44, 47, 128
Anthropomorphismus 26, 28
Antoninus Pius 76
Assyrer 57, 110[34]
Attribut 93, 104, 106 ff., 117, 122, 124
Auge Gottes 141 f.
Augenblicksgötter 58
Ausland 160 f., 222, 253
Ausschließlichkeit 42
Axt 21

Ba 34, 50 ff., 85, 111, 122, 128, 225, 239
Bart 28, 93, 119
Baumkult 26, 29, 65, 102[20], 104, 117
Beamte 46, 47, 48, 118, 129, 154, 228
Begriffsgötter 68, 73
Berg 219
Bild 43, 52, 53, 81, 85, 87, 93, 98, 106, 113, 114, 117, 124, 125 ff., 145, 225, 254
Biographie 48
Buch von der Himmelskuh 146
Buto 50, 63

Chaos 158, 172
Chargeh 73
Chasechem 98

Cheops 39, 84
Chephren 132
Creuzer, F. 7[18]

Dämon 72[54], 105, 107, 108, 109, 123
Deir el-Bahari 102
Deir el-Medine 80
Dekane 58
Delta 67, 76, 135
Demotisch 42, 139, 227
Dendera 102, 121
Denken 234 ff., 241
Denkmal Memphitischer Theologie 141[19], 184
Differenzierung 164 ff., 171, 237, 249
Diodor 145
Djedefhor 39
Djedefrê 84
Djed-Pfeiler 24
Djoser 35, 217
Dreiheit 214 f.
Drohung 201, 206
Dual 31, 171
Dualismus 13
Dualität 219, 237
Duft s. Wohlgeruch

Echnaton 31, 42, 43, 45, 139, 156, 161, 165, 180, 195 f., 197, 215 f., 219, 226, 229, 240 ff., 249
Edfu 123, 139, 141[19], 149, 165
Einheit 171, 180 f., 249 f.
Elemente 71
Elephantine 60, 61, 62, 214, 221
Entstehung von Göttern 134 ff., 168
Erde 58, 68, 71, 121, 140, 166, 169, 205, 224, 226 f.
Eschatologie 144, 156 ff.
Esna 60, 151
Etymologie 28 ff., 57
Ewigkeit 178, 231

Fahne 23, 24, 25, 26
Falke 27, 84, 94, 98, 101, 113, 135, 242 f.
Fest 125, 161, 199 f.
Fetisch 23, 24, 26, 28, 74, 91, 92, 189
Feuer 71, 121
Finsternis 75, 130, 162 f., 166, 171, 173, 174
Fisch 70
Frosch 105
Furcht 73, 124, 192

Gau 65, 92
Gazelle 92
Geburt s. Entstehung
Geier 36, 135
Gericht 136
Geschichte 147, 185, 189, 228, 250
Geschlecht 165 f., 213 f.
Gestalt 113, 117 ff., 253, 254
Gestirne 71, 121, 138
Gewässer 70, 71, 117
Glanz 54, 122 ff.
Gnosis 171 f., 173
Goethe, J. W. 2, 121[60], 123, 201
Götterkönig 227 ff., 242
Götterornat 110
Göttlichkeit Pharaos 130 ff.
Greif 107, 208
Grenze 144, 154, 160 ff., 172, 174, 178, 208
Griechenland 58, 90, 109, 110, 134, 231, 252 f.
Größe (Gottes) 14, 131, 181 ff., 227

Hadrian 76

Haremhab 129[88], 130[91], 216
Hatschepsut 54, 76[67], 122, 123, 129, 150, 159
Heliopolis 50, 62, 92, 136, 216, 217
Henotheismus 11, 12, 13, 37, 45, 49, 89, 233, 239 f., 241 f. 244, 249
Hermopolis 50, 73, 75, 149, 217, 232
Hethiter 110
Hierakonpolis 50
Himmel 58, 68, 82, 125, 138, 140, 146, 162, 166, 169, 172, 205, 206, 223 ff., 237
Hirte 161
Höhlenbuch 155
Hölderlin, F. 179
Horachbit 75
Horusauge 209
Hund 92
Huni 60
Hyksos 159
Hymnen 45, 81, 118, 122, 140, 154, 162, 195 f., 197, 224, 229, 240, 244

Ibis 43, 104, 115, 127
Ichneumon 73
Imhotep 39
Insekten 105, 106

Jenseits 87, 90, 120, 124, 125, 149, 154, 161, 162, 163, 167, 169, 172, 195, 201, 202, 206, 223, 228

Ka 33, 34, 35, 36, 51
Käfer 106
Kagemni 38
Karnak 64, 75, 76, 199, 241
Katze 105, 200
Kind 109, 110, 135, 137, 145, 154
Kirchenväter 1
Kleidung 109
Komplementarität 171, 237 ff., 244, 246, 249
König 30, 34, 35, 38, 41, 48, 50, 51, 54, 63, 64, 72, 80, 102, 109, 119, 120, 121, 122, 125 ff., 139, 140, 147, 150, 154, 163, 167, 175, 177, 186 ff., 196 f., 198, 200, 207, 208, 211, 223 f., 225, 228
Königsgräber 86, 102[20], 148, 186
Königsornat 25, 133
Koptisch 30 f., 51
Körperschaft 35, 217 f.
Krokodil 70, 105, 114, 127, 155, 159
Kronen 110, 122
Kuh 71, 94, 98, 102, 104
Kult 41, 67, 70, 71, 75, 76, 77, 78, 85, 125, 130, 145, 192 ff., 224, 225 f.
Kultbild 113, 119, 125, 129, 130, 160 f., 192, 200, 225, 226
Kultort 219 ff.
Kulttopographie 220 f.

Leben 109, 194
Lebensmüder 81
Leib der Götter 124, 125
Leidener Amunhymnus 45, 85, 125, 215, 225
Licht 195
Liebe 73, 124, 196 f.
List der Isis 78, 80, 146, 163
Litanei 77, 222
Logik 233 ff., 241, 246
Löwe 96, 114, 115, 182
Löwin 36, 104, 200, 230
Luft 68, 71, 194
Lukian 1, 5

Macht 52 f., 163

Machtzeichen 121, 122, 133
Mann, Th. 3, 123, 149, 178
Meer 70
Memphis 61, 127, 214, 216, 242
Mendes 85
Menes 99, 228
Mensch (Herkunft) 141 f.
Merenptah 120, 130, 159
Merikarê 41, 43, 44, 128, 162, 163, 202, 205, 225
Mesopotamien 110, 111
Metapher 73
Meta-Sprache 106, 113, 117, 253
Mischgestalt 101 ff., 114, 115, 253
Mittler 124, 128, 226, 245
Mond 43, 58, 68, 71, 115, 117, 138
Monismus 13
Monolatrie 233, 240
Morgenstern, Chr. 253
Mumie, Mumifizierung 23, 85, 86, 98, 151, 176
Mutter 138, 139, 143, 165
Mykerinos 104[21], 218
Mythos 78, 131, 132[100], 134 f., 140, 145, 146 f., 170, 172, 200, 234 f., 236, 244, 254

Nacht 73
Nacktheit 93, 95, 109, 165
Name 56 ff., 114, 140, 147, 163, 170
Narmerpalette 94, 98, 111, 223
Neferirkarê 196
Negâde 92, 93, 94
Neolithikum 91
Neunheit 40, 50, 53[95], 65[27], 77, 137, 217 ff.
Nichtsein 56, 151, 153, 158, 166 ff., 190, 201, 208, 211, 249, 252
Nil 70
Nilpferd 104, 114
Nilquelle 62
Nofretiri 85, 86
Nothelfer 207 f.
Nubien 160, 161, 222

Onomastica 47, 178
Opfer 118, 198 ff., 211
Orakel 125, 128, 188
Orion 71
Ort der Götter 118, 120, 125, 149, 223 ff.
Ortsgott 32, 40, 46, 48, 60, 61, 63, 64, 65, 231

Palermostein 228
Pantheismus 7, 11, 49, 114 ff., 127, 165, 248
Pavian 43, 101, 104, 115
Personennamen 31, 32 ff., 67, 196
Personifikation 65 ff.
Perücke 105
Pflanzen 58, 106, 111, 113, 225
Pfortenbuch 68, 111, 123[68], 150, 153, 154, 161, 162, 173[127], 203, 205, 222
Philae 165
Phiops I. 62, 188, 227
Pianchi 232
Planeten 71
Plutarch 145, 156, 159
Polarstern 72
Priester 38, 41, 48, 66, 67, 68, 73, 75, 76, 77, 89, 113, 125, 127, 180, 192, 222, 225
Prophet 245
Prozession 43, 125, 200
Ptahhotep 38, 42, 48, 206
Punt 54, 123
Pyramidentexte 10, 50, 52[86, 90], 53, 64, 68[40], 80, 84, 116[49], 120, 121, 122, 138, 140, 150, 154, 170, 180,

181, 201, 203, 205, 214, 217, 223, 227, 228

Ramessiden 28, 43, 67, 68, 81, 86, 154, 189, 196, 197, 215 f., 228
Ramose 66
Ramses II. 67, 68, 130, 161, 162, 175, 207, 216
Ramses III. 206, 224
Ramses IV. 80, 85, 227
Ramses IX. 229
Raum 162, 169, 171, 186
Rausch 146, 200
Regeneration 176 f.
Residenzgott 46, 219, 222
Revolution 177, 240 f.
Rilke, R. M. 3, 194, 199
Rind 92
Rolle 87, 113, 121, 123, 133, 148, 154, 187, 202, 205

Sachebu 64
Saïs 61
Sargtexte 48, 50, 67, 77, 85, 113, 122, 138, 141, 143, 147, 154, 157, 163, 166, 176, 193, 203, 204, 209, 224, 230
Schelling, F. W. 2, 3, 5, 16[39], 233
Schiffbrüchiger 48, 118, 120, 121, 192, 197, 198
Schlachtfeldpalette 94 ff.
Schlaf 120, 154, 174, 196
Schlange 36, 72, 73, 78, 104, 105, 115, 118, 119, 147, 148, 153, 154, 155, 157 f., 162, 172 f, 182
Schöpferwort 129, 140, 148, 163, 170, 198, 204, 205, 207
Schöpfung 68, 139, 140, 151, 155, 164, 165 f., 172, 177, 204, 211
Schriftzeichen 106, 113, 237
Schurz 109
Schwein 135, 138
Sedfest 182
Seele 50, 111, 234
Sein 57, 72, 90, 127, 143, 144, 151, 166 ff., 193, 209
Sesostris I. 132, 227, 231
Sesostris III. 154
Sethos I. 68, 216
Sinne 163 f.
Sinuhe 48, 154, 160, 207
Sistrum 104
Skarabäus 48, 106, 148, 197, 230
Skorpion 106, 115
Snofru 70[45], 131[95]
Sohn Gottes 129, 132, 187
Sondergötter 58, 60
Sonne 71, 115, 128, 138, 155, 176
Sonnenauge 121, 146
Sonnenlitanei 44, 108, 116
Sonnenschiff 68, 111, 124, 145, 153, 154, 157
Sphinx 89, 111, 119
Stadtgott s. Ortsgott
Standarte 24, 25, 92, 94
Statue 130, 245
Sterblichkeit 119, 134, 143 ff., 170
Sterne s. Gestirne
Stier 127, 128, 218
Sumer 110
Synkretismus 82 ff., 180, 237, 242, 253

Tägliches Ritual 141, 180, 211
Tempel 25, 41, 54, 66, 67, 68, 83, 125, 129, 192, 194, 196, 199, 200, 211, 222, 225 f., 252
Theben 62, 65, 66, 75, 76, 102, 148, 164, 215, 218, 219 f., 232, 242
Theodizee 208 f.
Theophanie 118, 192
Thutmosis I. 123, 148

Thutmosis III. 129[87], 130[91], 188
Thutmosis IV. 119, 142
Tier 54, 65, 73, 74, 91, 92, 94, 96, 101, 102, 104, 105, 110, 111, 113, 115, 125, 128, 130, 135, 208, 225, 245
Tierkult 127 f.
Tod 72, 73, 81, 87, 140, 143 ff., 170, 174, 175 ff., 244, 251
Tote 52, 54, 72, 90, 98, 102, 107, 109, 113, 121, 123, 148, 149, 153, 154, 166, 167, 176, 182, 195, 201, 217, 223, 228, 229
Totenbuch 86, 149, 150, 157, 166, 172
Totenfresser 58
Totengericht 41, 86, 111[35], 153, 166 f., 172, 176, 201
Tracht 25
Transzendenz 13, 161 f., 184 ff., 231, 239
Traum 118, 119 f., 174
Trinität 215 f.
Turiner Königspapyrus 147, 162, 189, 228 f.
Tutanchamun 75, 129, 146[33], 159, 215, 246

Überschwemmung 70, 71, 174, 176
Unsterblichkeit 143, 150 f., 208, 251
Unterwelt s. Jenseits
Unterweltsfahrt 87, 111, 148, 150, 155, 195
Uräus 104, 244
Urhügel 174
Urmonotheismus 14, 49, 183 f.
Uroboros 158, 173
Urozean 140, 151, 154, 157 f. 162 f., 166, 170[119], 171, 174, 176

Vater 139, 165
Verdammte 58, 108, 153, 163, 176
Vergänglichkeit s. Sterblichkeit
Vergöttlichung 130, 131
Vermenschlichung 98, 111
Vogel 71, 105, 111, 115
Vorderasien 33, 216

Wasser 71
Weihrauch 141
Wein 178, 200
Weisheitslehren 11, 13, 14, 32, 38 ff., 64, 190 f., 206, 235
Welt vor der Schöpfung 75, 140, 143, 148, 154, 155, 157 f., 159, 163, 165, 168 ff., 193, 251
Wenamun 161
Widder 85, 86, 92, 113, 115, 146, 164, 230
Wirkung 51, 54, 122, 124, 133, 192 ff., 253
Wirkungsbereich 46, 160 ff.
Wohlgeruch 54, 122 f., 141
Wortspiel 57, 142

Zahlen 213 ff.
Zauber 67, 80, 81, 135, 150, 153, 157, 158, 202 ff., 235
Zauberstab 52, 105[24]
Zeit 134, 143, 147, 155, 162, 170, 171, 173, 176, 186
Zoolatrie 26, 28, 74, 92
Zweiwegebuch 148, 157

B. Götternamen

Um dem fachfremden Benutzer die Orientierung in der Fülle ägyptischer Götternamen zu erleichtern, ist zu jedem Namen eine knappe Erläuterung hinzugefügt; sie kann nur ein paar orientierende Stichworte geben, keine adäquate Kennzeichnung der Gottheit. Für ausführlichere und genauere Information sei der Leser auf H. Bonnet, Reallexikon der ägyptischen Religionsgeschichte, Berlin, 1952, verwiesen, sowie auf die hier genannte Literatur. Von den synkretistischen Verbindungen sind nur die wichtigsten aufgenommen worden.

Achti, „Der vom Horizont", Bezeichnung des im Horizont erscheinenden Sonnengottes (vgl. auch *Harachte*). 33

Aker, alte Personifikation der Erde und damit auch der Unterwelt. Erscheint als Landstreifen mit Menschenkopf, die Darstellung mit einem Menschenkopf auf jeder Seite wird zum Doppellöwen oder Doppelsphinx ausgestaltet. Als Wächter über den Ein- und Ausgang der Unterwelt bedrohlich oder auch hilfreich für den Toten. 71
Literatur: C. de Wit, Le rôle et le sens du lion dans l'Égypte ancienne (1951), S. 91–106.

Amaunet, „Die Verborgene", weibliches Gegenstück zu *Amun,* aber mit eigener kultischer Wirklichkeit. 75, 76, 214
Literatur: wie bei *Amun.*

Amun, „Der Verborgene". Dargestellt mit hoher Federkrone, oft auch in der ithyphallischen Gestalt des *Min,* daneben als Widder und Gans. Sein Kult ist zuerst im thebanischen Gau greifbar, doch wird er als Urgottheit schon früher erwähnt, später gehört er zum System der Achtheit von Hermopolis. Von 2000 bis 1360 v. Chr. ist er die überragendste Gottesgestalt und vereinigt alle Eigenschaften des Schöpfers und Erhalters der Welt in sich. 44, 45, 49, 53, 54, 56, 63, 64, 68, 71, 72, 75, 76, 77, 81, 84, 85, 89, 113, 115, 116, 119, 122, 123, 129, 139, 140, 141, 142, 161, 164, 165, 181[144], 182, 185, 188 f., 195, 207, 214, 215 f., 219, 221, 227, 229[43], 232, 241, 245 f., 248
Literatur: K. Sethe, Amun und die Acht Urgötter von Hermopolis (1929); E. Otto und M. Hirmer, Osiris und Amun (1966).

Amun-Re 83, 84, 85, 87, 88, 89, 116, 129, 192, 224, 230, 232

Anedjti, „Der von Anedjt" (9. unterägypt. Gau), früh in *Osiris* aufgegangen, der vielleicht von ihm Krummstab und Geißel als Herrscherattribut übernimmt. 63

Anti, neuerdings *Nemti* „Der Wanderer" gelesen, falkengestaltiger Gott des 12. oberägypt. Gaues. 34, 74[58]

Literatur: O. D. Berlev, „Der Falke im Boot", Vestnik Drevnej Istorii 1 (107), 1969, 3—30 (russisch).

Anubis, „Hündchen" (?), der für die Einbalsamierung zuständige Gott, zugleich Herr der Nekropole. Dargestellt als schwarzer Canide („Schakal") oder in der Mischgestalt von „Hundskopf" und Menschenleib. 33, 34, 57, 76, 104, 113, 114, 182

Anukis, Göttin in Menschengestalt, mit einer Federkrone. Gesellt sich im Mittl. Reich zu *Chnum* und *Satet* als Göttertriade von Elephantine. Ihr heiliges Tier ist die Gazelle. 60, 61, 214

Apis, seit der Frühzeit in Memphis verehrter Stier, der später als Form oder „Herold" des Gottes *Ptah* gilt und die Fruchtbarkeit des Landes garantiert. Der A.-Stier hat eine besondere Zeichnung des Fells und trägt die Sonnenscheibe zwischen den Hörnern; gelegentlich wird er auch als Mensch mit Stierkopf abgebildet. 42[61], 101, 125

Literatur: E. Otto, Beitr. zur Gesch. der Stierkulte (1938), S. 11—34.

Apophis, der schlangengestaltige Feind des Sonnengottes, der immer wieder vom Sonnenschiff abgewehrt werden muß und damit die ständige Bedrohung der Ordnung verkörpert. 67, 151 ff., 157, 164, 172, 203, 205

Asch, gern mit dem Titel „Herr von Lybien", Gott der westlichen Wüste. Er erscheint in menschlicher Gestalt oder mit Falkenkopf, selten auch mit dem Kopf des *Seth*-Tieres. 101

Aton, „Sonnenscheibe", erst im Neuen Reich göttlich verehrt und unter Echnaton zum ausschließlichen, einzigen Gott erhoben. Zunächst mit Falkenkopf dargestellt, dann als Sonnenscheibe, deren Strahlen in Hände endigen. 31, 32, 45, 139, 156, 161, 165, 180, 195 f., 197, 215, 226, 229, 240 ff.

Atum, „Der Undifferenzierte", Urwesen und Weltschöpfer in einem. In der Mythologie an den Anfang der „Neunheit" von Heliopolis gesetzt, später als abendliche Erscheinungsform des universalen Sonnengottes verehrt und stets in reiner Menschengestalt abgebildet. 56, 68, 71, 76[67], 77, 78, 84, 88, 89, 101, 114[41], 137, 139, 142, 143[27], 145[31], 154, 157, 182, 183 f., 218, 231[56]

Bat, Göttin des 7. oberägypt. Gaues, in ihrer kuhköpfigen Erscheinung der *Hathor* eng verwandt. 94

Literatur: H. G. Fischer, The Cult and Nome of the Goddes Bat, JARCE 1, 1962, 7—23 und 2, 1963, 50 f.

Bes, zwerggestaltige Götter mit fratzenhaftem Gesicht, oft mit einer Federkrone und Löwenmähne. Sie wirken hilfreich und übelabwehrend, vor allem bei der Geburt. 107, 163[98]

Literatur: F. Ballod, Prolegomena zur Geschichte der zwerghaften Götter in Ägypten (1912).

Chateri, „Ichneumon", Erscheinungsform des solaren *Horus.* 74
Literatur: E. Brunner-Traut, Spitzmaus und Ichneumon als Tiere des Sonnengottes, NAWG 1965 Nr. 7.

Chededu, der Gott des Fischfanges, erst seit dem Neuen Reich greifbar. 60[11]

Cheftḥernebes, „Die gegenüber ihrem Herrn ist", Gestaltwerdung der thebanischen Nekropole, in der 18.—21. Dynastie belegt. 65

Chepri, „Der Entstehende", die morgendliche Erscheinungsform des Sonnengottes, meist als Skarabäus, seltener in Menschengestalt mit einem Skarabäus als Kopf dargestellt. 78, 88, 89, 106, 148, 182

Chnum, seit der Frühzeit verehrter widderköpfiger Gott, der seine Wirkung vor allem im Kataraktengebiet von Elephantine entfaltet. Im Neuen Reich und später verehrt man dort Ch. und die beiden Göttinnen *Satet* und *Anukis* als Triade. 33, 34, 38, 42[61], 44, 46, 51, 60, 61, 62, 84, 131, 141[18], 214
Literatur: A. Badawi, Der Gott Chnum (1937).

Chons, „Der Wanderer", Mondgott in menschlicher Gestalt, mit dem Mondzeichen auf dem Haupt. Als „Kind" des Götterpaares *Amun/Mut,* mit dem er eine weitere Triade bildet, trägt er dazu die Jugendlocke. 58, 137, 147[37], 181, 214

Chontamenti, „Der den Westlichen vorsteht", alte Totengottheit (die „Westlichen" sind die Toten!) und hundegestaltiger Herr der Nekropole von Abydos. Nach dem Alten Reich ist Ch. nur noch ein Beiname des universaleren Totengottes *Osiris.* 63
Literatur: Ed. Meyer, ZÄS 41, 1904, 97 107.

Djebauti, „Der von Djebaut", in Buto verehrter Gott in der Gestalt eines Reihers. 63

Geb, Gott der Erde, aber mit universaleren Zügen als *Aker;* G. ist zugleich Richter und „Erbfürst" oder „Vater" der Götter, speziell des *Osiris.* Dargestellt in reiner Menschengestalt (vgl. *Nut*). 58, 71, 101, 106, 137, 139, 147, 157, 217, 218, 228

Grḥ (Gereḥ), „Nacht", mit dem weiblichen Gegenstück *Gerḥet* vereinzelt und spät belegtes Urgötter-Paar. 73

Hapi, „Nilüberschwemmung", Gestaltwerdung der fruchtbaren Kräfte, die dem Nil innewohnen, und daher mit betont fettem Leib, aber menschengestaltig dargestellt. 42[61], 70, 101, 139[10]
Literatur: A. de Buck, On the Meaning of the Name ḤᶜPJ, Orientalia Neerlandica (1948) S. 1—22.

Harachte, „Horizontischer Horus", die Tagesgestalt des Sonnengottes, als Falke oder Mensch mit Falkenkopf und Sonnenscheibe erscheinend. 88, 89, 140[15], 182, 215, 242

Harmachis, „Horus im Horizont", die Gottesbezeichnung des großen Sphinx von Gîza. 88, 89, 119

Harpokrates, „Horus das Kind", vor allem in der Spätzeit populäre Erscheinungsform des *Horus* als bedrohtes, aber vor allen Nachstellungen gerettetes Kind. 110, 135

Harsaphes, „Der über seinem See", widdergestaltiger Schöpfergott, der vor allem in Herakleopolis verehrt wurde. 63, 218[16], 230
Literatur: T. G. H. James, Ḥeḳanakhte Papers (1962) S. 122 ff.

Hathor, „Haus des Horus", wohl die universalste ägypt. Göttin, mit ausgeprägten mütterlichen Zügen, aber als „Auge" des Sonnengottes auch verderbenbringend für alle Feinde, dazu vor allem in Theben als Totengöttin verehrt. Meist als Frau mit Kuhgehörn und Sonnenscheibe oder ganz als Kuh dargestellt, daneben als Löwin, Schlange, Baumnymphe u. a. 34, 38, 42[61], 51, 94, 102, 104, 105, 110[31], 115, 121, 138[6,7]
Literatur: S. Allam, Beiträge zum Hathorkult (MÄS 4, 1963).

Hatmehit, „Die den Fischen vorsteht", als Fisch oder als Frau mit Fischsymbol dargestellte Hauptgöttin des Gaues von Mendes im Delta. 70
Literatur: I. Gamer-Wallert, Fische und Fischkulte im alten Ägypten (ÄgAbh 21, 1970), S. 98 ff.

Heket, Göttin in Frosch-Gestalt, mit geburtshelfenden und allgemein hilfreichen Funktionen, als Urgottheit gern Gefährtin des *Chnum.* Die wichtigsten Kultorte liegen in Mittelägypten. 105

Hike (Heka), „Zauber", menschengestaltige Personifikation dieser Schöpferkraft, seit alter Zeit auch kultisch verehrt, vor allem im Delta. Häufig Begleiter des Sonnengottes. 67, 68 166, 204
Literatur: H. te Velde, The God Heka in Egyptian Theology, JEOL 21, 1970, 175—186.

Horus, „Der Ferne" (?), alter Himmels- und Königsgott, in dessen Wesen eine ganze Reihe von falkengestaltigen Göttern aufgeht. Die enge Verbindung mit dem Sonnengott und später mit *Osiris/Isis* stellt ihn in eine Vielzahl neuer Bezüge und betont vor allem seinen kämpferischen und seinen jugendlichen Aspekt. 34, 40, 41, 42[61], 64, 72, 78, 84, 88[100], 89, 94, 101, 113, 123, 131, 132, 135 f., 137, 138, 139, 143, 147, 150, 154, 161, 170, 182, 187, 204, 208[46], 213, 214, 218, 221, 222, 227, 228, 229

Horuskinder, die vier Schutzgötter des Toten und seiner Eingeweide. 137, 217, 218

Hu, Personifikation des „Ausspruchs", mit dem der Schöpfer die Dinge ins Leben ruft. Mit *Hike* und *Sia* eine der drei Schöpferkräfte, die den Sonnengott ständig begleiten, aber ohne kultische Verehrung. 67, 68, 204

Huh, „Endlosigkeit", mit seinem weiblichen Komplement *Hauhet* eines der vier Urgötterpaare von Hermopolis. 56, 214

Taf. IV. Göttergestalt aus dem Amduat. Grab Sethos' I. im Tal der Könige.
Aufnahme A. Brack

Literatur: K. Sethe, Amun und die Acht Urgötter von Hermopolis (1929).

Input, „Hündin“ (?), weibliches Komplement zum Balsamierungsgott *Anubis,* mit eigenem Kult im 17. oberägypt. Gau. 76, 214

Ischtar von Ninive. 160

Isis, mit dem Zeichen „Thronsitz“ geschrieben, Schwester-Gattin des *Osiris* und Mutter des *Horus,* den sie als zauberkundigste Göttin vor allen Gefahren schützt. Meist als Frau mit dem Thronzeichen auf dem Haupt dargestellt, aber durch ihre vielfältige Verbindung mit anderen Göttinnen auch in zahllosen anderen Gestalten, als „Vielgestaltige“ schlechthin. 31, 42[61], 53, 71, 77, 78, 80, 85, 86, 102[20], 106, 115, 135, 137, 138, 143, 145, 146 f., 148[39], 163, 183, 204, 213, 214, 218

Literatur: M. Münster, Untersuchungen zur Göttin Isis (MÄS 11, 1968); J. Bergman, Ich bin Isis (1968).

Iusaas, „Sie kommt, indem sie groß ist“, als Gefährtin des *Atum* verehrt und als Frau mit einem Skarabäus auf dem Haupt dargestellt. 61, 65[27]

Literatur: J. Vandier, Iousâas et (Hathor)-Nébet-Hétépet, RdE 16, 1964 bis 20, 1968.

Jam (Yamm), semitische Personifikation des Meeres. 70[43]

Jrj (Irỉ), „Tun“, seit dem Neuen Reich als eine der helfenden Schöpferkräfte verehrt. 68

Korngott, ägyptisch *Nepri,* in Menschengestalt dargestellt. 41

Kuk, „Finsternis“, mit seinem weiblichen Komplement *Kauket* eines der vier Urgötterpaare von Hermopolis. 56, 73[55], 214

Literatur: wie bei *Huh.*

Maat, als Frau mit einer Feder im Haar Personifikation der „Weltordnung“, die bei der Schöpfung gesetzt wurde; sie gilt als Tochter des Schöpfers *(Re),* hat einen ausgedehnten Kult und tritt seit alter Zeit auch in verdoppelter Gestalt auf. 34, 65[27], 66, 67, 81, 106, 110[32], 209 ff., 228

Literatur: C. J. Bleeker, De beteekenis van de egyptische godin Ma-a-t (1929).

Mafdet, „Die Rennerin“, gewalttätige Göttin in Gestalt des Gepards, gehört zu den Schutzmächten im Gefolge des Königs. 74

Literatur: W. Westendorf, Die Pantherkatze Mafdet, ZDMG 118, 1968, 248—256.

Mahes, „Grimmiger Löwe“, löwengestaltiger Gott, vor allem im Delta verehrt. 182

Literatur: C. de Wit, Le rôle et le sens du lion dans l’Égypte ancienne (1951), S. 230—234.

Meresger, „Sie liebt das Schweigen“, schlangengestaltige Schutzgöttin der thebanischen Nekropole, vor allem in der beherrschenden Bergspitze dieser Nekropole verehrt. 219

Literatur: B. Bruyère, Mert Seger à Deir el Médineh (1929/30).

Min, vorgeschichtlich in einem Fetisch, geschichtlich in menschlicher Gestalt, mit erigiertem Glied, verehrt. Er ist Herr der Zeugungskraft und Beschützer der Wüstenstraßen, im Minfest erneuert sich die Fruchtbarkeit des Landes. Als wichtigste Kultorte gelten Achmim und Koptos. 34, 35, 51, 57, 94, 99, 109, 115

Literatur: C. J. Bleeker, Die Geburt eines Gottes (1956).

Mnevis, seit dem Neuen Reich als heiliger Stier von Heliopolis bezeugt, als Erscheinungsform oder „Herold" des Sonnengottes, dessen rote Farbe er gelegentlich trägt. 42[61]

Literatur: E. Otto, Beiträge zur Geschichte der Stierkulte (1938), S. 34—40.

Month, „Der Wilde" (?), alte Hauptgottheit der Thebais, im Neuen Reich vor allem als Kriegsgott verehrt, in dessen Rolle der kämpfende König eintritt. Meist falkenköpfig, mit der Sonnenscheibe und Federn auf dem Haupt dargestellt. 36, 62, 129, 131

Mut, „Mutter", als Geier oder als Göttin mit Doppelkrone dargestellt und in Theben als Gattin des *Amun* verehrt. Durch die enge Verbindung mit verschiedenen anderen Göttinnen erlangt die anfangs wenig bedeutende *Mut* universalere Wesenszüge. 42[61], 88[101], 138[7], 214

Nebethetepet, „Opferherrin", vor allem in Heliopolis verehrte Erscheinungsform der *Hathor.* 61

Literatur: wie bei *Iusaas.*

Nechbet, „Die von Necheb (Hierakonpolis)", oberägypt. Schutzgöttin des Königs, in Geiergestalt. Ihr wichtigster Kultort ist El Kab. 36[51], 63, 135

Literatur: M. Werbrouck, Fouilles de El Kab II (1940), S. 46 ff.

Nefertem, Gestaltwerdung des Urlotos, als Gott mit der Lotosblüte dargestellt, auch als Sonnenkind auf der Blüte. In Memphis bildet er mit *Ptah* und *Sachmet* eine Triade. 106, 180, 214

Neith, „Die Schreckliche" (?), Göttin mit Waffen-Attributen (Pfeile und Schild) in der Hand oder auf dem Haupt. Urgöttin (oft androgyn) und Schutzmacht des Königs. Hauptkultorte in Sais und Esna. 33, 34, 35, 36, 38, 42[61], 61, 62, 71, 88[101], 94, 99, 138, 151

Literatur: S. Schott in: Beiträge Bf 8, 1969, 123 ff.

Nephthys, „Herrin des Hauses", menschengestaltig und nur selten ohne Bezug auf ihre bedeutendere Schwester *Isis* verehrt. 31, 85, 86, 106, 135, 137, 145, 213, 218

Nun, Personifikation des Urgewässers, aus dem alles entstanden ist, und daher „Vater der Götter", aus dem die Sonne täglich aufs neue kommt. Mit seinem weiblichen Komplement *Naunet* das wichtigste der vier Urgötterpaare von Hermopolis. 8, 56, 139, 142, 143[27], 154, 155, 174, 176, 178, 204[35], 214

Literatur: wie bei *Kuk*.

Nut, die alte Himmelsgöttin, die sich in der Darstellung als Frau über den Erdgott *Geb* beugt. Sie gebiert und verschluckt alle Gestirne, nimmt aber auch den Toten schützend auf. 58, 101, 110, 137, 138, 155, 217, 218

Onuris, „Der die Ferne bringt", alter Jägergott, in Menschengestalt mit vier Federn auf dem Haupt verehrt. Sein Reich ist die Wüste am Rande der Welt, aus dieser „Ferne" holt er das Sonnenauge zurück. 94, 230

Literatur: H. Junker, Die Onurislegende (1917).

Osiris, der gewaltsam getötete Gott, menschengestaltig mit ungegliedertem Leib dargestellt. Seine Attribute Krummstab und Geißel deuten auf alte Beziehungen zum König- und Hirtentum, dazu treten naturhafte Züge, Analogien zum Sterben und Wiederaufleben der Natur. Aber der wichtigste Aspekt dieser so überaus komplexen Göttergestalt bleibt der eines Herrschers der Toten. Zum bedeutendsten Kultort wird früh Abydos. 41, 44, 57, 58, 63, 64, 71, 77, 81, 85, 86, 87, 108, 109, 115, 116, 123, 135, 137, 138, 143 ff., 147, 148, 149, 150, 157, 167, 176, 182, 187, 188, 209, 214, 218, 221, 227, 228, 229, 232, 242, 248

Literatur: J. G. Griffiths, The Origins of Osiris (MÄS 9, 1966).

Pachet, „Die Reißende", löwengestaltige Göttin, die am Eingang eines Wüstentales in Mittelägypten verehrt wurde, aber auch für Königshof und Jenseitsglauben Bedeutung gewann. 63, 71, 230

Ptah, menschengestaltig mit ungegliedertem Leib und einer Kappe auf dem Haupt, in Memphis früh mit *Sokar*, *Tatenen* und *Apis* verbunden. Hauptsächlich als Schöpfergott und Schutzherr jeglicher handwerklicher Kunst verehrt. 34, 44, 45, 46, 47, 49, 51, 57, 58, 68, 71, 76[68], 99, 109, 116, 120, 127, 139, 140[13], 141[19], 142, 143[27], 147, 165, 182, 185. 196, 197, 214, 215 f., 221, 228, 229

Literatur: M. Sandman-Holmberg, The God Ptah (1946).

Rat, oft auch *Rattaui*, „Rat der beiden Länder", weibliche Parallelbildung zum Sonnengott *Re*. Als Göttin mit Kuhgehörn und Sonnenscheibe dargestellt, genießt sie eigene kultische Verehrung 76, 214

Re, der hauptsächliche und allgemeinste Name des Sonnengottes, mit vielen Göttern synkretistisch verbunden, meist menschengestaltig dargestellt und vor allem als Schöpfer und Erhalter der Welt verehrt. In einer Barke durchfährt er tags den Himmel, nachts die Unterwelt. Zum bevorzugten Kultort wurde früh Heliopolis. 34, 40, 42[61], 44, 45, 46, 49, 57, 58, 63, 64, 76, 77, 78, 81, 83, 84, 85, 86, 87, 89, 115, 116, 129,

130, 132, 138, 142, 146, 147, 148, 149, 156, 159, 161, 182, 185, 187, 204, 215 f., 218, 221, 228, 231 f., 242, 244

Re-Atum. 84, 88

Renenet, „Die Nährende“, Schicksalsgöttin, meist neben *Schai* genannt. 42[61]

Literatur: S. Morenz, Untersuchungen zur Rolle des Schicksals in der ägypt. Religion (ASAW 1960).

Renenutet, „Nährschlange“, die Erntegöttin und Mutter des Korngottes *Nepri,* vor allem im Fajûm verehrt (griech. als *Thermuthis*). Dargestellt als Schlange oder Frau mit Schlangenkopf. 105

Literatur: J. Leibovitch, Gods of Agriculture and Welfare in Ancient Egypt, JNES 12, 1953, 73—113.

Sachmet, „Die Mächtigste“, Göttin mit der zwielichtigen Natur des Löwen, meist als Frau mit Löwenkopf dargestellt und vor allem in Memphis verehrt (Triade mit *Ptah* und *Nefertem*). S. sendet und heilt die Krankheiten, den feindlichen Mächten begegnet sie als verderbenbringendes Sonnenauge. 34, 42[61], 51, 53, 56, 60, 67[36], 131, 183, 214

Satet (Satis), „Die von (der Insel) Sehel“, auf Elephantine und den umliegenden Nilinseln, aber auch am Königshof verehrte Göttin, menschengestaltig dargestellt; sie trägt die oberägypt. Krone mit zwei Antilopenhörnern. Mit *Chnum* und *Anukis* bildet sie die Triade von Elephantine, welche das „kühle Wasser“ der Nilquellen spendet. 33, 34, 60, 61, 62, 99, 183, 214

Schai, Personifikation der Schicksals-„Bestimmung“, der *Agathodaimon* der Griechen. In Menschengestalt, später auch als Schlange dargestellt. 42[61]

Literatur: wie bei *Renenet.*

Sched, „Der Retter“, Nothelfer des Menschen, als jugendlicher Gott dem *Horus* nahestehend. 207

Literatur: zuletzt H. Brunner, MDIK 16, 1958, 13—19.

Schezemu, der Gott des Keltergerätes, der die Toten bedroht. 201

Literatur: S. Schott, Das blutrünstige Keltergerät, ZÄS 74, 1938, 88—93; B. J. Peterson, Orientalia Suecana 12, 1963, 83—88.

Schöpfergott können die verschiedensten Gottheiten sein, vor allem der Sonnengott. Häufig bleibt er anonym. 67, 72, 84, 109, 115, 117, 128, 129, 133, 140, 141, 142, 143, 146, 150, 151, 163, 164, 165 f., 168, 169, 171, 181, 190, 193, 195 f., 198, 205, 209, 224, 225, 249

Schu, der Gott des Luftraumes zwischen Himmel und Erde und zugleich des Lichtes, das ihn ausfüllt. Durch die Trennung von Himmel und Erde beteiligt sich *Schu* an der Weltschöpfung. Menschengestaltig oder mit Löwenkopf dargestellt. 68, 71, 101, 128, 137, 138, 139, 147, 165, 166, 169, 218, 228, 242

Literatur: A. de Buck, Plaats en betekenis van Sjoe in de Egyptische theologie (1947).

Sdm (Sedschem), „Hören", seit dem Neuen Reich als eine der helfenden Schöpferkräfte verehrt. 68

Selkis, „Welche (die Kehle) atmen läßt", Schutzgöttin des Toten, menschengestaltig mit einem Skorpion auf dem Haupt. Auch *Isis* kann in der Gestalt der S. erscheinen. 74, 106

Sepa, „Tausendfuß", vor allem in Heliopolis verehrter Helfer gegen bösartige Tiere, der als Totengott früh mit *Osiris* verbunden wurde. 74
Literatur: H. Kees, ZÄS 58, 1923, 82–90.

Seschat, die Göttin der Schriftkunst und der Wissenschaft, oft als Gefährtin des *Thot*. Sie spielt auch bei den Gründungszeremonien eine wichtige Rolle. Menschengestaltig dargestellt, mit einem ungedeuteten Symbol auf dem Haupt. 34

Seth, gewalttätiger, zwielichtiger Gott, als Fabeltier oder Mensch mit dem Kopf des *Seth*-Tieres dargestellt und mit dem Ausland und der Wüste, den Randgebieten der geordneten Welt, verbunden. In seinem Bruderstreit mit *Osiris* und *Horus* wird die ständige Auseinandersetzung in der Welt faßbar, doch hilft er auch dem Sonnengott gegen *Apophis*. 31, 53, 57, 58, 71, 94, 101, 107, 135, 137, 138, 145, 150, 151, 170, 209, 213, 216, 217, 218, 222, 228
Literatur: H. te Velde, Seth, God of Confusion (1967).

Sia, Personifikation der planenden „Einsicht", die mit *Hu* und *Hike* zusammen das Schöpfungswerk ermöglicht. 40, 67, 68, 204

Sobek, griech. *Suchos*, Herr der Gewässer, krokodilgestaltig oder als Mensch mit Krokodilkopf, vor allem in der Seelandschaft des Fajûm verehrt. 34, 70, 105, 138
Literatur: C. Dolzani, Il dio Sobk (1961).

Sokar, in Memphis verehrter Handwerks- und Totengott, schon im Alten Reich eng mit *Ptah* verbunden, später auch mit *Osiris*. Als Falke oder falkenköpfig dargestellt, mit ungegliedertem Leib. 51, 76, 115[43], 116, 242

Sokaret, weibliches Komplement zu *Sokar*, im Begräbnisritual belegt. 76, 214

Sonnengott können viele ägypt. Götter sein, in erster Linie *Re*, *Atum*, *Amun* und Erscheinungsformen des *Horus*. Selbst *Osiris* erscheint im Neuen Reich als Nachtgestalt des S. Oft bleibt es unbestimmt, welcher S. konkret gemeint ist. 42 ff., 49, 67, 68, 78, 80, 83, 84, 85[92], 86, 87, 89, 105, 106, 108, 111, 114[41], 119, 128, 130, 131, 132, 137, 145, 146, 148, 150, 151, 153, 154, 155, 161, 163, 168, 172, 182, 187 f., 190, 195, 196, 200, 203, 204, 224, 228 f., 242

Sothis, das Sirius-Gestirn, als Bringerin der Nilüberschwemmung früh

Taf. I. Hathor mit Kuhkopf. Pfeiler im Grab der Tausret.
Aufnahme A. Brack

Taf. II. Der König vor Hathor. Grab Thutmosis' IV. im Tal der Könige.
Aufnahme A. Brack

Taf. III. Der Gott Chepri. Grab der Nofretiri im Tal der Königinnen.
Aufnahme U. Schweitzer

Taf. V. Re und Osiris vereinigt, zwischen Nephthys und Isis. Grab der Nofretiri im Tal der Königinnen.

Aufnahme A. Brack